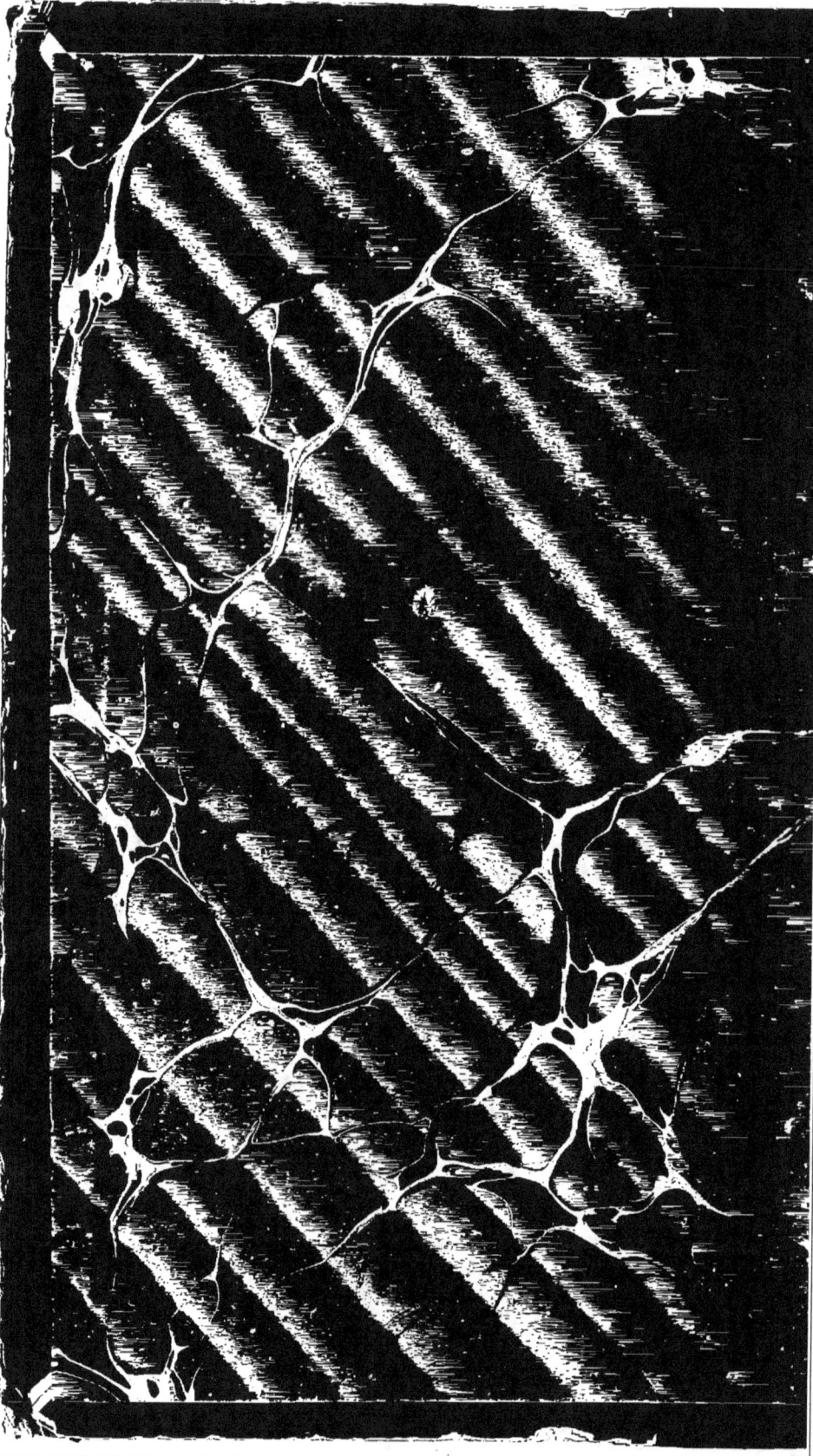

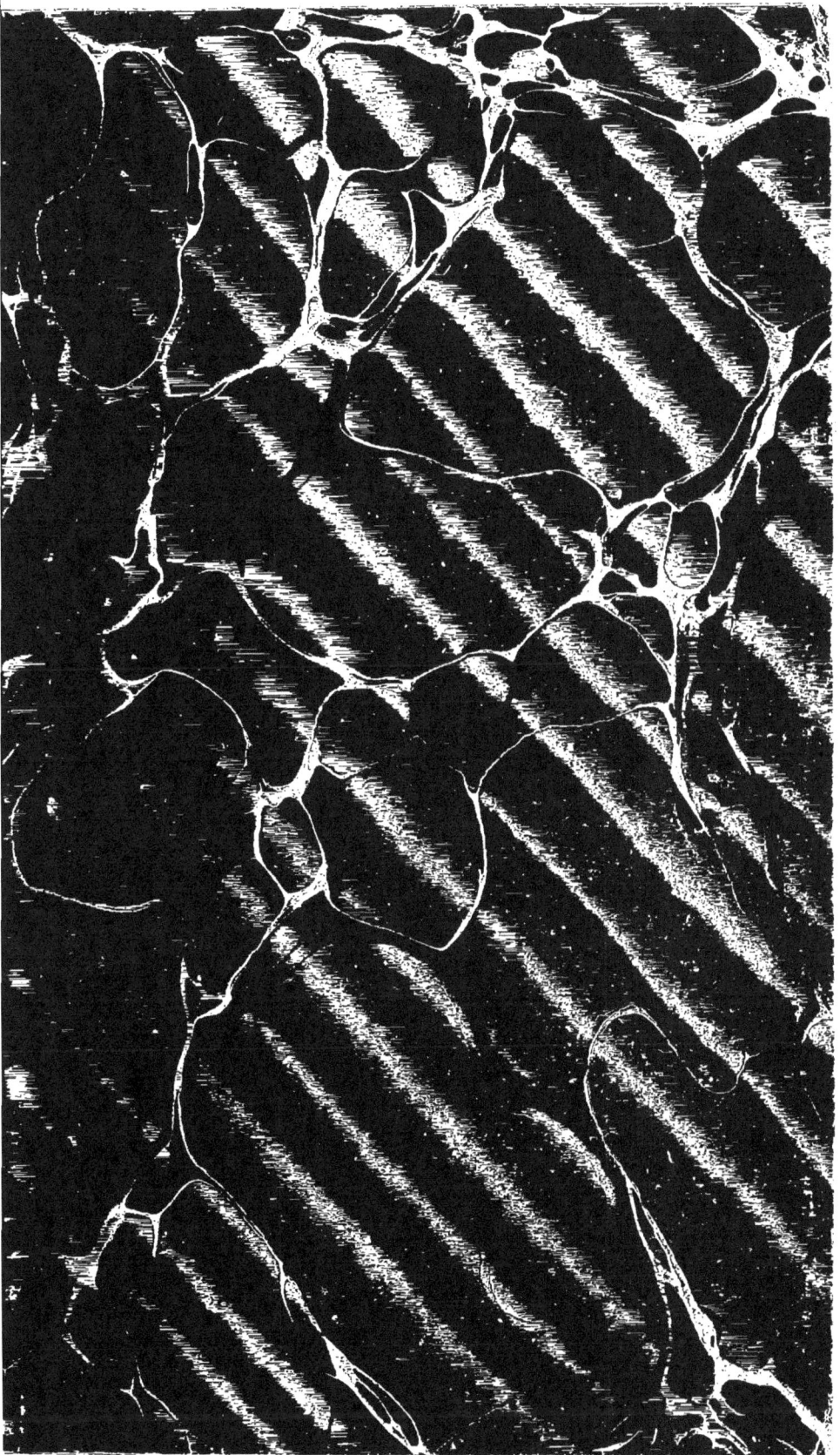

SOUVENIRS
DE
MA JEUNESSE
AU TEMPS DE LA RESTAURATION

A LA MÊME LIBRAIRIE

AUTRES OUVRAGES DE M. DE CARNÉ

LES ÉTATS DE BRETAGNE. 2 vol. in-8............... 12 fr.
LES FONDATEURS DE L'UNITÉ FRANÇAISE. Suger, saint Louis,
 Du Guesclin, Jeanne d'Arc, Louis XI, Henri IV, Richelieu, Mazarin. 2 vol.
 in-8.. 12 fr.
LA MONARCHIE FRANÇAISE AU XVIIIe SIÈCLE. Études histo-
 riques sur les règnes de Louis XIV et de Louis XV. Nouv. édit., 1 vol.
 in-8... 6 fr.
ÉTUDES SUR L'HISTOIRE DU GOUVERNEMENT REPRÉSEN-
 TATIF EN FRANCE. (*Ouvrage couronné par l'Académie française.*)
 2 vol. in-8 (*épuisé*).

Paris. — Imprimerie VIÉVILLE et CAPIOMONT, rue des Poitevins, 6.

SOUVENIRS
DE
MA JEUNESSE

AU TEMPS DE LA RESTAURATION

PAR

M. LE COMTE L. DE CARNÉ
DE L'ACADÉMIE FRANÇAISE

PARIS

LIBRAIRIE ACADÉMIQUE

DIDIER ET Cie, LIBRAIRES-ÉDITEURS

35, QUAI DES AUGUSTINS, 35

1872

Tous droits réservés.

AVERTISSEMENT

Les premières pages de ce livre, en faisant connaître dans quelles circonstances il fut écrit, constatent le caractère tout personnel que je me proposais alors de lui conserver. Si je me détermine aujourd'hui à communiquer à d'autres les pensées où j'avais cherché pour moi seul un allégement à de grandes douleurs, c'est qu'il peut être utile de réveiller la mémoire de jours meilleurs en un temps où l'esprit reste accablé sous le poids des déceptions, où le cœur est « lassé de tout, même de l'espérance. »

J'ai déféré au conseil de mes amis, acteurs pour la plupart dans les scènes de notre jeunesse, en en donnant au public le volume où je me suis efforcé de les décrire, sorte d'album fort incomplet, où l'on trouvera des impressions plutôt que des jugements, des esquisses plutôt que des tableaux. C'est une feuille détachée dans l'histoire du long voyage qui, d'écueil en écueil, a conduit notre génération, ballottée par tant d'orages, du pays des beaux rêves à celui des plus sévères réalités.

A la suite de ces *Souvenirs* qui s'arrêtent en 1831, après le premier effort tenté pour associer la cause de la religion à celle de la liberté politique, j'ai cru pouvoir placer mon discours de réception à l'Académie française, prononcé trente-quatre ans plus tard. C'est le point d'arrivée mis en regard du point de départ dans une carrière à la fin de laquelle je me sens autorisé à me prévaloir devant le public, comme je le fis devant mes nouveaux confrères, d'une inviolable fidélité aux mêmes espérances et aux mêmes idées. N'avoir point changé en un temps et dans un pays où tout change, ce n'est ni un avantage ni peut-être un mérite ; c'est un accident heureux déterminé par le milieu dans lequel se formèrent mes convictions et se nouèrent mes premières amitiés : milieu dont je voudrais, au sein de la nuit qui nous enveloppe, pouvoir évoquer la fortifiante image, en la rendant pour mes lecteurs aussi présente qu'elle l'est encore pour moi.

SOUVENIRS
DE
MA JEUNESSE
AU TEMPS DE LA RESTAURATION

Au Pérennou, 30 octobre 1870.

La pluie bat mes fenêtres, et, sur la mer qui m'environne, l'orage roule en grondant comme une canonnade lointaine. A l'impassible ciel d'azur qui semblait insulter à mes souffrances succède un ciel triste comme mon âme. Toute promenade est impossible; rien, d'ailleurs, ne m'intéresse à cette heure dans ces lieux désertés où je demeure comme écrasé sous le poids de mes pensées. Mon Dieu, combien a été rapide dans sa course la trombe qui vient de passer sur mon pays en m'atteignant dans le repos de mon foyer, et que votre Providence fait bien de nous cacher l'avenir pour nous laisser au moins savourer en paix la passagère douceur de nos jours heureux !

A l'ouverture de cette année fatale sur laquelle se

levèrent de décevantes espérances, je jouissais de l'éclatant triomphe obtenu par les idées auxquelles j'avais consacré ma vie. Je voyais mon pays rentrer, en faisant l'économie d'une révolution, en possession de la liberté politique imposée au mauvais vouloir du second empire par le sentiment national résolûment manifesté; je croyais enfin, d'une foi ferme, que rien n'ébranlerait, ni dans la paix, ni dans la guerre, la couronne qu'il portait au front depuis tant de siècles. Nous voici cependant, après une courte lutte encore plus humiliante que désastreuse, plongés dans un abîme où tournoient, comme dans une ronde infernale, les plus hideuses visions, la conquête, la misère, la dissolution sociale ! Voici que la nation se réveille chaque matin pour apprendre l'écroulement d'un empire dans la boue, la capitulation de places réputées imprenables, l'impéritie ou la faiblesse de généraux qui ne font plus entrer la mort au nombre des chances que laisse toujours la fortune pour échapper à la honte. Et pour que rien ne manque à cette série de prodiges, voici que la capitale du monde se trouve, sur un parcours de vingt lieues, assez hermétiquement investie pour ne pouvoir communiquer avec lui que par des pigeons voyageurs !

Dans cette ville de deux millions d'âmes, menacée par la famine, par le fer et par le feu, se sont renfermés pour la défendre la plupart des êtres chéris par lesquels je tiens encore à la vie. De mes quatre fils, un seul reste auprès de moi, c'est celui que ma tendresse dispute depuis deux ans à la mort, noble cœur, aujourd'hui plus torturé par le sentiment de son impuissance que par l'aiguillon de ses douleurs [1].

Le caractère de cette crise sans exemple suscite en mon esprit je ne sais quelle religieuse terreur; j'ai tout tenté pour me dérober, par l'étude, à cette sorte d'obsession : ni l'histoire ne me fournit d'analogies pour comprendre, ni la politique d'inductions pour conclure, tant l'invraisemblance de nos malheurs l'emporte encore sur leur étendue!

J'ai voulu compléter mon *Histoire du gouvernement représentatif* en la poussant jusqu'au rétablissement du régime parlementaire imposé au pouvoir personnel par la volonté du pays; mais, repris en présence de tant de problèmes nouveaux, ce travail m'a fait éprouver une douleur dont je ne soupçonnais pas l'amertume, celle de douter, sur la fin de sa carrière, des idées qu'on a le plus fidèlement servies. Je me suis réfugié dans la prière pour chercher plus haut le secours que me refusait ma faiblesse, et j'ai demandé à Dieu de détacher mon cœur de ce monde qui semble s'abîmer dans la nuit. Mais l'homme ne reçoit pas toujours ce don fortifiant de prier, plus rare peut-être aux heures où les plus fortes âmes semblent fléchir sous la mystérieuse grandeur des épreuves. Afin de trouver quelque apaisement dans la sereine contemplation du beau, j'ai repris nos écri-

---

[1]. Un mois après ces lignes écrites, mon fils succombait, à l'âge de vingt-sept ans, aux fatigues du voyage d'exploration qui l'avait conduit des bouches du Mékong à celles du fleuve Bleu, à travers le Cambodge, le Laos, la Birmanie et l'Empire chinois.

vains du dix-septième siècle, et je n'ai pas tardé à en suspendre la lecture en songeant que le petit-fils de l'électeur de Brandebourg trône à Versailles, et qu'après la langue des maîtres, la France est condamnée à entendre aujourd'hui l'argot des clubistes et le pathos des dictateurs.

Dévoré d'inquiétude, incapable de tout labeur et m'appliquant un régime de malade, j'ai lu quelques romans anglais afin d'échapper un moment par le vrai à l'invraisemblable; j'ai parcouru des romans de chevalerie, aimant à suivre dans le cycle de la Table Ronde les aventures de braves guerriers temporairement paralysés par de maudits enchanteurs en punition de grandes fautes. Enfin, comme le merveilleux sied surtout à l'homme quand le raisonnable lui fait défaut, je me surprends, quêtant de toutes mains des prophéties de vieilles femmes, dans l'espoir qu'un peu d'or pourrait bien se dégager de ces scories; et je m'efforce de croire, avec le grand poëte de la théologie catholique, que « les principaux événements de l'histoire ont tous été prédits. »

Mais cette viande creuse ne saurait suffire durant une crise qui sera bien longue, puisqu'après cette malheureuse guerre et la ruineuse occupation dont elle sera suivie, nous aurons à relever un pouvoir sur ce sol ravagé par l'ennemi et soulevé par des feux souterrains. Pour traverser moins douloureusement l'ère menaçante dont l'aurore se lève dans les horreurs de l'invasion, j'ai songé à me préparer un travail d'une rédaction facile, pour lequel je n'aurai à consulter que la bibliothèque de mes souvenirs, et où je pourrai laisser courir ma plume comme un cheval en liberté. J'entreprends donc de m'occuper un peu de moi-même, afin d'arracher quelques pages de ma vie au torrent qui aura bientôt emporté jusqu'à mon souvenir. Je n'ai pas tenu assez de place dans les affaires de mon temps pour avoir jamais la pensée de rédiger des mémoires. Je ne le permets qu'aux hommes d'État et aux valets de chambre : aux uns, parce qu'ils y terminent dignement leur vie publique; aux autres, pour lesquels il n'existe jamais de grands hommes, parce qu'ils nous montrent ceux-ci en déshabillé. Ces sortes d'écrits, d'ailleurs, sont toujours des apologies, et je n'ai pas plus à me défendre que je ne songe à attaquer. Je poursuis un but plus modeste et, pour moi, plus profitable.

Durant ces tristes jours où la main de Dieu, visible dans le châtiment, se dérobe à nos regards dans le but qu'elle veut atteindre, je voudrais étudier l'action continue de la Providence en l'observant dans la trame d'une vie obscure, lorsque je cesse de l'entrevoir dans l'économie générale des choses du monde. Les seules épreuves contre lesquelles l'homme demeure sans force sont celles dont le secret lui échappe, et la pensée de Dieu n'aide à tout supporter que parce qu'elle aide à tout comprendre. A l'ineffable joie de retrouver sa trace, j'aimerai à joindre celle de reconstituer l'unité morale de ma vie, en m'expliquant la filiation logique de mes opinions et de mes idées par les impressions mêmes qui les ont provoquées. Ces douces remembrances me remettront en présence de la première pensée qui ait fait battre mon cœur : elles me rappelleront des travaux entrepris et poursuivis, pour la défense de leur foi, par des amis bien chers, disparus dans la plénitude d'une confiance qui faisait notre force comme notre bonheur, et j'invoquerai leur mémoire afin d'en obtenir force et courage au déclin de mes espérances et de mes années. Le cours de ces études rétrospectives me fournira l'occasion de rétablir le sens et la portée des idées qui présidèrent en 1829 à la fondation du *Correspondant,* fondation que suivirent, après la révolution de 1830, les nobles luttes à l'origine desquelles je crois utile de remonter, afin d'en constater le véritable caractère; heureux si je parviens, en dessinant d'incomplètes esquisses, à me reposer à l'ombre du passé pour alléger le poids mortel de l'heure présente !

CHAPITRE I

UN DÉBUT A PARIS EN 1820

Notre génération a connu toutes les extrémités des choses humaines, et ses cris de douleur retentissent aujourd'hui moins haut en Europe que ne le faisaient, il y a soixante ans, les chants de triomphe au bruit desquels elle entra dans la vie. En elle s'accomplit l'unité du drame qui rattache au souvenir de nos fautes leur terrible expiation. Mais entre les gloires et les hontes également sanglantes des deux empires, s'étend une ère pacifique, sorte de trêve de Dieu, durant laquelle le pays tenta la solution des plus ardus problèmes de l'ordre politique, tandis que l'humanité semblait prendre, en triomphant de l'espace et du temps, une possession plus complète du domaine de la création.

C'est dans le cours de ces fécondes années que se concentreront ces souvenirs. Ils correspondent à la première période d'une existence qui s'ouvrit à l'heure même où la couronne de France fut ramassée par un soldat. Ma vie commença au sortir de la crise révolutionnaire dans des conditions difficiles, et mes premières pensées se reportent sur une sorte de duel systématiquement entretenu entre la détresse et l'orgueil. Issu d'une vieille maison bretonne ruinée, je trouvais la souffrance assise à notre foyer, et je *chauffais les bancs* d'un collége communal où j'étais, selon toutes les vraisemblances, appelé à terminer une éducation fort incomplète.

Je n'avais, pour agrandir l'horizon de mes espérances et de mes pensées, que les illusions d'une tendre mère, car mon père ayant repris du service après sa rentrée de l'émigration se trouvait alors prisonnier de guerre en Allemagne, et c'était sur elle seule que portait le poids alors si lourd des devoirs domestiques. Sa préoccupation dominante était d'élever l'âme de son fils au-dessus du niveau de la mauvaise fortune, et pour atteindre ce but constant de ses efforts, elle prenait des moyens parfois un peu singuliers : elle avait imaginé, par exemple, de m'apprendre à lire dans l'*Histoire de Bretagne* des Bénédictins, et me donnait une petite récompense chaque fois que, dans ces gros in-folios, je parvenais à découvrir et à déchiffrer le nom d'un de mes ancêtres. Lorsque plus tard je regardais avec quelque tristesse les vides nombreux laissés dans notre rentier de famille, elle me mettait sous les yeux ma généalogie, affirmant que les quartiers de celle-ci étant plus nombreux que les vides de celui-là, je n'éprouverais plus tard aucune difficulté pour les combler, pronostic que l'événement n'a pas du tout confirmé.

Les grandes scènes de la Terreur formaient la matière habituelle de nos entretiens du soir. Ma mère me racontait sa vie dans la prison de Quimper, où ma sœur au berceau passa ses deux premières années. Elle me disait ses mortelles tristesses lorsqu'elle rentra dans son habitation dévastée, me montrant, magnifique d'éloquence, les matelas de son lit transpercés par les baïonnettes, lors des visites ordonnées par le district afin de rechercher mon père émigré ; elle me révélait les cachettes où les prêtres célébraient les divins mystères pour de rares fidèles placés comme eux sous une menace de mort, et sa parole émue encadrait pour moi d'une radieuse auréole ces lieux sanctifiés par tant de larmes.

Mais de quelque amour que j'entourasse l'habitation dont les vieux bois abritèrent mes premiers rêves, une attraction irrésistible vers l'inconnu me poussait à me dégager de l'air dont la pesanteur m'étouffait : j'aspirais à Paris de toutes les puissances de ma jeune âme. M'y envoyer terminer une éducation dont j'avais pris en aversion les méthodes et les instruments, tel était le vœu de ma mère comme le mien. Mais si naturel qu'il fût de le former, ce souhait-là restait fort difficile à accomplir, car nos revenus couvraient à peine nos charges, obstacle péremptoire qui disparut par un événement des plus imprévus.

J'ouvre ici une parenthèse afin de conseiller à ceux qui doutent de l'action incessante de la Providence, de l'étudier empiriquement, dans une sphère restreinte, en observant sans parti pris cette action-là dans ce qui les touche directement eux-mêmes. Cette étude conduit presque toujours à s'assurer que, constamment libre dans ses résolutions dont il porte et doit porter l'entière responsabilité, l'homme se trouve dans une dépendance au moins médiate de certains faits primitifs survenus en dehors de ses prévisions et de ses calculs. L'ordonnateur souverain des choses d'ici-bas, celui que l'Écriture nomme le *Dieu jaloux*, a voulu que, pour les esprits même les plus perspicaces, l'imprévu demeurât le fond de la vie humaine. On va voir que, bien jeune encore, les événements m'ont prédisposé à penser ainsi.

Dans l'hiver de 1818 à 1819, une lettre nous apporta la nouvelle la plus étonnante, la plus surprenante, en joignant à ces qualifications toutes celles de madame de Sévigné. Elle venait d'un grand-oncle maternel qui, depuis trente ans, habitait Paris. Ce vieux parent, avec lequel nous étions à peu près sans relations, proposait à ma mère de me recevoir et de me garder chez lui pour y compléter mes études afin de me préparer à une carrière. C'était mon rêve accompli par la voie la plus imprévue, et je vois encore ma mère prosternée dans notre vieille chapelle, remerciant Dieu d'avoir ôté de son cœur la plus cruelle de ses épines en ouvrant un avenir devant son fils. Toutefois, en acceptant sans hésiter cette proposition, elle éprouvait, sans parler de la douleur de me quitter à l'âge où ses soins m'étaient encore si nécessaires, des angoisses dont cette femme forte se gardait bien de révéler toute l'étendue.

J'avais à peine seize ans; mon surveillant futur en

avait soixante-dix-neuf ; il passait pour un parfait égoïste, et rien ne l'avait préparé à la charge de diriger un jeune homme à l'heure où s'éveillent les passions. Il aimait fort ses aises, et regrettait, disait-on, en ne s'en cachant guère, ses beaux jours qui lui avaient valu les plus brillants succès. Doué d'une figure des plus agréables et de ce qu'on nommait au siècle dernier un esprit charmant, le chevalier de Lanzay-Trézurin, entré dans l'armée à dix-sept ans, avait été en liaisons assez étroites avec plusieurs des notabilités littéraires de son époque. Grâce aux bontés de madame Denis, nièce de M. de Voltaire, qu'il avait rencontrée à Besançon, il avait passé, de 1765 à 1771, plusieurs semestres à Ferney, admis au nombre des nébuleuses groupées autour de l'astre devant lequel s'inclinaient les peuples et les rois. Avec les habitudes de son temps, il en avait conservé les idées, ne reconnaissant à celles-ci qu'un seul tort, celui d'avoir concouru au renversement de la monarchie, dont M. de Voltaire aurait été, d'après lui, le plus ardent défenseur. Aussi correct dans ses vers que dans sa conversation, mon oncle avait écrit une tragédie en cinq actes, sorte de charge à fond et à froid contre le fanatisme des Croisades, œuvre sentencieuse imprimée à Genève en 1769, dont M. de Voltaire avait daigné entendre quelques tirades, et dont je fus plus d'une fois condamné à subir la lecture intégrale !

M. de Trézurin abhorrait la révolution et l'empire, la révolution s'étant, disait-il, opérée sans motif, et l'Empire n'ayant pas produit un seul grand homme. Son principal grief contre les temps nouveaux, c'était l'insolente prétention de placer des renommées nouvelles à côté des divinités de l'Olympe philosophique dont il était demeuré le gardien jaloux. Tout confit dans les souvenirs de sa jeunesse, il traversait le dix-neuvième siècle sans lien avec ses contemporains, et ne voulant prendre au sérieux ni leurs œuvres, ni leurs intérêts, ni leurs luttes. Je lui ai entendu dire plus d'une fois que nos querelles politiques, dont il avait le plus parfait dédain, finiraient comme les débats de sa jeunesse entre l'école musicale de Gluck et celle de Piccini.

Réfugié à Paris depuis l'époque de la Terreur, et longtemps caché dans un faubourg reculé, il avait mené sans bruit et sans scandale une existence de vieux garçon, ne connaissant qu'un ennemi, l'ennui qui l'éprouvait souvent dans l'uniformité de sa vie à peu près solitaire. Il entretenait une correspondance régulière avec le club international des échecs, passait ses journées au café de la Régence, à suivre des parties d'échecs, ou bien à contempler les prouesses, au billard, de Maingo et autres joueurs alors fameux. Il s'endormait le soir sur la *Quotidienne*, les pieds dans les chaudes pantoufles que lui préparait sa gouvernante Babet, et ne recevait guère, dans le joli petit appartement qu'il habitait alors, rue de Tournon, que deux ou trois chevaliers de Saint-Louis, ses anciens camarades au régiment de Conti. C'étaient de vieux débris de la guerre de Sept Ans, assez disposés à placer la bataille de Hastenbeck à côté de la bataille d'Austerlitz, et s'accordant pour déclarer que le génie militaire du général Bonaparte, surfait par les ennemis de la monarchie légitime, ne s'élevait guère au-dessus de celui du maréchal d'Estrées. Tel était l'intérieur où j'étais appelé à vivre entre un vieillard, sa gouvernante et son caniche.

En réponse à la bienheureuse lettre, on m'avait expédié en grande vitesse, par la diligence. Parti du fond de la basse Bretagne, j'arrivai à Paris le cinquième jour, rapidité qu'admirait fort un officier de la vieille marine, lequel, à la fin de la guerre d'Amérique, avait mis dix jours, me disait-il, pour faire le trajet de Brest à Versailles par le coche.

A peine arrivé, je compris que ma mère avait été bien avisée en me faisant partir sans retard, et que j'avais dû cette invitation à un accès d'humeur noire dont un beau coup d'échecs avait peut-être triomphé le lendemain. Songeant un moment à rompre la monotonie de son existence, mon oncle avait imaginé que la présence d'un jeune homme pourrait y concourir, et n'avait guère réfléchi aux obligations que cette démarche ne pouvait manquer d'entraîner pour lui. D'un ton où l'indolence tempérait l'affection, il me dit qu'il était charmé de me voir, et me conseilla de tirer bon parti, pour mon instruction, des nombreuses ressources qu'allait m'offrir Paris ; il ajouta que j'y vivrais à mes périls et risques, et que si je succombais aux dangers que cette ville présente à la jeunesse, je ne tarderais pas à le regretter, une bonne conduite n'étant pas moins nécessaire pour faire son chemin dans le monde que pour conserver sa santé. Il termina en m'invitant à visiter les curiosités de la capitale sans me faire écraser par les voitures. Muni de ces solides instructions, je fus installé dans ma chambrette et je reçus pour mot d'ordre d'être exact aux repas, de rentrer sans bruit et surtout de ne pas m'exposer, en traversant le salon, à déranger l'échiquier que mon oncle tenait constamment en bataille contre ses adversaires d'Angleterre ou de Hollande.

Ce fut ainsi que je me trouvais lancé comme un esquif sans boussole sur cet océan dont je ne soupçonnais encore ni les orages ni les écueils. J'arpentais Paris du matin au soir, sans guide et à peu près sans but, un vieillard s'en remettant à la sagesse d'un enfant du soin de chercher à tout hasard des moyens d'instruction qu'un bon collège aurait pu seul lui procurer.

Lorsque j'évoque, après un demi-siècle, ces souvenirs au milieu desquels se dressent d'ardentes images, et que je me représente, dans mon inexpérience absolue, conduit au port par le flot même qui semblait devoir m'en écarter, je m'incline, les yeux pleins de larmes, sous la main qui m'a visiblement préservé. Appelé à Paris par la voie la plus inattendue, je m'y suis vu protégé d'une manière plus providentielle encore. La logique a été complétement mise en défaut, comme on va le voir, car le milieu qui pouvait être le plus redoutable écueil de ma vie morale fut pour moi la cause déterminante de la plus salutaire évolution.

Un jour, au milieu des affiches de spectacle, j'avisai le programme sémestriel des cours du Collége de France et de la Faculté des lettres. Je m'acheminai vers le pays latin par désœuvrement, sans soupçonner que cette affiche venait de décider mon avenir. Je pris un goût soudain et prononcé pour ce mode d'enseignement où le travail du maître fait tous les frais, les intelligences paresseuses n'ayant qu'à profiter de ses efforts, à peu près comme l'enfant, pour apprendre à parler, profite des paroles de sa mère. J'absorbai tous les jours, sans trop les digérer, une prodigieuse quantité de leçons sur les sujets les plus divers. Ces matières s'accumulaient sans suite dans ma mémoire, comme dans un réservoir inépuisable. Mais au milieu de cette confusion, j'entrevoyais des perspectives dont le mystère m'attirait, et je devinais assez pour souhaiter comprendre. Tout était plaisir et rien n'était travail, car le caractère de cette étrange éducation fut d'être à la fois attrayante et passive. J'allais de l'éloquence à la poésie, de l'histoire ancienne à l'histoire moderne, quelquefois même du droit public à la chimie. J'entendais M. Guizot développer, avec un esprit politique dont la profondeur m'échappait encore, les origines de la féodalité, et M. Villemain dérouler celles de la littérature française avant le dix-septième siècle. Il m'arrivait, quoique plus rarement, de recevoir en pleine poitrine la décharge électrique de M. Cousin, alors maître de conférences à l'École normale, et je cherchais le sens de la leçon dans le regard inspiré du jeune professeur. Ce kaléidoscope charmait ma vue sans jamais la lasser. J'avais élu domicile à la Sorbonne et à la place Cambrai, à ce point que l'appariteur, me voyant passer des leçons de géographie de M. Barbier du Bocage au cours de droit des gens de M. de Portetz, et me croyant dès lors de force à tout supporter, vint un jour me demander de vouloir bien servir d'auditoire au malheureux professeur de chinois. Incapable jusqu'alors de consacrer une heure à faire une version latine, j'éprouvais une satisfaction inexprimable à entendre M. Burnouf expliquer Tacite, et M. Tissot commenter Virgile plus heureusement qu'il ne l'avait traduit.

J'essayerais vainement de peindre l'étonnement de mon vieil oncle, lorsqu'à l'heure du dîner, il m'interrogeait sur l'emploi de ma journée passée à peu près tout entière dans le quartier latin. Il marchait de surprise en surprise, d'exclamations en exclamations, et celles-ci n'étaient pas toujours flatteuses pour mon amour-propre. Ce fut bien pis lorsqu'au goût des choses intellectuelles, je commençai à joindre celui des intérêts politiques, et qu'il m'eut surpris lisant le *Conservateur* et la *Minerve*, quand sa bibliothèque pouvait fournir à un jeune homme tant de livres où les *juvenilia* ne manquaient point. En me rencontrant quelquefois, un journal à la main, dans les allées du Luxembourg, sa promenade habituelle, il accordait de pompeux éloges à ma gravité doctorale, me prédisant une place sur le canapé doctrinaire, point de mire habituel de ses sarcasmes, un sourire légèrement ironique me faisant comprendre qu'il m'aurait volontiers appliqué le joli vers d'un autre vieillard dans une adjuration à un jeune pédant :

Prêtez-moi vos vingt ans si vous n'en faites rien.

Je me hâte d'ajouter qu'un tact exquis maintenait mon grand-oncle dans la *maxima reverentia* due à l'enfance. Il était trop homme d'honneur, comme on disait au dix-huitième siècle, trop honnête homme, comme on disait au dix-septième, trop galant homme, comme on dirait aujourd'hui, pour s'exposer jamais à ébranler dans le cœur d'un fils les enseignements de sa mère.

En échange d'un résumé fort indigeste des leçons que j'avais entendues dans la journée, mon oncle entassait chaque soir tout ce que peut comporter d'anecdotes la carrière d'un octogénaire spirituel qui avait surtout observé le côté plaisant des choses humaines. Ferney et Genève étaient les sources principales d'où s'écoulait le flot intarissable de ces récits. Le plus fervent voltairien n'aurait pas résisté à ces douches d'eau glacée. Le grand homme dont je voyais grimacer la figure au milieu de ses plats courtisans, m'inspirait un dégoût dans lequel l'ennui entrait assurément pour quelque chose. Je savais par cœur les détails touchant l'ambassade envoyée par Catherine II au frileux vieillard, afin de lui porter des hommages et des fourrures; je n'ignorais rien des querelles de M. de Voltaire avec le roi de Prusse, et j'étais au courant de tous les efforts tentés à Ferney pour s'y concilier la bienveillance de madame du Barry, aux premiers temps de sa faveur. A la monotone histoire des accès de colère épileptique contre Fréron, Nonnotte ou Pompignan, au long exposé des manœuvres journellement pratiquées par le patriarche pour déshonorer un adversaire ou pour grandir un disciple, je préférais, torture pour torture, les détails cent fois répétés de la vie génevoise et le tableau de cette petite société puritaine qui subissait à cette époque la double influence de Coppet et de Ferney.

Le chevalier de Trézurin avait passé ses meilleurs jours à Genève, où chacun de ses congés de semestre le ramenait, quoiqu'il affectât pour cette ville une sorte de dédain peu sincère. Lié avec les Saussure, les Cramer et les Bonnet, il avait conservé des souvenirs fort vifs de ce monde d'élite, contre lequel il n'avait au fond qu'un grief, les importations anglo-germaniques dont M. Necker et sa fille, qu'il appelait un homme manqué, devinrent bientôt après les agents principaux en France pour la politique et les lettres. Il prétendait que Genève, séjour ravissant pendant le jour, devenait inhabitable aux lumières, parce que les femmes, charmantes de naturel lorsqu'on les rencontrait à la promenade au bord de leur beau lac, s'y croyaient obligées de prendre dans le monde des airs de prudes, et qu'elles se tenaient au bal comme au prêche, sans que, d'ailleurs, le diable y perdît rien. Aussi ne manquait-il jamais de rentrer à Ferney chaque soir, ainsi le voulait madame Denis. Un jour qu'il avait dîné chez madame de Saussure, et qu'il prenait congé à l'heure habituelle : « Vraiment, chevalier, lui dit la maîtresse de la maison, je ne sais pourquoi vous fuyez toujours Genève à la nuit; prendriez-vous notre ville pour une caverne de voleurs? — Ah! madame, répondit-il, dites plutôt pour une caverne d'honnêtes gens ! »

Des nombreux souvenirs demeurés dans ma mémoire, je détache une seule anecdote qui me paraît mettre en pleine lumière le contraste de la rude bourgeoisie genevoise et la brillante vivacité de cette bonne compagnie française dont j'avais sous les yeux un type de la plus parfaite conservation.

Le chevalier de Trézurin, souffrant depuis plusieurs jours d'une dent qui le laissait sans repos, vint à Genève pour en faire opérer l'extraction. Le dentiste lui ayant fait savoir qu'il se rendrait à une heure déterminée à l'hôtel où M. de Trézurin était descendu, celui-ci, momentanément soulagé, crut, à l'heure du dîner, devoir prendre place à la table d'hôte. Trois gros citadins de la Suisse allemande y étaient installés en face du jeune officier français, dont la toilette soignée provoqua leur étonnement, qui ne tarda pas à se révéler par quelques sarcasmes d'un goût douteux. Cependant la conversation s'engagea, et mon oncle faisant, pour tromper sa douleur, les plus grands frais d'amabilité, les impressions d'abord peu favorables de ses austères commensaux se modifièrent sensiblement. On causa de la Suisse, dont M. de Trézurin parla avec l'enthousiasme d'un compatriote de Guillaume Tell, et les républicains en vinrent bientôt à pardonner à l'officier français ses ailes de pigeon et les colifichets de sa toilette. Pourtant, avant de se rendre et de tenir le jeune Français pour un bon compagnon, le plus âgé des trois résolut de tenter une épreuve suprême, afin de s'assurer que l'étranger avait le caractère aussi bien façonné que l'esprit.

« Monsieur, lui dit-il, en vous entendant tout à l'heure déclarer en termes si chaleureux que si vous n'étiez pas Français vous auriez voulu naître Suisse, j'ai conçu l'espoir que vous nous feriez l'honneur de porter avec nous un toast aux treize cantons. » On juge avec quel empressement cette proposition fut acceptée. Les verres se remplirent jusqu'aux bords, et au moment où M. de Trézurin allait vider le sien : « Pardon, monsieur, s'écria l'homme qui tentait l'expérience, mais vous y mettez tant de bonne grâce, que vous nous encouragez vraiment à vous traiter tout à fait en compatriote. Or nous avons ici un usage qui pourra vous étonner, mais auquel nous tenons beaucoup : chaque fois que nous buvons à nos confédérés, nous nous imposons toujours un petit sacrifice. » Et le vieux rustre, avisant les manchettes de dentelles du jeune gentilhomme qui l'offusquaient depuis le commencement du repas, commença par déchirer ses manchettes de toile. « Excellente pensée, s'écria aussitôt le chevalier, bien digne de naître dans cette patrie de toutes les vertus, et à laquelle je suis heureux de m'associer, messieurs, en imitant votre exemple ! » Et d'un geste de Spartiate, avant de porter son verre à ses lèvres, il mit ses belles manchettes en lambeaux.

Les applaudissements éclatèrent et la victoire fut

complète. On continua le repas, et le chevalier, ayant dit quelques paroles à l'oreille d'un domestique, se leva pour remercier ses nouveaux amis d'une bienveillance dont il leur demandait la continuation ; mais comme gage des sentiments qu'il était heureux de leur avoir inspiré, il les requit à son tour de vouloir bien lui faire raison en portant avec lui la santé du roi de France. Cette proposition reçut un accueil chaleureux, et l'on allait boire le champagne lorsque M. de Trézurin, arrêtant l'élan des convives, leur dit d'un ton grave : « Un instant, messieurs, s'il vous plaît ; j'ai comme vous une habitude singulière, à laquelle vous vous conformerez, j'en suis bien sûr, comme je me suis conformé à la vôtre : je ne porte jamais la santé de mon souverain sans me faire arracher une dent, et la chose sera d'autant plus facile que voici précisément un dentiste qui entre. » Et M. de Trézurin se mit immédiatement en position, pendant que les trois Suisses, moins héroïques que ceux du serment légendaire, s'enfuyaient à toutes jambes.

Les historiettes qui formaient la base de mon ordinaire n'avaient pas toutes la même saveur. A mesure que ce régime se prolongeait, il m'inspirait une répugnance plus prononcée. Rien ne réussit moins près des jeunes gens que la légèreté chez les vieillards. Les physiologistes qui ont constaté l'influence habituellement décisive des milieux sur les espèces ont omis de dire que pour les individus qui s'y dérobent, par exception, le milieu devient la cause d'un développement anormal dans un sens contraire. Or le milieu dans lequel j'avais été jeté, à l'heure même où s'épanouissait ma vie intellectuelle, détermina une évolution opposée à celle qu'on aurait pu prévoir et redouter. Le dégoût de la frivolité sénile me rendit grave ; j'accueillis avec ardeur les idées de mon temps, en présence d'un débris d'une autre époque qui ne sut pas m'inspirer le respect auquel ont droit les ruines ; je pris en mépris l'ancien régime, auquel je trouvais si peu de titres pour insulter le nouveau ; et comme ce régime-là s'était surtout montré sous les traits de M. de Voltaire, qui, dans son cynisme élégant, en fut en effet l'un des types les plus vrais, il arriva, par l'influence même de l'intérieur où je fus appelé à vivre, qu'à vingt ans je me trouvais être, contrairement à ce qui avait lieu pour la plupart de mes contemporains, et très-libéral et antivoltairien décidé, séparant instinctivement ce que la jeunesse presque tout entière associait alors dans l'unité d'un même symbole.

Les vieux commensaux de mon oncle ont été mes véritables instituteurs politiques. J'entendais, en effet, chaque jour, des affirmations si étranges, que le silence commandé par mon âge avait fini par devenir une véritable torture. Aucun d'entre eux ne doutait, par exemple, de la complicité du ministre de la police dans l'assassinat du duc de Berry, et le nom du régicide Fouché leur inspirait bien moins d'horreur que celui de M. Decazes. Aujourd'hui nous sommes devenus trop froids pour pouvoir encore rester injustes, lors même que nous en aurions la bonne volonté ; nous ne pouvons plus comprendre les miracles de folle crédulité qui, durant la première période de la restauration, s'opéraient par toute la France. Depuis vingt ans, surtout, nous avons contracté une si juste habitude du mépris, que nous éprouvons une sorte d'impossibilité à nous élever jusqu'à la haine.

Dix-huit mois s'étaient écoulés dans cette *éducation spontanée* ; et cette vie de labeurs décousus avait plus profité, comme on le pense bien, au développement de mon intelligence qu'à celui de mon instruction proprement dite. Une antipathie invincible pour les sciences mathématiques me détourna de l'École militaire, malgré le vœu de ma famille, et je pris la résolution fort sensée de faire mon droit. L'admission à l'école étant alors subordonnée à certaines conditions d'études universitaires, je suivis bravement comme externe, sans consulter mon oncle, que cela aurait d'ailleurs fort peu touché, le cours de philosophie du collége Louis-le-Grand. Cette année fut la plus laborieuse de ma vie : consacrée à reprendre en sous-œuvre l'édifice entier d'un enseignement classique des plus insuffisants, elle fut terminée par des succès au concours général, dont la mention au *Moniteur* surprit beaucoup les régents du collége de Quimper qui avaient prononcé contre moi, et ce n'était pas sans raison, plus d'un arrêt tenu pour définitif.

Le temps du droit est le meilleur de la vie. Revêtu de la robe prétexte, le jeune homme, dans la plénitude de sa liberté enfin conquise, s'aventure en ce monde inconnu ouvert devant lui, comme l'oiseau qui use de ses jeunes ailes pour se perdre dans les profondeurs de l'horizon. La période écoulée de 1820 à 1830, au milieu de luttes politiques et littéraires également passionnées, a été, d'ailleurs, l'une des plus pleines dans l'histoire intellectuelle de la France. Des courants contraires, passant sur la jeunesse, avaient séparé celle-ci en deux camps, antagonisme qui, sur la place même de l'École de droit, provoqua plus d'une fois des collisions entre les étudiants attachés à l'un ou à l'autre des deux grands partis entre lesquels se partageait alors la France.

La plus grande partie de ces jeunes gens appartenaient aux classes moyennes qui, après avoir acclamé en 1814 la royauté de la maison de Bourbon par lassitude de l'empire, lui retiraient de plus en plus leur appui, à cause de la crainte que leur inspiraient les souvenirs de l'ancien régime habilement évoqués par une opposition implacable. La France souffre d'un mal organique que parmi les grandes nations de l'Europe elle est seule à éprouver : notre pays tient son passé en suspicion, pour ne point dire en haine. Ce malheur provient de ce que, dans le cours de la longue histoire de la monarchie française, les fautes sont de date plus récente que les services ; il résulte surtout de ce que l'œuvre de notre magnifique unité, ayant moins profité à l'éducation générale de la nation qu'à la vanité d'une caste dotée de priviléges sans posséder aucun droit politique, s'est achevée sous un régime qui présentait la plus parfaite image du chaos. A la veille de 1789, la bourgeoisie française tout entière personnifiait ce régime détesté dans le marquis de Tuffière

ou le vicomte de Moncade ; et, se croyant compromise
par M. Jourdain, elle jouissait de l'égalité comme d'une
vengeance. Avant le renouvellement des études historiques inauguré par MM. Guizot et Thierry, on distinguait à peine la monarchie de cour de la monarchie
féodale; et c'était à M. Dulaure, ou à l'insulteur de
Jeanne d'Arc, que la jeunesse demandait des leçons de
philosophie et de politique. Étrangère à la foi comme
au respect, cette génération, entrée dans la vie durant
la longue suspension du culte et de l'enseignement
public, ignorait tout en religion comme en histoire;
et, par une conséquence de cette sorte d'ignorance
invincible, il s'était établi pour elle une solidarité fatale
entre l'esprit révolutionnaire et l'esprit antichrétien.
Par contre coup, la portion qui en était demeurée chrétienne avait vu, presque toujours, au sanctuaire domestique, confondre les deux causes pour lesquelles
on y avait souffert, et le symbole religieux, en quelque
sorte, s'élargir pour protéger, par une sanction divine,
des intérêts d'un ordre très-différent. Cet antagonisme
natif d'idées et de croyances ne se révélait nulle part
sous des formes plus accusées que dans le quartier
latin.

La liberté politique ne pouvait être fondée en France
en dehors des principes du christianisme, qui en est
la source même, ce qu'ignorait malheureusement la
plus grande partie de la jeunesse; d'un autre côté, il
était fort périlleux pour l'Église, qui entendait chanter
en chœur les Bourbons et la foi autour des croix de
mission fleurdelisées, de paraître associer son avenir

au sort d'une dynastie de plus en plus menacée. S'il est mauvais de vouloir séparer l'Église de l'État, il est bon de la séparer des partis; il est meilleur encore de la dégager de toute solidarité dans nos agitations passagères puisqu'elle est destinée à leur survivre. Mais cette identification était trop bien expliquée par la puissance naturelle des souvenirs, et elle n'engageait d'ailleurs aucune question de doctrine. C'était une simple affaire de conduite; or l'esprit de conduite est ce qui manque le plus aux partis honnêtes, et peut-être faudrait-il dire que cette qualité leur manque habituellement dans la mesure même de leur honnêteté. Sous la restauration, l'opinion royaliste prit de petits moyens pour atteindre un grand but, et ses meilleures intentions vinrent échouer contre ses maladresses.

Les sociétés secrètes étaient, en ce temps-là, le centre de l'impulsion imprimée à l'opinion révolutionnaire, soit que celle-ci poussât de malheureux sous-officiers à l'insurrection et à l'échafaud, soit que, par la voix de Manuel, elle jetât la jeunesse des écoles sur les places publiques ou qu'elle l'enrôlât dans les ventes du carbonarisme. Par un concours de circonstances très-regrettables, quoique fort innocentes en elles-mêmes, une portion de la droite se trouvait enlacée dans une organisation occulte à peu près semblable, et ses chefs en attendaient, pour la cause monarchique et religieuse, les plus merveilleux résultats, comme si les armes utiles aux uns pouvaient toujours profiter aux autres. Formée durant l'empire, afin d'assister Pie VII captif à Fontainebleau, par une union secrète d'efforts et de prières, la *Congrégation* eut des conséquences politiques très-différentes de celles qu'on en avait espérées. Cette œuvre, agrandie dans ses bases après le rétablissement de la maison de Bourbon, se donnait alors pour but principal de patronner la jeunesse chrétienne durant le cours de ses études à Paris, et de l'assister à son entrée dans les carrières publiques, de manière à peupler celles-ci de candidats d'un dévouement éprouvé à l'Église et à la royauté, en maintenant un lien secret entre des hommes honorables également engagés envers le trône et envers l'autel.

De longs efforts et de généreux sacrifices furent accomplis pour protéger les jeunes gens contre les périls de toute nature auxquels les exposait à Paris l'éloignement de la famille; mais ces efforts furent opérés sans tact, en contrariant à la fois et l'esprit général du temps, et l'esprit permanent de la jeunesse à laquelle il faut laisser toutes les apparences de la liberté, surtout lors qu'on en restreint l'usage ; de telle sorte que les plus respectables des hommes parvinrent à rendre leur dévouement stérile et leur concours désastreux. On agissait beaucoup plus dans l'espoir de sauver l'innocence des étudiants que dans la pensée de fortifier leur virilité, et l'on s'efforçait de revêtir de la tunique d'Éliacin ceux qu'il aurait été bon d'armer d'une triple cuirasse pour les grands combats de l'avenir.

Au centre du quartier latin s'ouvrit, en 1823, un vaste établissement pour la Société des *Bonnes Études*. Il fut doté d'une bibliothèque expurgée, et ne reçut que la fine fleur des journaux monarchiques. Pour que ce système d'éducation pût obtenir quelque succès, il aurait fallu pouvoir séparer la jeunesse du milieu dans lequel elle était appelée à vivre. Ses fondateurs avaient oublié que le jardin du Luxembourg se trouvait à deux pas de l'Estrapade, et que, pour cinq centimes, les étudiants, peu flattés d'une tutelle politique maladroitement étalée, ne manqueraient point, dans leurs promenades journalières, de lire les feuilles de l'opposition, plaisir qu'ils prenaient, en effet, avec l'avidité toujours provoquée par le fruit défendu. Bien moins heureux dans leur blocus que ne l'ont été les Prussiens, les directeurs de l'établissement des *Bonnes Études* voyaient chaque jour la contrebande des journaux et des livres s'opérer sur la plus vaste échelle, et les idées de la jeunesse se transformer avec une rapidité fort alarmante. Des signes trop certains signalaient le progrès d'influences contre lesquelles le régime préventif n'avait pas prévalu, et chaque jour était marqué par les plus amères déceptions.

Les conférences littéraires avaient commencé par des lectures sur les gloires de la vieille monarchie; on y avait entendu des élégies nombreuses sur les malheurs de la famille royale, dont l'une, l'*Ode à Louis XVII*, était l'œuvre d'un inconnu à la veille de s'appeler Victor Hugo. Mais ces conférences ne tardèrent pas à accueillir des dissertations politiques dont s'émurent singulièrement les pères de famille qui avaient cru pouvoir protéger contre tout contact suspect la virginité intellectuelle de leurs enfants. Ce ne furent pas, d'ailleurs, les étudiants qui reçurent le contre-coup le plus sensible des événements du dehors et des débats parlementaires : ce contre-coup atteignit surtout les maîtres, et, parmi ces derniers, ceux-là même dont le dévouement à la monarchie légitime avait été le plus éprouvé. MM. Michaud et Lacretelle, qui paraissaient aux grands jours dans l'amphithéâtre de la rue de l'Estrapade, pour y prononcer des allocutions où respirait la foi royaliste la plus ardente, y furent un soir accueillis par des applaudissements frénétiques. C'était au lendemain de l'éclatante protestation faite par l'Académie française, dont ils étaient membres, contre un projet de loi sur la presse présenté par M. de Peyronnet. Mais un plus grand scandale était à la veille de s'accomplir dans cette salle sur laquelle flottait un large drapeau fleurdelisé, et dont les bancs étaient garnis par une jeunesse considérée au pavillon Marsan comme la suprême espérance de l'avenir. M. le duc de Rivière, gouverneur de Mgr le duc de Bordeaux, y vint faire la visite annuelle dont il honorait l'établissement des *Bonnes Études*. A l'entrée du noble personnage, les cris de : *Vive la charte!* balancèrent tellement les cris de : *Vive le roi!* qu'une consternation visible se peignit sur le visage des fondateurs de l'œuvre, si mal récompensés de leurs peines. Ils semblaient tous répéter en chœur le mot attribué au propriétaire désappointé de l'oiseau dressé à Rome pour saluer le triomphe de Jules César : *Opera et impensa perdidi.*

Les opinions monarchiques de ma famille et les

croyances chrétiennes, de plus en plus raffermies dans mon cœur, m'avaient naturellement conduit à faire partie de cette Société, où quelques premiers essais littéraires m'avaient fait un peu remarquer. Mais le but que l'on s'y proposait, en associant des intérêts passagers au seul intérêt permanent de l'humanité, me répugnait instinctivement ; rien ne me révoltait plus que la mesquinerie des moyens mis en regard de la hauteur des causes. Aussi, tout en me montrant reconnaissant des offres de service que voulaient bien me faire quelques hommes affiliés à la pieuse association dont je viens d'indiquer l'origine, étais-je demeuré très-ignorant de certaines pratiques secrètes, dont quelques vagues confidences m'avaient fait parfois sourire.

Cette ignorance provoqua une petite scène dont je consigne ici le souvenir, en devançant un peu l'ordre des temps. Lorsque je fus admis, à la fin de 1825, au ministère des affaires étrangères, je fus introduit dans le cabinet d'un haut employé de ce département, auquel je remis une lettre d'un personnage considérable de la droite, dont le concours m'avait été des plus utiles. Ce fonctionnaire, aussi ardent dans ses opinions qu'il était tiède dans ses croyances, avait peu profité du précepte classique de M. de Talleyrand, et s'obstinait à déployer du zèle. Il me fit un accueil très-bienveillant, entama une conversation politique à laquelle je me mêlai avec une réserve qui dut lui donner une piètre idée de mon esprit ; et, me tendant enfin la main avec beaucoup de cordialité, il enlaça ses doigts aux miens d'une façon qui m'embarrassa, sans que j'y

rattachasse d'ailleurs aucune signification précise.
L'entretien fut de sa part plutôt encourageant qu'abandonné, ce monsieur paraissant attendre jusqu'à la fin un mot ou un geste qui correspondît au mouvement dont le sens m'échappait. Lorsque, quelques jours après, il m'arriva de parler de cette entrevue à un homme pourvu de plus d'expérience que je n'en possédais moi-même, et quand j'eus incidemment mentionné le geste qui m'avait étonné : « Ah ! maladroit, s'écria-t-il, c'était la chaîne ; il fallait passer le pouce dans l'anneau ; vous avez manqué votre fortune ! » Il me fut révélé, ce jour-là, que lorsque les sociétés secrètes ne sont pas dangereuses, elles sont ridicules.

Les doctrines philosophiques du dix-huitième siècle, représentées par un vieillard peu sérieux, avaient retrempé la foi de mon enfance, bien loin de l'affaiblir ; la maladresse d'un parti qui aspirait à transformer une opinion en croyance, en servant les intérêts les plus élevés par des tentatives puériles, fit de moi un partisan décidé des institutions libres et du régime parlementaire. Je dois donc à une énergique réaction contre la double influence à laquelle fut soumise ma jeunesse, la foi solide qui a consolé ma vie, et mon inaltérable fidélité aux idées politiques auxquelles je concourus à donner un peu plus tard, un premier organe au sein de la presse religieuse.

CHAPITRE II

LES PARTIS ET LES ÉCOLES SOUS LA RESTAURATION

Une circonstance imprévue m'ouvrit dans le même temps quelques percées sur le monde de l'opposition, qui m'inspirait de loin sinon beaucoup de sympathie, du moins beaucoup de curiosité. M. de Kératry, élu député aux élections de 1819, était venu prendre place dans les rangs de la gauche. Il avait épousé la sœur de ma mère ; nous vivions à la campagne fort près l'un de l'autre, et la mort prématurée de ma tante, qui ne lui laissa point d'enfants, n'avait rien changé à nos relations d'intimité. Quoique possédant les qualités natives d'un parfait gentilhomme, M. de Kératry était alors la bête noire de toute notre noblesse, à laquelle il avait, bien jeune encore, rompu en visière aux derniers états de Bretagne, en publiant à Rennes une brochure contre le droit d'aînesse, brochure qui aurait peut-être gagné à n'être point signée par un cadet. Il n'émigra pas, ne s'associa point aux protestations de la province contre les actes de l'Assemblée nationale, se fit homme de lettres, et, pour ses débuts, romancier. A trente ans, il commença par imiter Sterne, pour finir, à soixante, par imiter Walter Scott. L'originalité, qui manquait à cet écrivain dans les lettres, ne lui fut pas refusée dans les sciences. Les *Inductions morales et physiologiques* révèlent un penseur dont la chaude éloquence est parfois déparée par des traits d'un goût équivoque.

Repoussé par *sa caste*, comme on disait alors, il rechercha, sous la Restauration, la faveur et les votes de la bourgeoisie censitaire, et fut nommé à Brest. M. de Trézurin avait interdit l'accès de sa maison au nouveau député, qu'il nommait son neveu le rénégat ; et mes relations avec un parent qui me continuait à Paris les bontés auxquelles il m'avait accoutumé depuis ma première enfance irritaient fort mon grand-oncle, si parfaitement coulant sur tout le reste. Lorsque, par son entremise, j'avais obtenu un billet pour la Chambre, et qu'il m'arrivait de n'être pas rentré à l'heure du dîner, j'étais accueilli par les sarcasmes les plus amers. M. de Trézurin déclarait ne pouvoir comprendre l'intérêt qu'un jeune homme bien élevé paraissait prendre à l'indécent pugilat où, de par la charte, qu'il appelait en minaudant la *chatte* du roi, on obligeait les ministres à venir se colleter avec des avocats pour les menus plaisirs de la galerie. Ces institutions lui étaient surtout antipathiques parce qu'elles lui paraissaient incompatibles avec le véritable esprit français qu'il ne leur pardonnait pas d'avoir atteint à ses sources, en faisant d'un peuple aimable et poli un peuple d'ergoteurs et de pédants.

Mes meilleurs jours étaient pourtant ceux durant lesquels, au risque d'une remontrance sur ma rentrée tardive, je pouvais prendre place dans les rangs pressés de ces tribunes du palais Bourbon, où la jeunesse portait alors et des convictions ardentes, et des passions politiques implacables. J'ai assisté, sous la monarchie de Juillet, à de grandes luttes oratoires à l'issue desquelles je me trouvais directement intéressé ; j'ai entendu des orateurs d'une habileté plus consommée ; mais aucune de ces magnifiques journées ne m'a laissé l'impression profonde que j'emportai à vingt ans des débats soulevés à l'occasion des votants du 21 janvier, et par les mesures d'exception qui suivirent le meurtre du duc de Berry ; aucune discussion ne m'a paru empreinte de l'esprit philosophique que j'avais remarqué dans les harangues magistrales prononcées à l'occasion de l'indemnité des émigrés, du droit d'aînesse, de la loi du sacrilége, et du projet de loi sur la police de la presse, durant le ministère de M. de Villèle. Cette diversité dans les impressions peut s'expliquer sans doute par la diversité des âges, mais ne viendrait-elle pas surtout du caractère très-différent des discussions parlementaires dans la période antérieure à 1830, et dans celle qu'ouvrit la révolution de Juillet ?

Avant la chute de la branche aînée, la bataille était presque toujours engagée sur le terrain des théories sociales ; c'était une sorte de duel entre le droit historique antérieur à 89, et le droit populaire qui prévalut à cette époque. Dans l'enceinte du palais Bourbon, on assistait alors à la lutte de deux écoles donnant l'une et l'autre à la révolution française un sens et une portée entièrement contraires. L'éloquence parlementaire revêtit une physionomie à la fois moins dogmatique et moins passionnée sous la monarchie de 1830 ; car, après le triomphe définitif de la souveraineté nationale, les questions théoriques qui avaient si longtemps divisé les esprits se trouvèrent en quelque sorte enterrées dans l'abîme où s'était englouti tout le vieux droit traditionnel.

De 1820 à 1830, la gauche, écartée du pouvoir par une sorte de barrière infranchissable, combattait d'ailleurs pour des idées, sans avoir à se préoccuper beaucoup des portefeuilles, les calculs personnels tenant alors très-peu de place dans la stratégie parlementaire. L'orthodoxie politique de ce parti était surveillée par Dupont (de l'Eure), borne de granit, qu'une révolution ne put même déplacer. Ce caractère dogmatique se révélait plus nettement encore pour la droite, devant laquelle M. de Bonald déroulait, telles qu'il les comprenait lui-même, les lois primitives de la famille et de la société, accumulant avec un esprit infini des analogies toujours ingénieuses, lors même qu'elles portaient moins sur les idées que sur les mots, et qu'elles semblaient quelquefois tourner au calembour.

Droit suprême du prince, source de toute souveraineté comme de toute justice ; droit de la nation dominant le droit de la couronne : tels étaient, durant la Restauration, les deux pôles de la métaphysique gouvernementale, pôles que la révolution de Juillet eut pour principal effet de déplacer. Il arrivait assez souvent que certains orateurs subissaient simultanément l'effet de cette double attraction en sens contraire, et cet effet était sensible surtout chez les plus illustres. M. Lainé, simple avocat, dont la haine qu'il professait pour l'empire avait fait un ardent royaliste; M. de Serre, très-attaché aux institutions constitutionnelles, mais dévoué avec passion à la dynastie qu'il avait suivie dans l'exil, furent peut-être les deux ministres qui donnèrent les gages les plus décisifs aux idées démocratiques. Le premier fut l'auteur de cette loi électorale de 1817, tellement hardie que la monarchie n'aurait pu en supporter longtemps l'effet sans périr ; la France doit au second la grande loi de 1819 sur la presse, dont la clairvoyante sagesse n'a pas été dépassée.

L'âme sympathique de M. Lainé vibrait sous l'action des deux courants qui venaient s'y heurter comme pour lui faire rendre de grands sons. Ce ministre montait rarement à la tribune sans que de grosses larmes roulassent dans ses yeux, au souvenir soudainement évoqué des malheurs de la maison royale et des crimes de la Révolution. Lorsqu'un mot imprudent, parti de la gauche, le mettait en présence de ces images, son visage sans expression se transfigurait par la flamme qui de son cœur passait sur ses lèvres : M. Lainé parlait comme un *ultrà* de 1815, la veille du jour où l'avocat démocrate, se retrouvant dans le milieu de tous les intérêts contemporains, s'exposait à dépasser par l'ampleur de ses concessions la mesure commandée par la prudence. C'était un puritain doublé d'un cavalier.

Avec une organisation moins impressionnable, M. de Serre, garde des sceaux dans le ministère de M. Decazes, était également combattu entre ses traditions d'émigré, qui lui faisaient voir avec faveur les tentatives de la droite pour reconstituer aristocratiquement la société française, et les inspirations de son grand sens politique qui lui révélaient la périlleuse inefficacité de pareilles conceptions : douloureuses perplexités qui hâtèrent le terme de sa vie.

Dans la belle discussion provoquée par les pétitions adressées à la Chambre pour obtenir le rappel des proscrits de 1815, je le vois encore, revêtu de la simarre qu'il portait si noblement, monter avec effort les marches de la tribune déjà prête à se dérober sous ses pieds. Il commença par mettre en regard de la longue série d'attentats commis contre la royauté légitime l'inépuisable clémence du prince, prescrivant aux tribunaux comme aux citoyens l'oubli qu'il pratiquait lui-même; puis il fit entrevoir comme prochains de nouveaux témoignages de cette clémence inépuisable. Mais, lorsque des murmures partis des bancs occupés par les vieux serviteurs de la monarchie eurent fait croire au ministre qu'on donnait, dans cette partie de la Chambre, une extension sans limites à sa pensée, il sembla se redresser tout à coup comme saisi d'effroi au souvenir de la grande immolation juridique consommée en face du palais où retentissait sa voix puissante, et nul de ceux qui l'entendirent ce jour-là n'a pu oublier son attitude, lorsqu'avec un geste souverain il prononça le mot fameux : « Pour les régicides, jamais! » arrêt qui semblait interdire jusqu'à l'espérance, et qu'une autre inspiration vint mettre à néant dès le lendemain.

Un ami de MM. de Serre et Lainé consacrait à l'œuvre de sagesse, à laquelle s'étaient dévoués ces deux ministres, un talent dont profita peu la cause à laquelle il était sincèrement dévoué. Ancien correspondant du roi Louis XVIII, devenu sous l'Empire professeur de philosophie à la Faculté des lettres, M. Royer-Collard était assurément un royaliste de bon aloi; mais le droit de la bourgeoisie à la suprématie politique le touchait encore plus que le droit héréditaire de la royauté. Il se considérait comme appelé à en constater la légitimité et à en déterminer les conditions, il en était le prophète confiant et hautain. Le gouvernement des classes moyennes, fondé sur leur supériorité en richesse et en lumière, tel était à ses yeux le dernier mot de l'histoire, l'*alpha* et l'*oméga* de toute la science politique. Il contemplait, avec un mépris dont témoignaient toutes ses paroles, les efforts des anciennes classes privilégiées pour reprendre au sein de la France nouvelle une partie du terrain qu'elles n'avaient jamais su défendre; il annonçait, avec l'assurance qui sied aux oracles, l'irrésistible avénement de la bourgeoisie au gouvernement de l'Europe moderne, sans refuser d'ailleurs à la royauté légitime l'aumône de sa vieille fidélité. Exclusivement occupé du mouvement ascensionnel qu'il signalait dans les classes moyennes, il semblait fermer complétement les yeux sur des aspirations beaucoup plus menaçantes pour leur domination politique et pour leur avenir que ne pouvaient l'être, en 1825, les tentatives de l'école aristocraique.

M. Royer-Collard paraissait en effet s'inquiéter beaucoup plus des souvenirs de l'*OEil-de-bœuf* que des souvenirs des clubs, et redouter les marquis plutôt que les jacobins. Aussi, la France vit-elle se produire, au lendemain de la Révolution de 1830, un phénomène des plus étranges : l'homme illustre, qui avait concouru d'une façon décisive, comme orateur et comme président de la Chambre, au triomphe du droit parlementaire, disparut en quelque sorte dans sa victoire, au moment où l'Assemblée, si justement appelée sa classe, constituait, en la symbolisant dans une dynastie nouvelle, cette monarchie bourgeoise que M. Royer-Collard avait dogmatiquement annoncée comme la conséquence finale et le dernier mot de la Révolution française.

Quinze ans après l'époque où me reportent ces souvenirs, il m'est arrivé de siéger à côté de M. Royer-Collard sur les bancs de l'Assemblée dont il avait été le dominateur suprême. En le voyant silencieux et morose dans cette salle qui lui faisait, me disait-il, l'effet d'une place publique, tant il y coudoyait d'inconnus, où d'ailleurs il n'épargnait au pouvoir dont il avait été l'initiateur ni les exigences, ni les épigrammes, je remontais aux jours où sa parole, avidement attendue, remuait la conscience publique dans ses dernières profondeurs. La France avait encore plus changé que l'orateur, et la pensée du pays avait pris un autre cours. Ce que M. Royer-Collard avait si longtemps considéré comme le but à poursuivre par les sociétés modernes n'était plus, hélas ! qu'une étape destinée à être bientôt franchie sur la route sans fin des révolutions.

Aussi, les belles harangues que la nation avait écoutées, suspendue aux lèvres de l'orateur, s'étaient-elles transformées en merveilleux monuments d'art, dans lesquels la langue du dix-septième siècle s'assouplit et se dilate pour réfléter, sans nul effort apparent, quoiqu'à l'aide d'un travail infini, les nuances les plus délicates de l'esprit du dix-neuvième. Je ne saurais omettre, en évoquant après un demi-siècle ces souvenirs encore si vivants pour moi, l'autorité que l'attitude de l'orateur ajoutait à ses paroles. A lui seul l'auditoire permettait de lire, chose naturelle, puisqu'on venait pour entendre une leçon : aussi le régent, sûr de son public, laissait-il percer sur son visage éclairé par un ironique sourire, le double sentiment qui remplissait son âme, la confiance et le dédain.

Très-puissante dans le pays, la gauche n'approchait dans la Chambre, ni pour l'influence ni pour le talent, de ce parti ministériel, qui, depuis l'ordonnance du 5 septembre 1816 jusqu'à l'arrivée de la droite aux affaires, en 1822, demeura séparé des deux partis extrêmes. Cette gauche parlait presque toujours par la fenêtre, parce que le but poursuivi par la plupart de ses orateurs était une révolution. Plein de verve démocratique, sans avoir rien d'ailleurs d'un grand orateur, Manuel cultivait avec succès l'art d'aller par ses paroles, au risque de se faire *empoigner*, jusqu'à la limite où l'opposition légale touche à l'insurrection.

Benjamin-Constant était un journaliste incisif, qui suppléait à force d'esprit aux qualités oratoires dont il était absolument dépourvu. Rien de plus étrange que le contraste qui se révélait chez cet homme éminent, entre une nature sceptique jusqu'au cynisme, et le dogmatisme théorique qu'il s'efforçait d'introduire dans le droit constitutionnel. Tout était trouble et souffrance dans cette vie partagée entre de grands déréglements et les plus poignantes tortures de l'intelligence. Ces luttes intérieures, durant lesquelles l'esprit avait étouffé le cœur, déterminèrent la formation d'un ensemble glacial très-repoussant pour la jeunesse, quelque effort que fît Benjamin-Constant pour se la concilier.

A côté de ce causeur lettré, dont les événements avaient fait un orateur politique, siégeait un homme dont la pensée ferme, exprimée dans un langage d'un effet toujours calculé, soulevait les applaudissements sans provoquer les murmures, parce qu'il mettait à ménager ses adversaires autant d'art que Manuel et Benjamin Constant pouvaient en mettre à les blesser. Le général Foy était le type de l'orateur militaire. Il s'efforçait d'associer la prudence d'un chef d'armée au brillant entrain d'un soldat; et des harangues toujours fort travaillées, qui, dans une autre bouche, auraient à coup sûr senti la lampe, sentaient la poudre dans la sienne. Son beau profil se dessinait à la tribune comme un camée antique; et cet homme, qui fut l'honneur de l'opposition, aurait été, avec Casimir Périer, la force et le conseil du gouvernement de 1830, si les émotions de la tribune n'avaient dévoré sa vie.

Mais, c'était sur un autre personnage que se portaient surtout les regards des jeunes gens, lorsqu'aux jours d'orage ils envahissaient les abords du palais Bourbon, en poussant dans une attitude peu rassurante le cri fort équivoque de : *Vive la charte!* Le vieux général la Fayette n'était ni un orateur ni même, à proprement parler, un homme politique : c'était un drapeau. Il suffisait qu'il se montrât pour provoquer d'enthousiasmes acclamations. Le héros des deux mondes avait fini par partager sincèrement l'adoration que l'on portait à sa personne, et par se croire le Bouddha incarné de la liberté. Il régnait dans son attitude une satisfaction béate : n'étant jamais contredit, il ne discutait jamais ; et lorsque l'on causait avec lui, il semblait toujours répondre à sa propre pensée. J'eus l'heureuse fortune de le rencontrer quelquefois le matin chez M. de Kératry, où il apparaissait devant le directeur du *Courrier* comme le maître de l'Olympe devant un des *dii minores*. Une telle rencontre était un événement, car voir la Fayette en Europe et Bolivar en Amérique était, en ce temps-là, la suprême ambition des touristes et des curieux. Une conversation accidentelle avec l'un ou l'autre des personnages que je viens de crayonner faisait époque pour toute la jeune génération. Il y avait en tout cela des engouements peu justifiés, et c'est un tort dont on est fort revenu. Quel homme notre jeunesse d'aujourd'hui acclame-t-elle avec excès, et tient-elle pour une bonne fortune de rencontrer ?

La jeunesse de l'époque de la Restauration, si prodigue d'enthousiasme, ne rappelle par aucun trait celle que la France a vue, sous le second Empire, assister à la chute de toutes ses croyances politiques, en y perdant jusqu'à ses passions. Cette génération-là aurait accompagné à l'échafaud les sergents de la Rochelle aussi résolûment qu'elle conspirait à Saumur et à Belfort, et ses admirations n'étaient pas moins sincères que ses haines. Elle pouvait, dans ses exaltations fort condamnables, s'exposer à renverser un bon gouvernement ; mais elle n'aurait préparé la France ni pour les hontes de la dictature, ni pour celles de l'invasion : ce ne fut qu'après la chute des institutions constitutionnelles, qu'on vit le sol se couvrir tout à coup de ces agarics à végétation luxuriante, qui ont donné à l'administration la moisson des fonctionnaires à poigne, et à l'armée celle des généraux capitulés.

Un pareil obscurcissement des intelligences, une telle dégradation des âmes, ont été le produit fatal de causes multiples, dont aucune n'avait encore agi d'une manière sensible durant l'époque de la Restauration. La richesse publique était grande, sans doute, sous le ministère de M. de Villèle, où le 5 p. 100 touchait à 125 fr. ; mais, ni la lèpre du bien-être, ni l'impudence de la spéculation systématiquement favorisée, n'avaient encore développé l'impure pléthore qui a paralysé la nation en face de l'étranger comme en face de l'anarchie.

Les étudiants de 1825, qui, après avoir *fait queue* de grand matin sous le péristyle glacial du Palais-Bourbon, pour suivre les débats parlementaires, dansaient le soir à la Grande-Chaumière, n'étaient peut-être pas de mœurs plus sévères que les habitués du bal Mabile; mais cette jeunesse, convaincue jusqu'au fanatisme, n'appartenait point à la pâle Bohême dont l'histoire est venue s'achever dans l'orgie sanglante de la Commune. C'est par la dépravation réfléchie de l'intelligence que l'homme descend en de tels abîmes; pour en atteindre le fond, il faut qu'une froide et sacrilége confusion se soit opérée entre le bien et le mal, et que dans le désert de la vie il n'y ait plus rien debout que la sensualité et l'orgueil.

Le grand mouvement intellectuel provoqué par les institutions politiques était alors dans la splendeur de son aurore. Représenté par des noms jeunes et beaux comme l'espérance, il promettait à une génération avide de nouveautés de l'introduire dans un monde inexploré. L'ancienne littérature dramatique était manifestement épuisée, comme la société élégante dont elle avait été l'expression. Notre théâtre classique n'avait pas prétendu, ainsi qu'on l'a dit trop souvent, s'assimiler le génie de l'antiquité, qui ne lui a guère fourni que des cadres. Si l'esprit français, dans le plein épanouissement de sa séve, s'était accommodé de la sévérité des formes antiques, c'est uniquement parce que celles-ci concordaient, par leur correcte rigueur, avec l'étiquette dans laquelle était venue se résumer durant les trois derniers règnes toute la constitution politique de la monarchie. Splendide sous Louis XIV, dont il reflétait la froide solennité, notre théâtre s'était fait sentencieux sous le roi Voltaire, et n'était plus depuis cinquante ans qu'une momie enlacée dans des bandelettes. Ce genre artificiel ne pouvait survivre à l'ordre social qui l'avait inspiré. En renversant la vieille hiérarchie, l'Assemblée constituante avait frappé au cœur l'ancienne comédie française, administrée par les premiers gentilshommes de la Chambre, comme une sorte de dépendance domestique de la royauté. Si nos chefs-d'œuvre classiques rencontrèrent quelque faveur sous l'empire, cette faveur s'explique par celle que leur accordait le maître, qui entendait singer la monarchie, pour en renouer à son profit les traditions. Si cette faveur se prolongea quelque peu sous la Restauration, elle s'explique par deux causes : la présence au théâtre d'un interprète incomparable, et la lenteur avec laquelle se développèrent les nouveaux germes littéraires au milieu d'une société bouleversée par la révolution, et qui était si loin encore d'être reconstituée par d'autres mœurs et par d'autres lois.

Talma a reculé de 1787, date de ses débuts, à 1826, date de sa mort, la chute de l'ancien Théâtre-Français. Je ne saurais prononcer ce nom sans me rappeler, avec leurs joies enivrantes, les belles soirées où, après de mortelles heures d'attente passées debout dans un couloir obscur, j'étais enfin admis, et parfois à la suite d'une sorte de lutte, dans cette salle, déjà recueillie sous l'impression anticipée des nobles plaisirs qui l'attendaient. La génération actuelle, qui a conservé un souvenir mérité de l'admirable *lectrice* à laquelle elle a dû des jouissances d'esprit si délicates, n'a pu se faire aucune idée, en entendant mademoiselle Rachel, de ce qu'était cet homme prodigieux. Elle ne l'a pas vu, soulevant un public au tonnerre de sa voix, le domptant par l'éclair magnétique de son regard, pour faire passer son auditoire des frémissements de la terreur aux larmes de la pitié et aux extases de la tendresse. Grand et naïf comme les personnages de la Bible et de l'Iliade, Talma réunissait des qualités qui semblaient s'exclure. Exact dans le costume comme un archéologue de profession, composant son visage d'après Tacite ou Suétone, il brisait le rhythme alexandrin, dans lequel sa parole était emprisonnée, pour monter, le plus souvent sans transition, du réalisme le plus effrayant dans les régions idéales dont sa vue semblait percer les dernières profondeurs. L'hémistiche le moins remarqué lui révélait une source cachée de poésie, et l'auteur était beaucoup plus surpris que le public en voyant le grand acteur lui prêter sa pensée, et transformer, en se l'appropriant, une œuvre qu'il faisait sienne. Bien moins à l'aise avec les poëtes de génie qu'avec les écrivains médiocres, plus libre avec Ducis et M. de Jouy qu'avec Corneille ou Racine, Talma n'avait vraiment toute sa valeur que dans les rôles incomplétement dessinés où il pouvait entrer carrément, en unissant à la fidélité scrupuleuse de l'interprète l'originalité créatrice du commentateur.

La mort de Talma hâta la révolution qui se préparait au milieu des controverses les plus ardentes. M. Victor Hugo, auquel les lettres devaient déjà les *Odes et ballades*, venait de publier le drame de *Cromwell* qu'il ne destinait point à la scène, mais dont la préface, écrite en forme de manifeste, constituait, en ce qui touchait à la réforme de l'art dramatique, un programme demeuré en grande partie stérile, comme tous les programmes radicaux.

La théorie fondamentale développée par le jeune poëte que M. de Chateaubriand avait surnommé, disait-on, l'enfant sublime, assertion contre laquelle je l'ai entendu d'ailleurs protester, reposait sur cette donnée que le beau conventionnel ne saurait survivre aux conditions spéciales dans lequelles il a été conçu et accepté, vérité très-évidente qui conduisait l'écrivain à des conclusions infiniment plus contestables. M. Hugo inférait en effet, fort gratuitement, de ce principe, que la poésie étant, par l'étendue sans bornes de son domaine, adéquate à l'universalité des choses, tout ce qui est dans la nature doit fatalement se retrouver dans l'art, depuis le beau jusqu'au laid, depuis le sublime jusqu'au grotesque. Ce procédé est sans doute celui de Shakespeare ; mais le poëte anglais, qui écrivait sans système, n'a jamais prétendu faire, en l'appliquant, autre chose que de l'empirisme, tandis que M. Hugo, l'ayant transformé en théorie, en l'exagérant de plus en plus dans la pratique, afin de mettre sa pensée plus en relief, ne tarda pas à se croire assez fort pour imposer sa foi littéraire, jusque dans ses applications les plus repoussantes, à la conscience de son pays. Dans ses improvisations quotidiennes, Shakespeare avait été le plus libre comme le plus riche des peintres ; sous l'empire d'un sorte d'hallucination maladive, son imitateur ne tarda pas à devenir le plus systématique des écrivains et le plus impérieux des chefs d'école.

Marion Delorme signala la première agression dirigée contre l'ordre social par un poëte qui se crut, presque au début de sa carrière, appelé à réformer les institutions comme les idées, et dont le cerveau était trop faible pour supporter la dangereuse épreuve d'une gloire bruyante. La censure repoussa de la scène ce premier essai de *réhabilitation* émané du poëte réformateur, qui continua bientôt, dans l'intérêt de toutes les *victimes* de l'opinion et des lois, la croisade commencée dans l'intérêt d'une prostituée. L'Académie française, dont le public n'admit pas le complet désintéressement dans cette affaire, conseilla au pouvoir, comme elle aurait pu le faire au temps de son fondateur, d'appliquer le même ostracisme à *Hernani*, et cette inspiration regrettable de quelques vieux poëtes dont Talma n'était plus là pour galvaniser les œuvres, valut au roi Charles X une dernière heure de popularité, car elle fournit à ce prince l'occasion de dire, avec sa bonne grâce habituelle, que, dans les questions de cette nature, on n'avait qu'un seul droit, celui de payer sa place pour applaudir ou pour siffler.

La représentation de *Hernani* marque, après celle du *Mariage de Figaro*, la date plus significative dans l'histoire des lettres et de la pensée publique en France. Dans la salle, où s'échangeaient les provocations et les défis entre spectateurs fanatisés, l'atmosphère était comme imprégnée de fluide révolutionnaire. Les cris : *A bas Racine!* étaient proférés du ton dont on aurait dit : *A bas Polignac!* Il semble que la jeunesse fût venue au Théâtre-Français pour démolir l'un des bastions de la vieille société monarchique, et le succès de la pièce fut emporté à peu près comme le fut, six mois plus tard, la victoire de juillet.

Mais ce que nul ne prévoyait à cette époque d'espérance et d'illusion, c'est que, de toutes les parties de l'art, le théâtre, sur lequel se portaient alors les préoccupations universelles, serait celle où les efforts se déploieraient avec le plus de stérilité. De tant d'œuvres bruyamment saluées, rien, ou à peu près rien, ne demeurera. Grâce aux machinistes et aux costumiers, le mélodrame aura seul profité de ces vaines audaces, auxquelles ont nui au même degré deux défauts qui semblent s'exclure : l'affectation du réalisme et la prétention philosophique. Ni les déclamateurs mis en scène par l'auteur de *Ruy-Blas* pour en finir avec la vieille morale, ni les fantastiques personnages imaginés par l'auteur d'*Antony* pour remuer les cœurs en tiraillant les nerfs, ne sont appelés à prendre place dans l'immortelle galerie d'êtres vivants dont Molière et Shakespeare ont agrandi le domaine de la création. La réforme dramatique inaugurée vers la fin de la Restauration a eu le sort de la plupart de nos révolutions : elle a effacé sans écrire.

Mais ces efforts généreux et ces ardentes controverses aboutirent fort heureusement, dans d'autres parties de l'art, à des résultats plus effectifs. Si la société nouvelle qui, depuis 1789, cherche en vain sa forme définitive, ne pouvait donner encore dans la littérature dramatique, une vivante image d'elle-même, l'homme du dix-neuvième siècle, remué dans tout son être par des problèmes nouveaux et des inconnues formidables, laissa déborder du plus profond de son cœur des sources de poésie jusqu'alors ignorées. Ni les strophes solennelles de J.-B. Rousseau, ni les élégantes bucoliques de l'abbé Delille ne suffisaient plus à l'expression de tant de souffrances, à la divulgation de tant d'anxiétés. Le *vague des passions* n'est pas, comme a semblé le dire M. de Chateaubriand, la conséquence nécessaire de la pensée chrétienne appliquée aux sentiments intimes de l'homme; c'est l'effet douloureux de la lutte engagée entre la raison, dont l'insuffisance le glace d'effroi, et la religion, où la lumière ne se révèle qu'à travers les ombres. Lorsque commença, sous le drapeau du romantisme, arboré pas madame de Staël, l'ardente lutte pour laquelle se passionna ma jeunesse, la maladie de René était celle de presque toute la génération qui cherchait laborieusement sa voie dans la politique et dans les lettres.

De cette disposition d'esprit sortit la haute inspiration lyrique demeurée l'honneur de l'école nouvelle. Les plaintes que, sur les grèves de l'océan, René faisait monter vers le ciel, mêlées aux murmures d'une mer moins orageuse que son âme, se retrouvaient adoucies et comme apaisées dans les chants que modulait sur sa harpe d'or l'auteur des *Harmonies*. C'était le même mal, arrivé à son plus haut paroxysme chez le premier, et remplacé, chez le second, par une sorte de convalescence mal affermie. La note religieuse, qui vibre dans les odes de Victor Hugo tout aussi bien que dans les vers de Lamartine, cette note grave et mystique qu'on retrouve jusque dans les premières poésies de M. Sainte-Beuve, était alors la tonique dominante dans toute la poésie lyrique, tant elle se dégageait naturellement de ce concert douloureux. Les éternels problèmes soulevés par les mystères de la vie humaine poursuivaient jusqu'aux intelligences les plus rebelles à la foi, à ce point qu'on vit bientôt de hardis jeunes gens, nés et nourris dans l'incrédulité, rompre avec les traditions sceptiques du dernier siècle, et gravir, à Ménilmontant, en se déclarant apôtres d'une foi nouvelle, le calvaire du ridicule.

On ne saurait comprendre aujourd'hui l'ardente sincérité de ces controverses. Les passions littéraires n'étaient guère moins vives que les passions politiques et procédaient de la même façon. La littérature avait ses ultras comme ses jacobins, les uns voulant tout conserver, les autres tout détruire; les premiers croyant au droit des trois unités comme à la légitimité monarchique, les seconds aspirant à refaire la langue française en en brisant le moule, pour la punir de s'être laissé asservir depuis la Renaissance. Appliquées à la politique contemporaine, ces habitudes d'esprit conduisaient aux plus bouffonnes conséquences. Si, dans les salons de la rive gauche, on considérait le duc Decazes comme en conspiration permanente contre la royauté, à laquelle il devait tout, chez les vieux universitaires, Shakespeare, Gœthe et Byron étaient aussi des noms de conspirateurs qu'on ne prononçait pas sans se signer.

J'ai conservé un souvenir charmant des petites soirées littéraires de M. Charles Lacretelle, consacrées à des lectures où s'essayaient les débutants, concurremment avec les poëtes émérites en quête d'un auditoire que le théâtre ne leur donnait plus. Là paraissaient, dans l'attitude irritée et mélancolique de vaincus au lendemain d'une révolution, l'auteur de *Ninus II*, M. Brifaut, l'auteur des *Templiers*, le savant M. Raynouard, l'auteur de *Sylla*, sauvé un moment du naufrage par la célèbre perruque de Talma, l'auteur de *Germanicus*, qui dut un dernier éclair de faveur à quelques années d'exil. On remarquait à côté d'eux MM. Roger, Auger, Campenon, Baour-Lormian, Parceval-Grandmaison, académiciens à cheval sur l'orthodoxie littéraire comme de vieilles marquises sur l'orthodoxie monarchique. Le dernier de ces messieurs ne nous épargna aucun des chants de son poëme épique sur Philippe Auguste, par lequel il croyait avoir rempli, pour la postérité, la plus regrettable lacune de notre littérature française. Ce régime était sévère, et nous cachions plus d'un sourire dans nos jeunes barbes ; mais ces austères soirées étaient presque toujours tempérées par d'heureux incidents. Telle était ordinairement l'entrée tardive, au salon, des habitués de la Comédie Française, venant dans ce dernier sanctuaire ouvert à la légitimité littéraire exhaler leur indignation en présence de l'impénitence finale du public applaudissant un nouveau drame de Victor

Hugo, ou de la trahison de mademoiselle Mars, s'oubliant au point de fourvoyer Célimène dans la représentation de *Henri III*, œuvre romanesque d'une jeune créole de sang mêlé.

Il était curieux d'observer l'accueil fait dans ces réunions, où la colère survivait à la confiance, aux hommes principaux de la jeune littérature qui se faisaient présenter dans un salon envisagé, non sans motif, comme l'antichambre de l'Académie. Dans cet accueil, l'empressement tempérait la méfiance. On se sentait, sans consentir à l'avouer, en présence d'un mouvement irrésistible; et, comme il arrive presque toujours, on prenait ses mesures pour s'arranger avec l'avenir. MM. Soumet, de Vigny, Guiraud, Ancelot, de Beauchesne, Émile et Antony Deschamps avaient arboré, dans *la Muse française*, le drapeau de l'école nouvelle, en marchant à part de M. Hugo et en restant toujours d'une correction grammaticale irréprochable. Chaque numéro de ce recueil signalait une nouvelle apostasie littéraire dans les rangs de la brillante phalange issue du sein de l'opinion religieuse et monarchique. Ces défections furent d'abord amèrement pleurées; puis on résolut de n'y plus prendre garde, tant elles devenaient nombreuses. Bientôt les défectionnaires, entourés de la faveur publique, frappèrent à la porte de l'Académie, où le bon M. Lacretelle, assisté de MM. Auger et Roger, leur servit lui-même d'introducteur, en formulant quelques réserves pour sauver l'honneur du drapeau. Le bataillon sacré réserva ses dernières forces pour lutter, avec l'énergie du désespoir, contre les candidatures de MM. de Lamartine et Hugo, astres sinistres qu'on voyait poindre à l'horizon. Il fallut néanmoins céder au torrent, et le petit cénacle où il m'était tombé sur la tête des avalanches d'alexandrins finit par déserter la cause des trois unités, et même par se résigner, au commencement de 1830, à subir la candidature de l'auteur des *Méditations* et des *Harmonies*.

Le salon de M. Lacretelle a été à peu près le dernier cercle littéraire de Paris qui eût conservé la vraie tradition du siècle précédent. Sous le gouvernement de 1830, la politique domina trop les lettres et leur enleva trop d'illustrations pour que celles-ci ne lui demeurassent pas un peu subordonnées. Il en fut ainsi à peu près partout, en exceptant toutefois l'Abbaye-aux-Bois, qui fut moins un salon littéraire qu'un temple muet au seuil duquel les critiques déposaient leurs armes, à peu près comme les musulmans quittent leurs chaussures avant de pénétrer dans une mosquée.

A l'heure où s'agitaient, dans la sphère des lettres et des arts, tant de questions ardemment débattues, des intérêts d'un ordre encore plus élevé sollicitaient l'attention publique. Le côté droit avait pris possession du pouvoir et ses chefs étaient tous au ministère. Enivré par le succès de la guerre entreprise, en 1823, pour la restauration de la monarchie espagnole, le parti royaliste croyait avoir puisé dans cette entreprise assez de force pour tenter l'application successive de ses théories, et pour commencer, par voie législative, la reconstitution de la France sur ses véritables bases politiques et religieuses.

Toutes les questions qui se rattachent à la fondation d'institutions aristocratiques, toutes celles qui touchent aux rapports de l'Église et de l'État étaient agitées dans les grands salons de la rive gauche tout aussi bien que dans les populeux faubourgs de la rive droite. Pendant que MM. Bergasse et Cottu publiaient des recettes pour faire pousser en France les aristocrates comme des champignons, le projet de loi sur le droit d'aînesse organisait, en plein faubourg Saint-Germain, la conspiration des filles et des cadets. Enfin les questions religieuses, soulevées par l'école de l'abbé de Lamennais, dans leurs diverses applications sociales, venaient se placer au premier rang dans les préoccupations générales, et rendre aux passions voltairiennes tout le terrain que leur avaient fait perdre les discussions politiques. Le clergé redeviendrait-il un ordre dans l'État, reprendrait-il, avec la jouissance de ses propriétés anciennes non vendues, la tenue des registres de l'état civil? Dans quel sens fallait-il entendre la liberté de conscience garantie par la Charte, et quelles conséquences ultérieures aurait, sur les lois de la presse et sur l'ensemble de notre législation pénale, le principe qui venait d'être posé dans la loi du sacrilége? Ces redoutables problèmes, qui surexcitaient les plus mauvaises passions, étaient journellement discutés à la Courtille entre deux cotillons, comme chez lady Granville entre deux quadrilles. Je vois encore une blonde Anglaise, toute pourpre de colère, abusant d'un mot malheureux de M. de Bonald, me demander, avec une sorte d'horreur, comment une assemblée chrétienne avait pu laisser dire que le sacrilége étant, par son énormité, un crime placé au-dessus de tout châtiment humain, il ne fallait voir, dans la peine de mort réclamée par la loi nouvelle, qu'une simple déclaration d'incompétence suivie du renvoi du coupable devant son juge naturel.

J'avais un peu plus de vingt ans au moment où cette fièvre générale agitait la France, qui s'y laissait aller sans inquiétude dans la confiance d'un avenir dont elle se croyait alors assurée, et je commençais à pénétrer dans cette société de Paris qui ne retrouvera jamais ni le sérieux mouvement d'esprit, ni les convictions à la fois sincères et passionnées de ce temps-là.

Dans l'isolement où me confinait ma résidence chez un parent octogénaire, j'aurais éprouvé quelque difficulté pour m'y faire admettre, si une porte hospitalière ne s'était heureusement ouverte devant moi à mon entrée dans le monde. Mon père eut la bonne pensée de m'envoyer une lettre d'introduction pour l'un de ses arrière-cousins, alors député et gentilhomme de la chambre, avec lequel il avait débuté, en 1786, dans le régiment de l'Ile-de-France, mais qu'il n'avait pas revu depuis la dissolution de l'armée des princes.

Le comte Charles d'Hautefeuille avait, et a conservé jusque dans la plus extrême vieillesse, le cachet de haute et simple distinction attaché à la bonne compagnie française. Il venait d'épouser mademoiselle de Beaurepaire, entrée dans la vie en poursuivant des rêves auxquels vinrent succéder, sans altérer la sérénité de son âme, les réalités les plus sévères. Une imagination romanesque était tempérée chez cette personne d'élite par une rare élévation d'esprit. Son intelligence, avide de problèmes, allait du premier bond à l'extrémité de toute chose, abordant avec une témérité naïve les plus redoutables mystères. Elle aimait à côtoyer les abîmes, se laissant emporter par tous les courants, comme l'aérostat qui fend les airs sans savoir trop où atterrir. Les fusées de sa conversation allaient, pareilles aux flammes du Bengale, se perdre dans les plus obscures profondeurs. Cette conversation, souvent paradoxale, avait été cependant très-goûtée par madame la duchesse de Duras, à laquelle le sang créole qu'elle avait reçu de sa mère inspirait quelquefois de ces thèses aventureuses développées avec un vif éclat de couleurs devant un auditoire ébloui. Mais l'auteur d'*Édouard* et d'*Ourika* se complaisait moins à scruter les mystères de l'intelligence que les abîmes du cœur. Le thème de l'amour, dans ses luttes les plus douloureuses contre la puissance inflexible des convenances sociales, attirait la noble fondatrice du grand salon où la politique trouvait et des inspirations toujours élevées et des directions toujours prudentes. Tenu par une femme de talent, épouse d'un premier gentilhomme de la chambre, ce salon-là n'était possible que sous la Restauration : il constituait un terrain neutre où s'opérait, entre les illustrations d'origine et de nature diverses cet apaisement que provoque toujours le respect mutuel.

L'auteur de l'*Ame exilée* joignait à des prétentions bien plus modestes des aspirations philosophiques plus hardies. Le joli petit livre que je viens de nommer est, entre les ouvrages de madame d'Hautefeuille, le seul dont la génération actuelle ait gardé le souvenir. La plupart de ses romans manquent de la principale qualité qui fasse vivre cette sorte d'écrits. Le sens de la réalité y fait défaut, et ses héros n'ont pour patrie que l'imagination qui les enfante. Madame d'Hautefeuille n'ignorait pas ce qui lui manquait pour se concilier la faveur du public auquel elle s'adressa plus tard sous le pseudonyme d'Anna-Marie. Si elle écrivit beaucoup, ce fut pour échapper au supplice de se voir enterrée vivante dans la plénitude de sa force. De grands malheurs l'obligèrent à quitter Paris après 1830, pour habiter une austère solitude, assez près pour y entendre tous les échos des bruits du monde, assez loin pour que celui-ci lui fût à peu près fermé. Quelques amis y venaient seuls évoquer de chers souvenirs et surprendre des larmes discrètement répandues.

Je garde, au milieu de l'oubli sous lequel elle ne pouvait manquer de sombrer, le culte de cette mémoire. Chez madame d'Hautefeuille se sont formées mes plus vieilles amitiés; elle fut l'intermédiaire de mes premiers rapports avec le baron d'Eckstein, qui a été mon vrai maître ; je lui dus un peu plus tard mon admission à l'Abbaye-au-Bois, sorte de cercle royal, où le despotisme morose de la vieillesse et du génie était heureusement tempéré par la plus douce comme la plus irrésistible des influences. Elle voulut bien me présenter aussi à madame Swetchine, dont le salon fondé aux derniers temps de la Restauration, ne prit son caractère définitif que lorsqu'après 1830, s'éleva dans la presse, dans les Chambres et dans la chaire, la grande école, dont les chefs se nommaient alors Lacordaire et Montalembert.

J'eus bientôt plus à faire pour restreindre mes relations que pour les étendre, mon principal souci étant de faire profiter celles-ci à un avenir dont la nécessité m'était impérieusement imposée. Je désirais beaucoup être admis au ministère des affaires étrangères, vers lequel me dirigeait plus spécialement le caractère politique de mes premiers travaux. En 1825, ce portefeuille était tenu dans le cabinet de M. de Villèle par M. le baron de Damas. Je fus très-utilement servi près de ce ministre par l'abbé de Rohan, qui avait bien voulu me faire inviter comme Breton à me présenter chez lui. Il s'occupait alors de recherches sur la Bretagne, dont l'histoire se confondait avec celle de sa propre maison. Il daigna me rappeler que ma famille avait contracté plusieurs alliances avec la sienne, honneur que je n'ignorais en aucune façon, et sur lequel une lecture faite le matin même dans l'*Histoire généalogique* du père Anselme, m'avait mis en mesure de lui fournir des dates et des détails dont la précision très-peu méritoire produisit le meilleur effet. M'ayant interrogé sur mes projets d'avenir, M. de Rohan voulut bien m'offrir, de la meilleure grâce du monde, ses bons offices auprès du baron de Damas.

Après une courte union, rompue par un événement

horrible, le duc de Rohan était entré, jeune encore, dans les ordres sacrés, sans que cette résolution, dont le monde s'occupa beaucoup, fût généralement considérée comme l'effet du déchirement de son cœur. C'était une nature calme, qui semblait prédestinée au service des autels. Entendre chanter les louanges du Seigneur, en respirant le parfum de l'encens ; contempler, en s'y mêlant, l'ordre pompeux des cérémonies religieuses : pour lui, ces joies sereines semblaient suffire. Irréprochable dans l'accomplissement de tous ses devoirs, il n'avait guère que l'ambition d'un maître des cérémonies. L'idéal du bonheur en ce monde aurait consisté à ses yeux à diriger sous la pourpre cardinalice les solennités de Saint-Pierre. La mise en scène exerçait sur l'abbé de Rohan une fascination irrésistible. Il jouait à la chapelle dans sa terre de la Roche-Guyon, où il voulut bien me recevoir quelquefois, et les beaux spectacles qu'il y étalait avec l'entente d'un *impresario* italien étaient comme le fond même de sa vie. L'on se souvient encore à Besançon d'un dîner donné par le jeune archevêque de cette ville, au retour de son voyage *ad limina*, dîner durant lequel une description interminable des pompes de la chapelle Sixtine fut interrompue par l'impatience d'un bon curé franc-comtois s'écriant tout à coup du bas de la table : « Ah! Monseigneur, combien il faudrait de ces belles choses-là pour sauver une âme ! »

Lorsque je fus admis, sous ce noble patronage, dans le cabinet du baron de Damas, j'éprouvai un sentiment de satisfaction mêlé de quelque inquiétude. Le ministre qui voulait bien m'ouvrir une carrière conforme à mes goûts, m'inspirait une reconnaissance plus respectueuse que sympathique. Son extérieur était des moins attrayants. Élevé en Russie, ayant passé sa vie dans le nord de l'Europe, il avait la roideur militaire de ces officiers brandebourgeois qui semblent, selon le mot de Heine, *avoir avalé leur canne*. Ayant peu vécu en France, il professait de la meilleure foi du monde le plus complet dédain pour toutes les choses qu'il ignorait. L'obéissance passive, qu'il avait prescrite et pratiquée longtemps, lui paraissait aussi naturelle dans le gouvernement des peuples que dans le commandement des armées. Il unissait à une sorte d'engouement pour tous les progrès dans l'ordre matériel, le plus parfait mépris pour tout le mécanisme constitutionnel, dont il se trouvait former l'un des plus importants rouages, M. de Villèle ayant eu l'étrange pensée de faire du plus terne des hommes politiques le successeur de M. de Chateaubriand. M. de Damas n'était en aucune façon le ministre dont la pieuse ignorance défrayait chaque matin la petite presse de ce temps-là, et dont les auteurs de *la Villéliade* disaient :

> Toutes les affaires pour lui sont étrangères,
> Hormis l'affaire du salut.

De l'Europe continentale, il n'ignorait guère que la France, sérieuse lacune dans l'éducation d'un ministre. C'était d'ailleurs un grand cœur de chrétien et un excellent militaire. En voyant combien chez lui les formes compromettaient le fond, et combien cette gourme russe nuisait aux épanchements d'un noble cœur, on était tenté de s'écrier :

Seigneur, que de vertus vous me faites haïr !

M. de Damas, qui avait un goût très-vif pour les réformes administratives, et que les petits journaux appelaient le ministre de l'intérieur des affaires étrangères, décida la création, sous le titre de bureau des attachés, d'une sorte d'école diplomatique dont je me trouvai appelé à faire partie. Cette école fut placée sous la direction du comte d'Hauterive, garde des archives, chef des chancelleries.

Parmi tant de figures qui ont passé sous mes yeux, celle de M. d'Hauterive reste éclairée comme un tableau de Rembrandt, qui vit et respire par l'éclatant contraste de la lumière et des ombres. C'était un long et vigoureux septuagénaire, qui entretenait ses forces et son agilité par des exercices gymnastiques exécutés chaque jour en robe de chambre au coin de son feu. Il portait fièrement sa tête osseuse animée par un regard de feu, et de laquelle retombait sur ses épaules une épaisse broussaille de cheveux blancs. Son attitude et sa parole dogmatique rappelaient un chef d'ordre, ou tout au moins un chef d'école, mais c'était la statue de la mobilité coulée en bronze. Il avait emprunté la solennelle austérité de ses formes aux habitudes de sa jeunesse passée dans la société de l'Oratoire ; et la flexibilité de ses idées résultait d'un fond naturel de scepticisme fortifié par les vicissitudes d'une vie écoulée au service des gouvernements les plus divers. Le comte d'Hauterive avait beaucoup trop d'esprit pour la faiblesse de son caractère. Appartenant un peu à la famille des hommes à une idée par jour, il surabondait en vues politiques, auxquelles il substituait sans nulle difficulté des idées contraires, selon le mouvement des vents et des flots. Son intelligence était si prompte, que pour lui les pensées ne se trouvaient jamais en retard sur les événements accomplis. Une disposition innée, singulièrement fortifiée par l'habitude, le conduisait d'ailleurs à croire que la France avait toujours le meilleur des gouvernements possibles. Il ne doutait de la durée des pouvoirs qu'au lendemain de leur chute : un manque de confiance lui aurait fait l'effet d'un manque de fidélité.

Porté, après de longues pérégrinations dans toutes les parties du monde, du fond d'une cellule aux portes d'un ministère, le comte d'Hauterive avait une conversation moins piquante encore par la variété de ses souvenirs que par la verve intarissable qu'il mettait à les rappeler. Aussi passionné dans ses appréciations qu'il était inconstant dans ses idées, il avait des engouements aveugles, mais passagers. La bienveillance qu'il m'accorda fut d'ailleurs constante, et je compte parmi mes meilleures heures celles que je consacrais chaque matin à écouter ce vieillard si jeune d'esprit, chez lequel le scepticisme n'avait pas éteint la passion.

Je me plongeai, sous sa direction éclairée, dans la lecture des correspondances diplomatiques, prenant un plaisir inexprimable à suivre le drame des affaires humaines dans ses péripéties journalières, en y faisant, à côté de la part des agents, celle des faits imprévus qui venaient, aux heures décisives, rappeler à ceux-ci que la Providence est encore plus puissante qu'ils ne sont habiles.

Je lus, en les annotant avec le plus vif intérêt de curiosité, toutes les correspondances se rapportant à la période comprise entre la paix de Bâle avec la Prusse et le traité d'Amiens avec l'Angleterre, et plus spécialement toutes les lettres adressées à M. de Talleyrand par Caillard et par Sieyès, qui se succédèrent à Berlin comme ministres de la République. La lecture de ces dépêches, où se reflètent les perplexités quotidiennes de leurs auteurs, ne m'intéressait guère moins que celle des romans de Walter-Scott, alors dans la fleur de leur succès. Le roman ne se rencontre-t-il pas partout où l'homme est contraint de compter avec les passions d'autrui, en poursuivant un but incertain?

Ne soupçonnant point qu'il me conviendrait de quitter bientôt la carrière où je venais de faire le premier pas, je m'attachais à pénétrer dans le monde le plus propre à servir mon avenir tel que je le comprenais alors. Le corps diplomatique eut à Paris, sous la Restauration, une importance dont il n'existait guère de trace au temps où cette ville, officiellement déclarée la capitale des plaisirs, était devenue le séjour le plus brillant et le plus envié des deux mondes. Il devait cette importance au caractère personnel de ses membres comme au prestige encore entier de l'autorité monarchique en Europe. Celle-ci était alors représentée, près de la cour des Tuileries, par des agents d'élite, amis très-sincères de la France, tous heureux d'y vivre comme hommes du monde, et tous en harmonie, comme hommes politiques, avec le principe du gouvernement près duquel ils étaient accrédités. Le comte Pozzo di Borgo, ambassadeur de Russie, lord Grandville, ambassadeur d'Angleterre, le prince de Castelcicala, ambassadeur des Deux-Siciles, le spirituel comte de Lowenjielm, ministre de Suède, mort doyen du corps diplomatique, étaient résolûment dévoués à la maison de Bourbon et à l'alliance française. Si je nomme en dernier lieu le comte Apponyi, ambassadeur d'Autriche, c'est pour ajouter que sa maison, si noblement ouverte, fut le centre de toute la bonne compagnie française, moins encore par l'éclat naturel d'une grande situation que par des habitudes de bon goût, qu'on aurait aimé à y croire indestructibles.

Le corps diplomatique se réunissait beaucoup alors dans un salon tenu sans appareil par une femme d'un commerce sûr et charmant. La marquise de Montcalm, sœur du duc de Richelieu, avait groupé autour d'elle, à la mort de ce ministre universellement regretté, les hommes qui furent ses collègues dans deux cabinets, et les nombreux étrangers de distinction liés avec l'ancien gouverneur d'Odessa, devenu président du Conseil. A la modération politique de son frère, madame de Montcalm unissait une égalité de caractère et une douceur de langage qui seyaient bien au rôle que sa position lui avait fait. Atteinte par de grandes douleurs, épuisée par une longue maladie, elle ne poursuivait aucun succès personnel et n'aspirait qu'à placer ses visiteurs sur le terrain qui leur convenait le mieux. Si, dans son salon, madame la duchesse de Duras semblait un peu présider une thèse, quelquefois même un concours; si, plus tard, le fauteuil de madame Swetchine prit quelque chose de la sainte intimité d'un confessionnal, la chaise longue de madame de Montcalm resta toujours le lit de repos d'une femme souffrante. Rien ne venait troubler l'atmosphère tempérée de ce salon, chacun y mesurant, pour prévenir les dissonances, la portée de ses paroles, pour ne pas dire celle de sa voix.

Un seul des habitués tranchait avec cette réserve générale par la liberté de sa conversation et la vivacité de ses manières. Avec les allures d'un colonel de cavalerie, le comte Pozzo di Borgo avait le regard scrutateur et l'expression féline d'un monsignor romain. Il se complaisait à raconter avec une surabondance toute italienne les pittoresques incidents d'une carrière qui l'avaient conduit des maquis de la Corse à l'Assemblée constituante, pour le faire arriver à représenter la Russie au sein de cette France dont sa haine pour la famille Bonaparte n'avait jamais détaché son cœur. Ce diplomate, si justement renommé, paraissait jouer toujours cartes sur table, portant aussi légèrement le poids de ses secrets que les vrais saints portent le poids de leurs vertus. Ce monde, à la fois sérieux et charmant, était, pour un jeune homme avide d'apprendre, un champ inépuisable de jouissances et d'observations : mais le moment était venu de quitter les salons de Paris pour arpenter les grands chemins de l'Europe.

CHAPITRE III

ESQUISSES DE DIPLOMATIE ET DE VOYAGES

La pensée qui présida en 1825 à la formation du bureau des attachés avait été de partager le stage diplomatique en deux parties, l'une consacrée au travail des bureaux, l'autre au service actif dans les ambassades. Je dus me rendre à Madrid au commencement de 1827, et je reçus en même temps l'assurance d'occuper, dans une éventualité prochaine, le poste de secrétaire de légation à Lisbonne. Cette perspective comblait tous mes vœux, la Péninsule étant alors l'objet principal des préoccupations du monde politique. Sans avoir l'importance européenne de la question d'Orient, ouverte depuis cinq ans par l'insurrection de la Grèce, les questions touchant à l'organisation de l'Espagne et du Portugal soulevaient, par leur nature même, et dans la presse, et dans les Chambres, les problèmes les plus difficiles et les passions les plus ardentes.

En 1823, la France s'était engagée en Espagne dans une intervention dont le principal résultat politique avait été de substituer, pour le gouvernement du roi

Louis XVIII, aux difficultés que lui avait opposées la gauche après les élections de 1819, celles que lui suscitèrent les exigences de la droite à partir de 1824. Protégé par nos armes contre les révolutionnaires, Ferdinand VII s'était jeté dans les bras de la réaction absolutiste ; il avait repris son sceptre comme un instrument de vengeance, sans parvenir d'ailleurs à satisfaire les haines d'un parti qui, ne pardonnant pas à la France la sagesse de ses conseils, ne tarda pas à conspirer contre elle et à souhaiter l'éloignement de notre armée.

Malgré une dispendieuse occupation militaire qui durait depuis quatre ans, le gouvernement français n'avait pu, ni faire prévaloir à Madrid une vue sensée, ni faire accueillir une pensée de clémence. Ses agents diplomatiques s'efforçaient vainement de faire fixer le chiffre d'une dette dont le principe était authentiquement reconnu, pendant que ceux de l'Angleterre obtenaient sans effort la liquidation de créances plus anciennes et bien moins justifiées.

La situation du gouvernement espagnol, difficile vis-à-vis de la France, s'était compliquée bien plus gravement encore vis-à-vis du Portugal par le contre-coup des événements inattendus qui venaient de se passer dans ce royaume. Après la mort du vieux roi Jean VI, son fils, D. Pedro, antérieurement proclamé empereur du Brésil, abdiquant pour son compte personnel la couronne de Portugal, incompatible, d'après les lois fondamentales de ce royaume, avec l'exercice de toute souveraineté étrangère, avait cru pouvoir transmettre cette couronne à sa fille, en joignant à cette disposition l'octroi d'une constitution calquée sur notre charte de 1814. Acclamés par la bourgeoisie et par une partie de la noblesse, les actes de D. Pédro avaient rencontré dans le clergé et dans la démocratie rurale, profondément hostiles en Portugal à toutes les innovations, une opposition énergique. Ces résistances, fortifiées par l'incertitude du titre en vertu duquel avait agi D. Pedro, et par les interprétations diverses que comportait la loi fondamentale de Lamégo, provoquèrent contre la royauté de dona Maria II, alors au Brésil, près de son père, une insurrection promptement réprimée, mais qui ne tarda point à renaître. La première défaite des insurgés portugais avait peuplé l'Espagne de réfugiés accueillis avec enthousiasme par tout le parti du *rey neto*, et avec une faveur évidente, par le gouvernement de Ferdinand VII. Une intervention militaire, ardemment sollicitée par les partisans de l'infant D. Miguel, fut un moment décidée à Madrid, afin de détourner le péril dont l'établissement du régime constitutionnel dans l'État voisin menaçait la monarchie absolue de Ferdinand VII, que la France était alors à la veille d'abandonner à ses propres forces en rappelant le corps d'occupation. Ce projet échoua par le débarquement opéré à Lisbonne, en 1826, d'une division envoyée par l'Angleterre en vertu d'un *casus fœderis* qui lui attribuait la garantie du territoire portugais. La France occupait encore à cette époque Cadix et les principaux points fortifiés du littoral : un conflit de l'Espagne avec l'Angleterre aurait donc pro-

voqué pour elle les difficultés les plus sérieuses ; et
M. de Villèle, qui n'avait pour le jeune prétendant
portugais ni sympathie politique, ni estime personnelle, fit les plus grands efforts pour détourner le cabinet espagnol d'une expédition dont l'intervention de
l'Angleterre pouvait rendre la portée incalculable. Il ne
prit pas moins de soin pour consolider à Lisbonne le
trône très-menacé de dona Maria sur lequel D. Pédro avait
appelé l'infant D. Miguel, son frère, à venir s'asseoir à
côté de sa nièce, en conférant à ce prince la régence
du royaume jusqu'à la majorité de sa future épouse.

D. Miguel n'éleva aucune objection contre ces arrangements ; il parut même les accueillir tout d'abord
avec reconnaissance, soit qu'il suivît en cela son impulsion propre, soit qu'il se conformât aux conseils de la
cour de Vienne, où il résidait depuis l'insurrection
contre son père et son roi qui avait si tristement inauguré sa vie publique. Après avoir juré, sans prendre
aucune réserve, fidélité à la constitution édictée par
D. Pedro, l'infant se préparait, dans le courant de 1827,
à se rendre en qualité de régent à Lisbonne, où son
arrivée était attendue avec anxiété par les partis, partagés entre la crainte et l'espérance.

Tel était le drame que j'étais appelé à voir se dérouler devant moi, dans le cours de l'année 1827, lorsque
je m'acheminai vers la Péninsule aux premiers jours
du printemps ; tel était le théâtre si souvent visité par
mon imagination, où j'allais marcher au milieu des
souvenirs de l'histoire et des ruines récentes accumulées par la guerre.

L'une des plus vives émotions de ma vie est à coup sûr celle que j'éprouvai en quittant pour la première fois la terre de France. Lorsqu'après avoir traversé la Bidassoa, je me présentai à la douane d'Irun pour les constatations d'usage, je fus saisi d'une souffrance presque physique en sentant que je foulais aux pieds un autre sol que celui de ma patrie, et que j'avais désormais à compter avec d'autres lois que les siennes. Cette impression, si profonde lorsque je franchissais les Pyrénées dans toute la séve de ma jeunesse, s'est constamment reproduite chaque fois qu'il m'est arrivé de passer la Manche, le Rhin ou les Alpes. Je suis citoyen de l'univers aussi peu que possible, et rien ne m'inspire plus de repoussement que le cosmopolitisme systématique. La vapeur a singulièrement adouci, mais, Dieu merci, sans la faire disparaître, cette transition du sol natal à la terre étrangère, qui ne saurait s'effacer sans atteindre le patriotisme à sa source. Les chemins de fer ont déplacé les dieux Termes en attendant qu'ils fassent reculer les douaniers. On peut aujourd'hui aller de Bayonne à Madrid en faisant un bon somme ; mais, il y a cinquante ans, un voyage dans la Péninsule équivalait à une excursion dans un autre siècle.

L'Espagne de Ferdinand VII était encore celle des *guerrilleros* et des contrebandiers ; chaque montagne y avait sa légende de la guerre de 1808 ou de la guerre civile de 1822, et l'on s'y heurtait partout à des tombes ou à des ruines. C'était encore le pays pittoresque où l'étranger, au penchant des précipices, confiait sa vie à l'adresse d'un *arriero* et au bon naturel de ses mules, où il traitait avec les bandits dans les gorges des *sierras*, se mettant le jour au régime du chocolat et des pois chiches, et passant la nuit, des pistolets à la ceinture, dans une *posada* mal famée. Cette promenade en plein moyen âge n'avait rien de contrariant pour un admirateur de Walter Scott, qui venait de lire *Waverley, ou l'Écosse il y a soixante ans*. Ma mémoire était d'ailleurs toute pleine des souvenirs du siége de Sarragosse et des aventures de Mina ; enfin, j'espérais bien, en partant, trouver dans tous les moines que je rencontrerais sur ma route, égrenant leur chapelet au pied des madones, un reflet de l'héroïque *trappiste* de M. Alfred de Vigny. Si ces espérances furent quelquefois trompées, si la triste tentative de restauration absolutiste que j'eus sous les yeux exerça sur la direction de mes idées une action en sens contraire, je recueillis, dans ce voyage prolongé jusqu'à l'extrémité de la Péninsule, des souvenirs dont la persistante jeunesse semble à cette heure me rajeunir moi-même.

Je respirai à pleins poumons une vie nouvelle en contemplant aux premiers rayons du jour ces hautes montagnes aux pitons neigeux, qui émergeaient des ténèbres comme une vision enchantée, et sur lesquelles la lumière semblait effeuiller des roses. Bientôt la Biscaye mit sous mes yeux ses tapis de molle verdure comme pour les reposer de ces longs éblouissements. Le lendemain, des défilés aux rocs sourcilleux, auxquels se rattachaient de sinistres légendes, me conduisaient dans les plaines désolées de la Castille, où je

saluais l'antique cité de Burgos, ce cœur de la vieille
Espagne ; et la monotonie de ces horizons sans fin et
de ces champs dépeuplés me préparait aux solennelles
tristesses que la campagne romaine était appelée à me
faire éprouver plus tard dans sa sainte plénitude.

Les quelques mois que je passai en Espagne profi-
tèrent un peu à mes plaisirs et beaucoup à mon instruction. De toutes les capitales méridionales, Madrid
est assurément, en exceptant Rome, celle où la vie est
la plus agréable pour l'étranger. La haute société ma-
drilène, qui ne change guère de résidence et ne connaît pas la vie de château, le proverbe le dit assez, suit
toujours, quoique d'un peu loin, le mouvement de nos
modes comme celui de nos idées; et lorsqu'elle les
adopte, c'est en y joignant, grâce à l'esprit naturel
des femmes, une piquante originalité qui ne se rencontre ni en Portugal ni en Italie. L'accès en est facilité par une prévenance empressée, et je pus, quoique
fort en passant, profiter de cette hospitalité charmante.

Malgré la cordialité de l'accueil qu'y rencontrent les
étrangers, l'Espagne est certainement, de tous les pays
de l'Europe, celui contre lequel la verve ironique des
voyageurs s'est exercée avec la rigueur la plus impitoyable. Le moyen de s'en étonner, d'après la première
impression produite par cette contrée singulière sur la
plupart de ceux qui la visitent? Comment un Anglais,
accoutumé à parcourir l'Europe en poste, avec tout le
comfort britannique, et à trouver partout les respects
acquis d'avance aux voyageurs assez riches pour les

payer, n'aurait-il pas été stupéfait en se voyant, avant l'établissement des voies ferrées dans la Péninsule, contraint, pour se rendre d'une province dans une autre, de traiter sur un pied de quasi-égalité avec un *majoral*? Quelle surprise, en entendant celui-ci régler à son gré tous les détails du voyage, et parler à un seigneur étranger comme à ceux de son pays, c'est-à-dire avec une liberté aussi distante de la bassesse que de l'insolence ! Sur cette terre du despotisme, tempérée par l'égalité morale émanée du sentiment chrétien, les classes ne sont, en effet, séparées ni par la barrière des habitudes, ni même par celle du langage, car celui-ci est toujours correct et poli, même dans les plus humbles conditions. Les rares plaisirs de la Péninsule sont communs à toute la nation, depuis la promenade de l'après midi au *Paseo*, où l'on ne s'enivre guère que d'eau glacée, jusqu'à la *tertullia* du soir, où chacun arrive avec son costume du matin, sans parler des combats de taureaux où toute l'Espagne en délire semble exhaler son âme dans un même cri.

En ce pays, la vie est uniforme et simple, et l'on ne saurait à prix d'argent s'y procurer le bien-être usuel partout ailleurs. Qu'on se figure donc un touriste arrivant, après une journée passée dans l'ardente poussière de la Manche ou des deux Castilles, dans la *venta* où il s'est promis un bon repas et une nuit de repos. Quelle n'est pas la fureur de ce personnage exigeant et compassé, lorsqu'il pénètre dans une sorte de caravansérail d'Orient, où les hommes et les mules vivent dans une vraie commensalité! Il trouve là le grand d'Espagne, engagé dans une conversation familière avec l'*arriero* et le *matador*; il le voit, un cigare de Séville à la bouche, devisant jusqu'à la nuit close d'une sérénade mystérieuse, de la pendaison d'un bandit ou des scènes récentes de l'amphithéâtre. D'ailleurs, ni thé à prendre, ni sandwich, ni tourte à la rhubarbe à se mettre sous la dent; on lui présente pour toute nourriture quelques mets accommodés au safran et à l'huile rance, on met enfin à la disposition de *Son Excellence*, pour qu'elle y passe la nuit dans un dortoir blanchi à la chaux, un lit de chartreux, dressé par une maritorne, seul souvenir vivant de Don Quichotte offert au voyageur, même au village du Toboso! Le moyen, après tant d'amertumes, de ne point donner à l'Espagnol un rang inférieur à celui du Turc dans l'échelle de la civilisation?

Aucun écrivain anglais n'y a manqué, et la monacale Espagne a fourni aux rares ladies qui ont passé la Sierra-Morena les pages les plus sombres de leur album. Nous qui mesurons habituellement la culture intellectuelle à l'analogie des mœurs étrangères avec les nôtres, nous n'avons guère été plus justes pour un pays où la langue française est fort peu parlée, où tout diffère de nos usages, particulièrement dans la sphère des plaisirs. Quelle impression peut, en effet, emporter de la société espagnole un homme du monde dressé à nos réunions élégantes et froides, lorsqu'il se trouve dans une *tertullia* où les femmes arrivent sans toilette et les hommes en redingote, soirée libre et bruyante qui, lors même qu'elle a lieu chez une personne d'un rang élevé, éveille, par la familiarité des interpellations et le sans-gêne des habitudes, l'idée d'une bruyante assemblée de grisettes, causant chacune en *a parte* avec des commis de magasin? Dans toutes les classes de la société espagnole, ces réunions ont la même physionomie pittoresque et simple, car partout la *franqueza* est la même et le naturel est charmant.

Les Espagnoles sont assurément les plus séduisantes créatures du monde entier. Plaire est leur plus chère pensée, et s'est sans art comme sans calcul qu'elles s'abandonnent à la plus constante préoccupation de leur vie. Passionnées sans coquetterie, et plus souvent infidèles au devoir qu'à l'amour, ignorantes mais spirituelles, devinant tout sans avoir rien appris, elles ont une surabondance de sève qui confond l'étranger de surprise, tant ces riches plantes en plein vent contrastent avec nos savantes cultures en espalier!

Quelques semaines passées en Andalousie, particulièrement à Séville, m'ouvrirent des percées sur ce monde plein d'attraits. Il est à peine besoin de dire que cette peinture faite de mémoire, après un demi-siècle, ne s'applique à la société de Madrid que dans ses traits les plus généraux. Toutes les capitales se ressemblent, particulièrement celles du second ordre, où le corps diplomatique donne le ton au monde de la cour. Durant le règne de Ferdinand VII, l'influence française, nulle dans le gouvernement, malgré la présence de notre armée, était souveraine dans la société de Madrid.

Lors de mon arrivée dans cette capitale, on était un peu en vacances à l'ambassade, car l'ambassadeur avait pris un congé, et la cour ne s'en était pas plus émue que la ville. Le marquis de Moustier, qui avait succédé dans ce poste difficile au marquis de Talaru, y obtint peu de succès, quoiqu'il eût promis des merveilles au parti qui l'y avait fait envoyer.

Mais ces merveilles se faisaient fort attendre, et les convictions de la droite, si vives qu'elles fussent alors, se seraient probablement attiédies en présence du spectacle que j'eus sous les yeux durant mon séjour dans la Péninsule. L'auteur de l'*Essai sur l'indifférence*, dont les disciples traçaient, dans le *Mémorial catholique*, des esquisses de fantaisie, continuait à faire de la question espagnole un texte à syllogismes; il revendiquait dans ses conversations la qualification de *coup de canon Lamennais* pour la première décharge d'artillerie faite par les troupes françaises sur les constitutionnels aux bords de la Bidassoa. J'avais lu toutes les adjurations éloquentes adressées par le formidable raisonneur, si près de tomber dans l'abîme, aux fils de saint Louis, pour les convier à extirper de cette terre catholique les germes de mort semés par la révolution, et j'avais suivi, dans la fièvre de sa logique royaliste, le futur prophète des idées républicaines. J'aurais donc aimé, après la restauration opérée par nos armes, et à la veille de l'insurrection des *Agraviados*, à voir les disciples de M. de Lamennais et les partisans de la monarchie paternelle de M. de Bonald mis en présence d'un prince égoïste, au cœur sans pitié, aux mœurs vulgaires, et d'un aspect tellement repoussant, qu'on eût dit un vieux taureau portant une tête d'épervier : sorte de Louis XI sans génie, tenant en constante suspicion tous les hommes de quelque valeur, et livrant les destinées d'un noble peuple ou à l'ignorance d'un Victor Saëz ou à la cauteleuse finesse d'un Calomarde. Que n'aurais-je pas donné surtout pour que l'école chevaleresque groupée autour de l'auteur de *la Monarchie selon la Charte* pût suivre sur place les actes d'un gouvernement dont nous demeurions responsables, quoique son principal souci fût de répudier nos conseils, d'écarter nos avis et de désavouer notre concours, en continuant de s'en assurer le bénéfice ?

Pendant que l'aristocratie française s'efforçait dans les Chambres de reconstituer son importance territoriale et politique par une série de dispositions législatives imprudentes peut-être, mais assurément honorables, Ferdinand VII, s'inspirant d'une pensée toute contraire, livrait le gouvernement de son pays, afin d'y déraciner toutes les influences, à la plus basse démocratie, organisant cette force aveugle en bataillons de *volontaires royalistes*. Trois cent mille hommes, appartenant aux dernières classes de la population, signalaient chaque jour au pouvoir des suspects à emprisonner, des administrations à épurer, des villes à rançonner, pour avoir témoigné leur sympathie aux garnisons françaises. Les passions démagogiques marchaient dans la Péninsule sous le drapeau du pouvoir absolu, et malheureusement aussi sous celui de la religion, ce que notre presse royaliste ne paraissait pas même soupçonner. Et cependant comme tout parti a ses ultras, y compris celui du despotisme, le menu peuple des villes se trouvait encore dépassé dans sa haine contre les constitutionnels et contre les Français par la démocratie rurale, que des bandes, dirigées par le trop fameux père Pugnal, conduisirent bientôt après, l'escopette au bras, à l'assaut des forteresses de la Catalogne et de l'Aragon.

Ferdinand VII avait repris l'exercice de son autorité avec une joie fort tempérée par la présence des Français. Il avait fait litière de tous les engagements qu'avait cru pouvoir prendre le duc d'Angoulême, généralissime de nos armées, particulièrement dans la célèbre ordonnance d'Andujar, où se trouvaient édictées certaines mesures pour garantir le parti constitutionnel contre les violences de ses adversaires; il avait enfin servi à la fois et ses instincts personnels et ceux de son peuple, en faisant dresser de nombreuses potences et fonctionner la *garotte*. Mais la vieille Espagne ne s'était pas encore complétement retrouvée, car les bûchers ne se rallumaient point sur la place Mayor; et pour cette populace semi-africaine, toujours affamée de spectacles sanglants, la restauration demeurait dès lors incomplète.

Le refus persistant opposé par Ferdinand VII au rétablissement de l'inquisition fut à peu près le seul grief indiqué par les *Agraviados* lors de la prise d'armes de 1827 contre le gouvernement royal. La persévérance singulière avec laquelle Ferdinand VII résista au rétablissement du saint office ne fut pas due seulement aux sages conseils de notre ambassade, et à ceux de la nonciature apostolique à Madrid, en parfait accord l'une et l'autre sur ce point-là; elle fut provoquée par des appréhensions égoïstes que personne n'ignorait dans la capitale. L'héritier du trône n'avait jamais dissimulé ses vives sympathies pour l'institution dans laquelle semblait se résumer l'ancien régime de l'Espagne. Au cri de : *Vive l'inquisition!* venait donc se joindre d'ordinaire celui de : *Vive D. Carlos!* et l'infant fut pour le roi son frère une menace bien avant d'être devenu un péril. Sagace et ombrageux, Ferdinand VII avait deviné un ennemi possible dans son successeur, qu'aucun intérêt d'avenir ne séparait encore de lui, puisque rien ne pouvait laisser prévoir, du vivant de la princesse de Saxe son épouse, qu'un autre mariage viendrait donner, trois ans plus tard, une fille à la vieillesse du roi d'Espagne.

Les événements survenus en Portugal dans le courant de 1826 avaient provoqué un redoublement d'agitation au sein de la famille royale déjà profondément divisée, et cette agitation s'était communiquée au pays, où les divers partis attendaient avec anxiété l'issue, alors fort incertaine, de la révolution commencée dans les institutions politiques du royaume voisin. Les choses en étaient là, lorsque s'accomplit à Lisbonne la vacance du poste que j'étais appelé à y remplir. Je quittai l'Espagne, que j'avais parcourue dans sa plus grande longueur, emportant contre les restaurations d'ancien régime des impressions peu favorables, impressions que le drame dont j'allais avoir en Portugal le spectacle sous les yeux ne concourut point à modifier.

Ayant été autorisé, avant de quitter Paris, à visiter tout le midi de l'Espagne et à prendre la voie de mer pour me rendre à mon poste, j'évitai la course à franc-étrier à travers l'Estramadure, qui était alors le moyen de communication habituel entre les deux capitales. Je pus donc parcourir à loisir cette ardente Andalousie que les plus beaux paysages de l'Italie ne m'ont pas fait oublier.

Je vois encore se dessiner sous l'azur d'un ciel sans nuage les sommets dentelés des Sierras; je me vois à Cordoue, à Grenade et à Séville, cherchant la trace des rois maures sur les dalles étincelantes de leurs palais, épiant celle des sultanes dans les bosquets d'orangers dont les eaux jaillissantes avaient bercé leur sommeil.

Cette promenade au pays des beaux rêves, j'étais assez heureux pour ne point la faire seul. Je pouvais échanger mes vives impressions avec le plus intelligent des compagnons et le plus infatigable des investigateurs, homme rare chez lequel l'amour passionné de la vie cosmopolite n'altéra jamais l'ardeur du patriotisme, exception à noter. M. Théodore de Lagrené était alors secrétaire d'ambassade en Espagne, et les devoirs de sa carrière, qui le portèrent plus tard en Grèce et en Chine, l'avaient déjà conduit de Pétersbourg à Constantinople et de Constantinople à Madrid. Revêtant sans effort les nationalités les plus diverses, comme des vêtements tous à sa taille, il s'était fait Espagnol de mœurs et d'habitudes. Nous parcourûmes ensemble l'Andalousie, y visitant surtout les collections particulières de tableaux amenés plus tard par le malheur des guerres civiles sur tous les marchés de l'Europe. Nous passâmes quelques bonnes journées à Cadix, où le départ annoncé de la garnison française apparaissait comme une sorte de calamité publique, la partie élevée de la société redoutant de s'y trouver à la merci du despotisme servi par la démagogie. Enfin, les yeux éblouis de belles femmes, de belles peintures et de beau soleil, nous nous séparâmes, M. de Lagrené pour visiter Tanger, moi pour me diriger vers Gibraltar afin de m'y embarquer pour Lisbonne sur un paquebot anglais.

En traversant un contre-fort des montagnes de Ronda, je rencontrai, sans la souhaiter, une aventure empreinte d'un peu trop de couleur locale. Je tombai dans un poste de contrebandiers dont plusieurs auraient pu servir de modèles pour les figurines si connues modelées à Malaga. Ces *caballeros* se montrèrent d'une politesse achevée. Je dus partager leur repas, et le vin de Rota aidant, nous fûmes bientôt sur un certain pied d'intimité. Ils m'initièrent aux secrets de leur attrayante existence, qui tient le milieu entre la vie du soldat et celle du voleur. M'examinant des pieds à la tête avec des exclamations de surprise, ils déclarèrent que j'avais un type espagnol de la plus rare pureté, et l'un des drôles, au milieu des éclats de la plus bruyante gaieté, en vint à me demander d'un air narquois si ma mère n'avait jamais voyagé en Espagne. Lorsque je crus n'avoir plus qu'à partir, mon *mayoral*, qui s'était très-probablement entendu avec ces gentilshommes de grand chemin pour que je leur rendisse visite, me prit à part pour me déclarer qu'il était prudent de ne pas laisser venir à ces messieurs de mauvaises pensées, et que j'agirais sagement en leur laissant, en souvenir de leur bon accueil, et comme spécimen de l'industrie française, des produits de laquelle ils faisaient le plus grand cas, ma belle paire de pistolets et ma longue-vue, qui la représenteraient fort honorablement. Le ton avec lequel ce charitable avis m'était donné interdisait toute discussion, et j'aimais mieux me montrer généreux que de partir dévalisé. Mon manteau, fort adroitement escamoté, acheva le règlement de compte. Ainsi allégé, je gagnai sans nul autre incident fâcheux le nid de vautours au-dessus duquel l'Angleterre fait flotter, depuis le traité d'Utrecht, le signe de sa suprématie maritime.

J'ai franchi, à des époques diverses de ma vie, le détroit de Gibraltar; et, contrairement à ce qui arrive pour la plupart des grandes scènes de la nature, ce tableau s'est chaque fois présenté à mes yeux sous des couleurs plus saisissantes. C'est que l'impression qui s'en dégage va plus à l'intelligence qu'à la vue, malgré la beauté d'un paysage dont les derniers plans se perdent dans les vapeurs de l'Atlas. Sur le Bosphore, le voyageur touche aussi du regard et presque de la main les rivages de deux mondes ; mais de l'un et de l'autre côté de cette mer, sillonnée par les caïques des pachas et des sultanes, s'étend le même empire, règnent les mêmes croyances et les même mœurs. A Gibraltar, au contraire, l'Europe chrétienne personnifiée dans son peuple le plus religieux regarde face à face la barbarie musulmane, qui se présente à portée de canon dans le plus saisissant contraste avec elle. Aux rivages embaumés qui se prolongent des murs de Cadix à ceux de Valence, la terre d'Afrique oppose, des rochers du Riff au cap Ténez, d'âpres montagnes et des sables enflammés, livre vivant où se détache en relief la longue et sanglante histoire qui s'achève aujourd'hui dans une impuissance commune, comme si tout finissait à la fois dans ce temps de ruines !

Je pris passage sur un beau navire à voiles parfaitement aménagé, comme l'étaient déjà tous les *packets* anglais, même avant l'application générale de la vapeur à ce service, et un vent favorable nous porta promptement à l'embouchure du Tage. J'entrevis, éclairée par les premières lueurs du matin, la tour massive de Bélem qui semble garder, comme le géant du cap des tempêtes, l'entrée de la patrie de Camoëns. Je contemplai sur les hauteurs qu'il domine l'*Ajuda*, l'un des palais les plus beaux mais les plus délabrés de l'Europe, et bientôt nous jetâmes l'ancre devant Lisbonne dans les eaux profondes du Tage, rival, à son entrée dans l'Océan, des plus grands fleuves du monde. Lisbonne, c'est Naples en prose : le vaste amphithéâtre sur lequel s'élève cette capitale est entouré d'un paysage charmant, mais que ne vient animer, comme dans l'antique Campanie, ni l'étincelante couronne du Vésuve, ni l'évocation de souvenirs immortels. Le Portugal n'eut qu'une heure brillante, et cet éclat passager sortit au quinzième siècle du génie de quelques princes dont l'aventureuse initiative profita bien moins à leur patrie qu'à l'humanité tout entière. Réduit, après avoir secoué le joug espagnol, à la seule ambition de se défendre contre un formidable voisin, ce royaume fut conduit à s'effacer derrière ses protecteurs, en subissant, pour prix de cet appui, une sorte de dépendance coloniale, conséquence ruineuse de son abdication politique.

L'Angleterre, patronne maritime de cet État toujours menacé, ayant un esprit en tout contraire au sien, le peuple portugais s'amortit de plus en plus sous cette pression désastreuse, quoique nécessaire. Il vécut ainsi depuis les jours de Méthuen jusqu'à ceux de Beresford, tant qu'enfin, abandonné en 1808 par son roi fuyant devant l'invasion française, le Portugal dut ajouter au titre de colonie anglaise le titre plus humiliant encore de colonie du Brésil. L'extinction de toutes ses forces physiques et morales fut, pour ce pays, le résultat inévitable d'une pareille dépendance militaire et commerciale.

Une sorte de teinte blafarde s'est donc étendue sur cette société spirituelle mais légère, où les caractères ont généralement peu de ressort, et où des heures de pétulance sont suivies par de longs jours de prostration. Dans les révolutions nombreuses, mais peu sanglantes du Portugal, les égoïsmes tiennent une bien plus grande place que les haines, et les hommes des divers partis ont pour leurs adversaires toute l'indulgence dont ils ont besoin pour eux-mêmes. Le désœuvrement est à Lisbonne une maladie endémique. Coïmbre étant le centre universitaire du royaume, la capitale ne possède aucun grand établissement scientifique. Refuge des *seconde donne* de l'Italie, cette ville n'a pas un théâtre national qu'on puisse nommer. On n'y voit ni bibliothèques ni musées de quelque importance; il ne s'y trouve pas même, comme dans les plus modestes localités de la contrée voisine, une promenade publique où il soit d'usage de se rencontrer [1]. La Fidalgie reçoit les étrangers solennellement; les hommes se montrent cuirassés des plaques de leurs nombreuses commanderies, et les femmes étalent, comme à des vitrines, les diamants de leurs majorats insaisissables. Ces réunions, dont toute cordialité est absente, ne rappellent en rien les charmantes *tertulias* espagnoles.

En Portugal, où les travaux de l'ambassade nous occupaient peu, mon temps se passait à regretter l'Espagne et à étudier l'espagnol. Je ne goûtais guère Camoëns, qu'on pourrait nommer aussi l'ombre de Virgile vue au clair de lune; mais je lisais avec ravissement Cervantes, dont l'œuvre sans modèle, *proles sine matre*, présente ce singulier caractère de

---

1. Plusieurs de ces détails, strictement exacts en 1827, ne le sont plus aujourd'hui, comme j'ai pu m'en assurer durant une courte relâche faite à Lisbonne vingt-cinq ans plus tard.

n'être, même dans les meilleures traductions, qu'un roman d'aventures, tandis qu'elle est, dans l'original, un médailler de maximes frappées par le génie même de la patrie.

Je pus d'ailleurs échapper à l'ennui, durant mon séjour en Portugal, par un événement assez rare en ce pays, une révolution sérieuse, et par les rapports d'affectueuse confiance que je nouai promptement au sein de l'ambassade. L'existence des secrétaires et des attachés de légation qui vivent à l'étranger dans l'hôtel et sous l'œil d'un chef de mission n'est pas sans analogie avec celle des officiers de vaisseau placés loin de la France sous la dépendance directe d'un commandant. Or les marins s'accordent pour attester que cette vie-là est ou très-agréable ou très-odieuse, selon la manière d'être des camarades entre eux, et le caractère du chef dont l'autorité les régit. J'eus l'heureuse fortune de la mener dans les meilleures conditions. J'ai gardé un vif souvenir des chers collègues qui m'ont précédé dans la tombe, le comte Alfred de Vaudreuil, mort, voici plus de trente ans ministre à Munich ; le comte Septime de Latour-Maubourg, mort un peu plus tard ambassadeur à Rome. Comment ne nommerais-je pas surtout notre excellent chef avec cette mémoire du cœur que le temps n'affaiblit pas ?

Après avoir rempli les fonctions de directeur des travaux politiques aux affaires étrangères, sous le ministère de M. de Chateaubriand, M. le duc de Rauzan avait été nommé ministre plénipotentiaire à Lisbonne. Il avait dû s'installer seul dans cette capitale, madame de Rauzan ayant été retenue en France afin de donner des soins à madame la duchesse de Duras, sa mère, atteinte déjà de la maladie à laquelle elle succomba dans le cours de l'année suivante. En compensation de l'agrément qu'aurait apporté dans nos relations du monde la présence d'une belle ambassadrice, nous trouvâmes une entière liberté tempérée par le plus affectueux respect pour notre chef. Austère dans ses mœurs comme dans ses croyances, fort arrêté dans ses idées sous l'apparence d'une bonhomie souriante, M. le duc de Rauzan possédait le trésor caché d'un esprit fin et caustique qui aurait été plus généralement reconnu s'il s'en était servi plus souvent pour se faire craindre. Soit modestie, soit indifférence, il n'éprouvait aucun désir de donner aux autres la juste mesure de lui-même. Habituellement silencieux dans l'élégant salon de madame la duchesse de Rauzan, il en était presque toujours l'homme le plus remarquable et le moins remarqué; et comment ne l'y point admirer, conservant, au milieu des douleurs les plus aiguës, l'inaltérable sérénité d'un chrétien semblable à lui-même dans toutes les fortunes, et dont l'esprit n'avait pas plus vieilli que le cœur?

Durant la crise dans laquelle se trouvait alors engagé le Portugal, M. le duc de Rauzan eut l'avantage d'appliquer des instructions pleinement conformes à sa propre pensée. Des événements survenus en 1826 avaient surgi deux questions distinctes, mais étroitement associées : la première se rapportant au droit de sucessibilité au trône; la seconde à l'établissement du nouveau régime politique établi par la Charte constitutionnelle dont l'empereur D. Pedro avait fait la base du trône de sa fille.

Dès la mort du roi Jean VI, la France avait reconnu le droit héréditaire du fils aîné de ce monarque, et avait émis l'avis que la loi fondamentale en vertu de laquelle l'empereur du Brésil ne pouvait ceindre la couronne de Portugal, ne créant pour ce prince qu'une incapacité personnelle, ne lui interdisait point de transmettre la couronne à sa fille, en vertu du principe de la succession féminine qui a toujours été appliqué en Portugal. Le cabinet des Tuileries s'était trouvé en plein accord sur ce point avec tous les cabinets de l'Europe, excepté celui de Madrid ; il agissait surtout conformément à l'opinion du prince de Metternich, qui, malgré son antipathie si prononcée pour les institutions libérales, patronnait chaleureusement le droit de dona Maria da Gloria, fille de l'archiduchesse Léopoldine d'Autriche. Un autre motif avait déterminé la France à combattre à Lisbonne le parti de l'infant D. Miguel : c'était le souvenir tout récent de l'attentat tramé par ce jeune prince, sous l'impulsion de la reine, contre l'autorité du roi son père. Cet attentat, inspiré par les passions absolutistes les plus violentes, avait gravement menacé l'influence française en Espagne, puisque le succès de l'infant D. Miguel aurait rendu plus insolubles encore, vis-à-vis du gouvernement de Ferdinand VII, les difficultés déjà soulevées par notre intervention. M. Hyde de Neuville, alors ambassadeur à Lisbonne, avait fait partager à sa cour ses ressentiments et ses colères contre l'instrument, peut-être aveugle, d'une dangereuse intrigue déjouée par la fermeté de son attitude.

A la question de dynastie la force des choses avait joint une question constitutionnelle qui, tout en rencontrant bien moins de faveur dans la plupart des cabinets, dut être résolue dans le même sens par une conséquence à bien dire inévitable. D. Pedro ayant assis le trône de sa fille sur l'établissement d'une Charte, et se refusant absolument à séparer ces deux intérêts, le tout était à prendre ou à laisser. Les ministres de la sainte alliance se trouvèrent donc dans la stricte obligation de subir la constitution de D. Pedro IV, afin de ne pas ébranler la royauté contestée qui s'élevait à son ombre. Cette situation anormale avait amené dans le corps diplomatique à Lisbonne une sorte de désarroi des plus curieux à observer.

Rien n'était plus faible et plus débile que le germe politique implanté du dehors dans ce sol si peu préparé pour le recevoir. A cette époque-là, les idées modernes avaient encore moins de racines en Portugal qu'en Espagne, et n'y correspondaient pas plus aux intérêts qu'aux habitudes. Accueillies avec quelque satisfaction par l'épiscopat et par la haute noblesse, auxquels l'établissement d'une Chambre des pairs ouvrait la carrière politique, les institutions constitutionnelles avaient rencontré une grande faveur dans la bourgeoisie, particulièrement à Porto, centre commercial important très-accessible aux influences étrangères. Mais le bas peuple des villes et surtout les populations rurales les repoussaient presque unanimement. Ces institutions étaient vues avec inquiétude par le clergé séculier, avec colère par la plupart des membres des ordres monastiques, qui se firent sur tous les points du royaume les promoteurs et les chefs de l'insurrection miguéliste. La noblesse provinciale, plus active et bien plus populaire en Portugal que la fidalgie séquestrée à Lisbonne, se voyant exclue presque tout entière de la Chambre haute réservée à cette noblesse de cour, et n'ayant aucun motif pour se montrer favorable au nouveau régime politique, lui fit à peu près partout une guerre ouverte. Si donc le suffrage universel avait été découvert et déjà pratiqué au début du conflit engagé entre l'infant et sa nièce, jamais le nom de dona Maria II n'aurait figuré dans la liste des rois très-fidèles, et D. Miguel aurait eu certainement, dans la Péninsule, son scrutin triomphal du Dix-Décembre.

L'armée, qui constitue la seule force effective au sein de cette nation à la fois inerte et bruyante, se trouva, durant cette lutte, partagée en deux parties à peu près égales; de là les conflits militaires plus longs d'ailleurs que sanglants dans lesquels s'épuisa le pays, jusqu'au moment où la révolution consommée en Espagne en 1833, par l'avénement d'Isabelle II, décida en Portugal le triomphe définitif du parti constitutionnel.

Dans le courant des années 1827 et 1828, Lisbonne offrit à l'Europe un triste spectacle appelé à se reproduire trente ans après sur un plus vaste théâtre, celui d'une révolution commencée par le parjure et terminée par la violence. L'infant D. Miguel se trouvait à la veille d'atteindre le terme de sa majorité politique, fixée à vingt-cinq ans; il allait quitter Vienne pour prendre, conformément aux dispositions prescrites par D. Pedro, possession de la régence au nom de la jeune princesse, dont il avait accepté la main. Durant cette crise d'attente, le gouvernement du royaume restait confiée à la fille aîné du roi Jean VI. Cette princesse, d'une santé débile, avait un esprit droit mais incertain; et son cœur, partagé entre une égale affection pour ses deux frères, était trop faible pour la défendre contre les menaces de la reine-mère, femme énergique, qui avait voué à l'aîné de ses fils une haine implacable.

Arrivé à Londres dans les derniers mois de 1827, l'infant D. Miguel y fit un assez long séjour. Il reçut en Angleterre, avec une hospitalité splendide, des conseils qu'il déclara de tous points conformes à ses propres sentiments. Il y réitéra spontanément la promesse de rester le sujet fidèle de la reine encore enfant dont il était appelé à partager bientôt le trône et la couche, et s'engagea, dans des termes qui excluaient tout équivoque, à respecter les institutions fondamentales données au Portugal par le prince qu'il appelait alors son auguste frère et roi.

Le cabinet britannique s'empressa de transmettre à Lisbonne, où les deux Chambres étaient en ce moment rassemblées, ces déclarations qui, malgré leur caractère affirmatif, n'y rassurèrent pourtant personne. Les partis qui s'abusent souvent dans leurs espérances se trompent plus rarement dans leurs appréhensions; ils ont l'instinct sûr du vrai péril qui les menace, lors même qu'ils prennent les plus mauvais moyens pour le détourner. Tous les personnages engagés dans le gouvernement constitutionnel, ministres, pairs ou députés, savaient très-bien, en affectant une confiance officielle dans les assurances données à Londres, que, pour ce pouvoir déjà compromis par la faiblesse numérique de ses partisans, l'épreuve suprême se ferait au jour, alors prochain, de l'arrivée à Lisbonne de l'infant régent; et déjà la reine, sa mère, l'œil fixé sur l'embouchure du Tage, guettait avec impatience l'entrée au port du vaisseau qui portait l'instrument de sa vengeance.

Aucune des sombres prévisions du parti constitutionnel ne fut trompée. Débarqué à Lisbonne, en février 1828, l'infant y fut reçu aux applaudissements frénétiques de ses partisans et aux cris de : *Vive D. Miguel, roi absolu!* Mieux aurait valu accomplir immédiatement une révolution déjà résolue que la retarder de quelques mois; car ce retard, provoqué par la seule crainte d'offenser l'Europe, fut l'occasion d'un parjure solennel. Conformément au programme arrêté à Londres, l'infant se rendit le lendemain de son débarquement au sein des deux Chambres réunies pour y prêter, avant de prendre possession de la régence, le serment prescrit par l'acte constitutionnel; il le prêta sur le saint Évangile, couvrant du pli de son vêtement l'auguste livre que lui présentait le cardinal patriarche, de telle sorte, ont osé dire d'indignes casuistes, qu'il ne pouvait le toucher du plat de la main, conformément à l'usage.

Sans pouvoir rien affirmer personnellement touchant l'exactitude de ce triste détail, dont le bruit fut universellement répandu, il est certain, du moins, qu'aucun procès-verbal de la prestation du serment ne fut dressé, et qu'on fit les plus grands efforts pour effacer les traces d'une cérémonie à laquelle avaient assisté tous les corps de l'État et l'Europe représentée par ses agents diplomatiques.

Toutefois, l'accomplissement, au moins matériel, de cette solennité rendit un moment d'espoir au parti libéral; mais peu de jours après cette séance, le nouveau régent, congédiant brusquement le cabinet qui gérait les affaires avec le concours de la majorité parlementaire, constitua un autre ministère formé par la reine douairière et composé d'adversaires très-connus du régime nouveau. Ni la capitale ni la province ne se trompèrent sur la portée de cet acte décisif. Tous les hommes dévoués au gouvernement constitutionnel quittèrent les fonctions publiques; mais les fonctionnaires compromis n'en firent que plus de zèle afin de se mettre en règle avec un très-prochain avenir; et les constitutionnels, isolés dans la nation et repoussés du gouvernement, se virent partout à la merci de leurs ennemis. Aux abords du palais où le régent exerçait encore tous ses pouvoirs au nom de la reine dona Maria II, dont il faisait figurer le nom en tête de tous les actes publics, les acclamations populaires à D. Miguel, roi absolu, se firent chaque jour entendre sans nulle répression. Le ministre d'Autriche fut gravement molesté par la populace pour avoir refusé de répéter ce cri, et le cardinal patriarche subissant la même violence, ne parvint à échapper aux émeutiers qu'en s'esquivant au plus vite, tandis qu'ils se mettaient à genoux pour recevoir sa bénédiction.

Deux motifs retardaient seuls le dénoûment de cette comédie. Embarrassé par ses déclarations réitérées, l'infant voulait persuader à l'Europe qu'il avait dû céder à une pression irrésistible. Il attachait un prix au moins égal à recevoir, avant d'imprimer aux événements une impulsion décisive, le versement d'un emprunt négocié durant son séjour à Londres, versement à la veille de s'opérer et qu'une révolution trop hâtive aurait pu compromettre. Mais les meneurs avaient imprimé au mouvement miguéliste une telle violence, qu'ils n'étaient pas en mesure de le retarder au gré de leurs calculs. Le sang coulait dans plusieurs provinces, et la ville de Porto, centre de l'opinion constitutionnelle, était devenue le théâtre d'une formidable insurrection contre le gouvernement de l'infant régent. On fut ainsi conduit à précipiter l'issue de la crise, et D. Miguel prononça la dissolution de la Chambre, en provoquant un appel au peuple sur la question dynastique par la convocation des anciens états du royaume.

Aucun partisan de la jeune reine ne comparut à des élections dont le résultat était connu d'avance, et dans lesquelles les populations rurales trouvaient à satisfaire toutes leurs antipathies contre des importations politiques fort mal recommandées à leurs yeux par les noms de l'Angleterre et du Brésil. En fixant des règles pour la formation d'une assemblée dont les précédents historiques étaient confus et oubliés, les ministres déployèrent, contre les partisans de la charte anglo-brésilienne, un luxe de menace et d'arbitraire des plus inutiles. Il n'était pas nécessaire à cette époque de violenter l'opinion publique en Portugal pour obtenir des masses une adhésion à la royauté absolue, inspirée par leur foi religieuse et par leur haine de l'étranger. Mais, s'il est de l'essence de la démocratie rurale de n'être qu'un instrument de pouvoir fort indifférent aux droits de la liberté, il est aussi dans sa destinée de voir bientôt réformer ses arrêts par une force morale supérieure à la sienne. L'intelligence ne tarde jamais longtemps à prendre le pas sur le nombre; à elle seule appartient l'avenir; et quelle meilleure preuve en donner que ce qui se passe dans la Péninsule, où D. Carlos et D. Miguel représentaient, voici quarante ans, une majorité numérique incontestable, et où il ne se rencontre plus aujourd'hui, même au sein de l'anarchie la plus encourageante pour tous les prétendants, un seul partisan assez résolu pour relever le drapeau que ces princes y avaient arboré?

Les incidents de la guerre civile et le besoin de gagner du temps firent retarder la réunion de l'assemblée appelée à revêtir d'une sanction légale la révolution déjà consommée. Ce fut seulement le 4 juillet, qu'en vertu d'une décision rendue par les trois États, l'infant D. Miguel, proclamé roi, comme seul héritier légitime de Jean VI, fut investi de la plénitude de l'autorité souveraine, dans les conditions où l'exerçaient les princes de la maison de Bragance depuis 1641, date de leur avénement à la couronne.

Cette décision provoqua dans la capitale des transports de joie suivis d'actes nombreux de violence. Le bas peuple satisfit sa haine contre les classes riches par des attentats non réprimés, et l'on vit un grand nombre de religieux souiller leur robe vénérée dans des scènes où le Paris démagogique n'a jamais rencontré que la carmagnole des jacobins. Je ne vis pas se jouer ce dernier acte d'un drame lamentable. J'étais parti pour Londres avant l'interruption des relations diplomatiques, conséquence obligée de la révolution accomplie, emportant d'avance la certitude morale d'un dénoûment suspendu par les seules hésitations d'un prince que son caractère condamnait à terminer sans éclat une carrière commencée sans loyauté.

Les scènes que j'avais eues sous les yeux dans les deux royaumes péninsulaires me laissèrent une impression de dégoût contre laquelle je n'essayai pas de réagir. L'avenir de ces contrées allait désormais se débattre entre des révolutionnaires furieux, inspirés par une haine sauvage contre le passé, et des réactionnaires aveugles s'efforçant de le faire renaître. Je quittai le Portugal pénétré de cette double pensée que l'histoire ne se recommence point, et que le plus sûr moyen pour protéger les vérités immuables, c'est de ne jamais les confondre ni avec des formes transitoires, ni avec des intérêts passagers.

Après une navigation contrariée par une tempête qui me jeta sur la côte d'Irlande, j'arrivai enfin à Falmouth, le vingt-deuxième jour de mon départ de Lisbonne. La vapeur n'était encore employée nulle part en Angleterre sur les grandes lignes ferrées. Ce fut donc dans une voiture publique que je traversai la Cornouaille, cette sœur celtique de ma Bretagne, et le vert comté de Devon, cette Normandie de l'Angleterre. Établi sur l'*outside* d'une très-confortable diligence, je contemplais avec bonheur ces paisibles campagnes où paissent et reposent de nombreux troupeaux, en harmonie de formes et d'attitudes avec un plantureux paysage; j'avançais observant tout, et jouissant de tout, comme il est interdit de jouir, depuis qu'à l'intérêt d'arriver il a fallu sacrifier le plaisir de voyager.

A Londres, dont je saluai de loin la silhouette colossale se dessinant dans le brouillard comme une cité fantastique du peintre Martin, je descendis à l'ambassade, sans d'ailleurs y résider. M. le prince de Polignac, qui en était le titulaire, se trouvait alors à Paris, préparant déjà, contre le cabinet de MM. de Martignac et de la Ferronnays, la trame qui emporta la monarchie. Je reçus l'autorisation, vivement souhaitée, de passer quelques semaines en Angleterre avant de rentrer à Paris, et je ne manquai pas d'en profiter.

Rien n'inspire une plus profonde tristesse que le premier coup d'œil jeté sur l'immense métropole britannique. La monotonie de constructions sans caractère, allant se perdre dans des alignements sans fin, où rien n'arrête ni la vue, ni la pensée; le jour blafard, éclairant à travers un voile de vapeurs de grisâtres monceaux de briques, tout cet ensemble, vaste sans grandeur, provoque à la mélancolie, sentiment naturel d'ailleurs dans ces déserts habités où l'étranger qui les aborde se sent abîmé comme un atome. Pour moi, cependant, cette impression fut courte. Si accoutumés que fussent alors mes yeux aux horizons étincelants, j'éprouvai une vive satisfaction d'esprit à découvrir partout dans cette épaisse atmosphère les témoignages de la virile activité d'un peuple libre dont la pensée rayonnait sur l'univers.

Londres est l'expression même du génie anglais, persévérant et froid, moins soucieux d'éclat que de puissance. Mes journées s'y passaient à visiter ses docks, ses chantiers et les longues berges de son vaste fleuve encombrées de navires chargés pour tous les points de la terre. Le soir me ramenait toujours vers Westminster, magnifique symbole de ce passé, constamment vénéré par l'Angleterre, parce qu'il n'a jamais été pour elle un obstacle aux développements de son avenir. Après un repas, pris à l'anglaise dans une taverne, j'entrais le plus souvent, grâce au moyen d'introduction que m'avait ménagé l'ambassade, dans le *Lobby* de cette vieille salle des Communes, aujourd'hui remplacée par un monument à l'éclat duquel il ne manque rien que la majesté des souvenirs. C'était dans ce parallélogramme incommode que les deux Pitt avaient fait retentir les cris de leur patriotisme implacable; c'était là que Fox avait déployé une éloquence qui rappelait les scènes du Forum, et que Burke, en se séparant d'un ami, avait versé ses larmes immortelles.

J'avais sous les yeux le siége où s'était assis M. Canning, que la mort venait d'enlever à sa patrie dans la plénitude de son talent et de sa puissance. Sur les bancs de la trésorerie, attristés par un si grand vide, siégeaient la plupart de ses anciens collègues et tous ses amis politiques. Ces hommes prévoyants et sensés s'efforçaient, comme ce ministre l'avait fait lui-même aux derniers temps de sa vie, de préparer, chacun dans la mesure où ses engagements antérieurs le comportaient, la plus grande œuvre de conciliation qui ait jamais été législativement opérée entre les opinions, les intérêts et les croyances. Si le cabinet formé, après la mort de M. Canning, sous la direction du duc de Wellington, n'aborda pas de front l'abolition des incapacités religieuses, ce fut pour mieux la préparer par des mesures dont cette abolition, qui n'était plus combattue qu'à titre d'inopportune, était le couronnement obligé. Ces hommes pratiques marchaient avec une suite constante lors même qu'ils paraissaient s'arrêter. Ils allaient pas à pas, tantôt se heurtant à des passions furieuses, tantôt à des égoïsmes aveugles, mais toujours ramenés par la force latente à laquelle obéissait la conscience du pays vers l'œuvre de réparation et de justice qui, dans le courant de l'année suivante, prit dans l'histoire son nom glorieux et s'appela l'émancipation catholique.

C'était avec un intérêt plus vif encore peut-être que

je suivais dans les grandes nuits parlementaires les délibérations des lords. La Chambre Haute conservait tout entière, à cette époque, la prépondérance que lui a fait perdre l'application d'un nouveau système électoral auquel elle ne pouvait manquer d'opposer une longue résistance, puisque ce système a détruit à peu près son influence, même dans l'élection des comtés. J'avais devant moi la dernière aristocratie du monde, la seule qui, dans l'Europe moderne, ait rappelé le sénat romain par sa persévérance politique dégagée d'obstination. Elle eut d'ailleurs, comme lui, l'avantage de demeurer une corporation nobiliaire toujours ouverte, au sein de laquelle venaient se confondre avec les descendants des plus vieilles races les illustrations diverses produites par le mouvement ascensionnel imprimé à toutes les couches de la société. J'avais pu voir le matin, au *British Museum*, dans une vitrine qu'entouraient des spectateurs respectueux, l'original de la *Magna charta*, où les barons aux gantelets de fer avaient apposé d'informes signatures, et je trouvais le soir, sur les bancs de la pairie, leurs héritiers prêtant le lustre des gloires antiques à de nombreux anoblis de date récente confondus avec eux dans la plus parfaite égalité.

Au milieu des pairs des trois royaumes, généraux, marins, diplomates, vieux magistrats, une figure originale était comme revêtue d'une sorte d'auréole par la reconnaissance publique. Le duc de fer, *the Iron Duke*, assis au banc ministériel, n'était ni attrayant, ni éloquent : il avait les mouvements saccadés d'un automate, et jetait ses paroles comme une mitrailleuse lance sa charge de ferraille; mais ni les idées, ni les mots, ni les faits ne lui manquaient jamais. Il agaçait sans fatiguer, et l'on demeurait tout surpris en voyant cet orateur, si empêché, sortir presque toujours à son honneur des harangues les plus longues et des discussions les plus compliquées. Dans les moments d'impatience, on faisait crédit à sa gloire et l'on n'y perdait jamais.

Le rappel du *test* était, en 1828, la seule question soumise au parlement; mais il était manifeste qu'après cette première satisfaction donnée à la foi d'une minorité opprimée depuis trois siècles, viendraient dans l'ordre de leur importance tous les redressements que l'attitude décidée de l'Irlande disciplinée par M. O'Connell allait imposer enfin à ses persécuteurs. Il n'était pas moins évident, pour quiconque suivait l'irrésistible mouvement imprimé à l'opinion, que le système électoral qui avait fait des bourgs pourris les annexes électorales de la grande propriété, et le système économique qui, dans le seul intérêt de celle-ci, surhaussait, au détriment des classes ouvrières le prix des aliments de première nécessité, succomberaient à la suite de l'intolérance religieuse devant cette autorité de la conscience publique éclairée par une libre discussion. Serment du *test*, franchise des *rotten borroughs*, monopole des *corn-laws*, autant d'abus séculaires dont l'immolation était à la veille de s'opérer par la main même de leurs plus obstinés défenseurs! Sur ce vieux palais, tout imprégné de traditions, on sentait planer l'esprit des temps nouveaux, et le cœur dilaté y respirait l'air des grandes et prochaines justices. Jamais la liberté régulière ne fut en droit de se montrer plus fière d'elle-même, car jamais luttes n'avaient été plus fécondes et n'avaient coûté moins de larmes. Lorsque dans les tristes jours que nous traversons, il m'arrive de douter de l'efficacité des institutions libres, ma foi se retrempe à l'évocation de ces fortifiants souvenirs.

La vieille Angleterre était remuée jusque dans la couche de granit de ses *country gentlemen* par l'ébranlement sans exemple imprimé à l'île voisine. Un homme sut réunir dans un accord merveilleux la force révolutionnaire et la force du droit, l'audace du tribun et la subtilité du légiste. Il enseigna à ses compatriotes l'art d'abriter derrière de vieux statuts les innovations les plus hardies; et par une association admirable de la piété avec le patriotisme, il parvint à inculquer à un peuple affamé un courage indomptable en même temps qu'une patience héroïque. L'association catholique, dont Daniel O'Connell était l'âme, et dont l'Irlande était le bras, donnait des ordres et levait des impôts, mieux obéie dans ses prescriptions qu'aucun gouvernement ne le fut jamais. Elle venait de faire un pas décisif en provoquant dans le comté de Clare l'élection du grand agitateur à une majorité considérable. Ce fut un événement immense et toute l'Europe le comprit. Cette élection, toutefois, était strictement légale, car les bills, dont on poursuivait le rapport dans l'intérêt des catholiques, interdisaient seulement l'admission des citoyens professant la croyance en la transsubstantiation au sein des deux Chambres, interdiction résultant, pour eux, non de la loi, mais d'un serment que la conscience leur interdisait de prêter. C'était donc au seuil du parlement que la lutte finale allait s'engager.

Radieux d'une victoire, qui était la victoire même de son pays, O'Connell venait d'arriver à Londres afin d'obliger la Chambre des communes à statuer sur la validité de l'élection de Clare, après l'avoir entendu. L'habile stratégiste allait au-devant d'une éclatante défaite, parce qu'il était assuré de pouvoir transformer bientôt cette défaite en victoire. Un de ces petits bonheurs, qui sont comme la monnaie du grand, me procura avec le personnage sur lequel le monde avait alors les yeux, un entretien dont les plus minutieux détails sont demeurés dans ma mémoire, aidée d'ailleurs par des notes précieusement conservées. L'un de mes proches parents avait épousé une jeune Irlandaise, fille d'un ami intime de l'agitateur. Cette circonstance me valut une invitation à dîner avec M. O'Connell, heureuse fortune qui me jeta, durant quelques heures, en pleine Irlande et en pleine association catholique. On devine avec quelle avidité je suivis, nonobstant l'embarras très-sérieux que me faisait éprouver une prononciation irlandaise, très-accentuée chez la plupart des convives, la conversation dans laquelle ces rudes patriotes, après la sortie des dames, échangeaient entre le *sherry* et le *claret*, la chaleureuse expression de leurs espérances. Durant le cours de cet interminable repas, je dus boire tour à tour, à M. O'Connell tout d'abord, puis à M. Shiel, à M. O'Gorman Mahon, à M. Lawless, à tous les orateurs en plein vent, qui haranguaient alors, tantôt du pied d'une croix, tantôt de la plate-forme d'un dolmen, le peuple de la verte Erin partout armé, mais partout contenu, malgré les plus terribles excitations.

Causer pendant le dîner aurait été, pour moi, chose difficile; causer après la sortie de table aurait été, pour beaucoup de mes interlocuteurs, chose absolument impossible. M. O'Connell, auquel je fus présenté comme un jeune catholique tout dévoué à l'Irlande, voulut bien, à raison de mon très-prochain départ, m'accorder un rendez-vous pour le lendemain de grand matin, seul moment de la journée dont il pût disposer sans être interrompu par d'innombrables visiteurs. A sept heures, je sonnai donc à la porte d'une jolie petite maison du *West-End*. Une *servant maid* m'introduisit, et le *lion* en robe de chambre, après un *wellcome* affectueux, me fit entrer dans une sorte de cabinet de toilette, garni de pieuses images, que j'aurais pu rencontrer dans l'oratoire de ma mère.

Nous parlâmes un peu du Portugal et bien plus longuement de la France, qui, me dit M. O'Connell, était après l'Irlande, l'objet le plus constant de ses pensées. Il m'exprima de vives appréhensions sur l'attitude que prenait le clergé dans les débats dynastiques engagés dans la Péninsule, et me dit que les prétendus services rendus par les rois catholiques et très-fidèles à l'Église depuis deux siècles n'avaient guère consisté qu'à entasser, sous Charles III d'Espagne, les malheureux jésuites à bord des pontons comme une cargaison de nègres, et à ériger, sous le roi Joseph de Portugal, le bûcher sur lequel son ministre Pombal avait fait monter les prêtres les plus innocents et les plus pieux du royaume. Ceci nous conduisit à un sujet d'un intérêt beaucoup plus pressant. Le roi Charles X venait de signer les ordonnances du 16 juin 1828 qui fermaient, en France, tous les colléges de jésuites et plaçaient les petits séminaires sous une sévère réglementation administrative. Ces actes avaient provoqué chez M. O'Connell la plus vive indignation, et sa colère portait bien moins sur le roi, légalement dominé par un ministère responsable, que sur les catholiques français, à la conduite desquels il imputait ce déplorable événement.

« Voilà donc, s'écria-t-il, à quoi ont abouti toutes les mesures impopulaires réclamées par les hommes religieux dans vos chambres sous la précédente administration ! Voilà ce qui arrive lorsqu'on attend tout du pouvoir sans rien faire par soi-même, et sans rien demander aux institutions de son pays ! La promulgation d'une loi, au moins inutile, sur le sacrilége a conduit tous les pères de famille à se voir privés du plus sacré de leurs droits, celui de protéger la foi et les mœurs de leurs enfants ! et les jésuites qui, sans tenir aucun compte de la conduite des trois branches de la maison de Bourbon durant le siècle dernier, se sont si imprudemment compromis pour servir les intérêts de ces princes, les voilà soumis, avec l'approbation évidente de l'opinion publique chez vous, à d'odieuses interdictions que l'Angleterre protestante ne connaît plus ! Si, au lieu de compter sur le gouvernement, vos prêtres avaient compté davantage sur eux-mêmes et sur la liberté, ils auraient eu plus facilement raison de vos philosophes sceptiques que je n'ai ici, moi, raison de nos fanatiques oppresseurs, et votre université qui va profiter de leurs fautes ne corromprait plus les générations à leur source. Mais pour comprendre ceci, il faut avoir confiance dans la liberté ; il faudrait surtout, lorsqu'on la réclame pour soi-même, la vouloir pour tout le monde, en se persuadant bien que c'est presque toujours notre faute si nous ne savons pas la faire profiter à la vérité.

« Voilà, monsieur, ce qu'il faudrait répéter sans cesse aux catholiques qui, sous l'action énervante de l'autorité, ont perdu l'habitude de se protéger eux-mêmes. Je n'entends pas la résistance dans le sens de vos révolutionnaires français, qui sont pour la plupart des impies et des démagogues de profession. Je ne conseille ni ne pratique la révolte ; et s'il rend complète justice à l'Irlande, Georges IV n'aura pas un sujet plus loyal que moi. Je ne pratique point la révolte pour deux motifs : le premier, que notre religion nous en détourne ; le second, que l'insurrection est presque toujours un moyen détestable pour obtenir des redressements. La ligne que j'ai toujours suivie me laisse sous ce rapport-là en paix avec ma conscience, en même temps qu'elle me donne dès aujourd'hui l'assurance d'un succès prochain. Si le succès était trop retardé par l'obstination des ennemis de l'Irlande, je n'hésiterais pas à employer l'arme du *repeal,* car cette arme serait encore légale, quoique d'un usage très-périlleux. J'espère donc fermement que mes efforts parviendront à délivrer, sans que nous ayons à verser une goutte de sang, le pauvre peuple qui s'est confié à moi, et j'espère aussi que moyennant la miséricorde divine, ils ne seront pas inutiles au salut de mon âme. »

A ces mots, O'Connell découvrant son large front, porta les yeux sur un crucifix d'ivoire comme pour prendre Dieu à témoin de la sincérité de ses paroles; et moi, le cœur plein et la voix tremblante, je m'inclinai devant ce fier libérateur d'un peuple incliné lui-même au pied de la croix. La parodie de l'ancien régime à laquelle je venais d'assister dans la Péninsule avait fortifié ma confiance dans la liberté, et je reçus ce jour-là ma confirmation politique.

Sorti de bonne heure de chez le *libérateur,* c'était le titre que lui avait décerné l'Irlande, j'employai cette longue journée, la dernière de mon premier séjour à Londres, à parcourir les quartiers immondes où grouille dans les habitations malsaines la population la plus misérable de l'Europe.

La vaste métropole britannique est une ville où les contrastes se présentent sous un aspect beaucoup plus accusé que dans les autres capitales. La richesse et la puissance se révélant sous leur aspect le plus splendide, et parfois le plus insolent, y côtoient sans transition au détour d'une rue le domaine du paupérisme dans ce qu'il a de plus hideux à contempler. Toutefois, des habitudes et des dispositions communes rattachent entre elles ces populations, si profondément séparées par la mesure dans laquelle Dieu les admet à participer aux biens de ce monde. Les classes pauvres y sont sérieuses, leur brutalité, si repoussante qu'elle soit, n'est point cynique; jamais leur lèvres ne se détendent pour lancer, avec un gros rire de vaniteuse satisfaction, le blasphème contre le ciel, lors même qu'il semble le plus inclément pour elles. Ce peuple qui venait de consacrer un demi-milliard à émanciper les noirs de ses colonies par des motifs pieux où notre frivolité a très-vainement cherché à découvrir un calcul, ce peuple qui, par respect pour la liberté, était à la veille de triompher de sa haine contre le catholicisme et contre l'Irlande, reste encore, il faut bien le reconnaître, malgré la plaie béante des divisions religieuses, le peuple le plus chrétien de l'Europe, car c'est celui où le nom du Sauveur fait courber le plus de têtes. Dans cette Angleterre où toutes les classes vivent si profondément séparées par les institutions et par la fortune, tout le monde se ressemble le dimanche, la même pensée s'y réfléchit sur toutes les physionomies et dans l'attitude commune. C'est en effet le pays de la terre où l'opinion publique se reporte le plus naturellement vers les grands mystères de la vie humaine. Un fait dont j'ai conservé l'ineffaçable souvenir m'en apporta la preuve dans le cours de cette journée si bien commencée.

M. O'Connell avait vivement insisté pour que je ne quittasse pas Londres sans visiter les travaux du tunnel creusé sous la Tamise par notre compatriote M. Brunel, œuvre alors très-admirée, mais dont les merveilles des chemins de fer ont depuis rejeté dans l'ombre la difficulté à peu près stérile au point de vue des résultats. Il m'engagea pour aborder ce quartier fort excentrique à monter en omnibus à une station qu'il m'indiqua, ajoutant que les voitures publiques sont pour l'étranger un excellent poste d'observation, remarque pleine de justesse, et qui, dans cette circonstance, me profita singulièrement.

Établi dans le lourd véhicule, je vis s'installer successivement à mes côtés des ouvriers, des marchands, puis quelques bourgeois que je crus être, d'après leur costume et leur attitude (cette sorte de divination est en voyage l'un de mes plus grands plaisirs), des professeurs de danse ou de musique courant le cachet, des attorneys se rendant à leur cabinet, des commis-négociants se dirigeant vers leur comptoir. La dernière place de la voiture fut prise par un petit homme maigre, tout de noir habillé, dont l'air de componction rappelait assez celui des frères lais de nos maisons conventuelles. Il tendit immédiatement à son voisin un imprimé en quatre pages, en l'invitant du geste plutôt que de la voix à le faire circuler après qu'il en aurait pris connaissance. Tous les voyageurs déférèrent successivement à cette double invitation, lisant tour à tour le petit écrit, sans donner, ni durant ni après cette lecture, le plus léger signe d'improbation ou de surprise.

Lorsque le factum arriva dans mes mains, j'éprouvai un étonnement que j'eus quelque peine à dissimuler. On lisait en tête ces paroles en grosses lettres : *Le jour du Seigneur approche!* C'était une ardente adjuration adressée à tous les chrétiens pour les conjurer de quitter les voies du péché et les sentiers de la perdition, afin de se tenir prêts à paraître devant le trône du souverain Juge. L'auteur énumérait, d'après les saintes Écritures, les signes avant-coureurs de la fin des temps, et les indiquait à la génération aveugle qui semblait ou ne point les voir ou les dédaigner. On aurait dit une sorte de commentaire de l'Apocalypse, composé sur le texte de saint Jean par un disciple du prophète Jérémie. Tout cela fut lu avec calme, et transmis successivement à vingt personnes, qui n'échangèrent à cette occasion ni une plaisanterie ni un sourire, tant l'acte du petit homme noir les avait peu surpris.

Je voulus sonder la disposition de mon voisin, un gros épicier jovial, et je lui adressai dans ce but quelques paroles un peu parisiennes; mais cela ne prit point, et sans vouloir aborder la question, il se borna à me répondre avec un grand calme : *Upon these matters, sir, everyone is free.* Épiciers, souscripteurs à la statue de Voltaire, auriez-vous en pareille occasion revendiqué la liberté des opinions comme le fit votre confrère de Londres, et quel traitement n'auriez-vous pas infligé au mystique colporteur s'il avait eu le malheur de faire en votre compagnie le trajet du Palais-Royal à Bercy !

Le soir, j'assistai à l'ambassade de Russie à un bal

donné par la comtesse, depuis princesse de Lieven, reine de la *fashion*. Cette fête fut fort belle; mais on aurait pu s'y croire à Paris, à Pétersbourg ou à Vienne tout aussi bien qu'à Londres. Aussi ne laissa-t-elle aucune trace dans ma mémoire, tandis qu'après plus de quarante ans, je me souviens de ma course en omnibus jusque dans ses moindres détails. L'une m'avait montré l'Europe moderne, l'autre m'avait révélé la vieille Angleterre.

Le moment était venu de rentrer à Paris. J'y arrivai pour recevoir le dernier soupir du grand-oncle nonagénaire qui, durant dix ans, m'avait admis sous son toit. Il voulut bien me laisser un souvenir et mourut dans les bras de la religion, prenant la mort plus au sérieux qu'il n'avait pris la vie, et je ne découvris qu'à l'heure où je le perdis toute la profondeur de l'attachement qu'à défaut de toute sympathie d'esprit, l'habitude fortifiée par la reconnaissance, avait suscité dans mon cœur. Attaché à la direction politique du ministère, je trouvai là pendant deux ans un travail solide, en plein accord avec mes goûts.

CHAPITRE IV

PARIS SOUS LE MINISTÈRE DE M. DE MARTIGNAC.

La physionomie de Paris pendant l'administration de M. de Martignac était fort intéressante à observer, la formation de ce cabinet ayant suscité parmi les hommes modérés, alarmés par la violence des deux opinions extrêmes, le désir sincère d'une transaction. Malheureusement cette administration, si propre qu'elle fût par le caractère de ses membres à rapprocher les personnes, restait à peu près désarmée contre le fatal antagonisme de principes qui se révélait dans toute la société française, et jusque dans les dispositions contradictoires de la loi fondamentale. Je veux indiquer nettement ici le problème qui vint se poser pour la première fois durant ma jeunesse, et qui pèse encore sur mon pays après tant d'expérimentations.

Ce problème, le voici : Dans l'infinie variété des éléments qui la composent, des intérêts et des idées qui la divisent, la société actuelle peut-elle être régie par une souveraineté s'exerçant à titre personnel, quelque origine qu'un tel pouvoir s'attribue, et un pareil pouvoir ne serait-il pas beaucoup plus menacé que celui d'assemblées délibérantes investies du droit souverain de représenter la nation, et gouvernant sous leur propre responsabilité? Telle est la question cachée par chaque parti dans les plis de son drapeau ; question que n'a point résolue la chute du second empire, puisque nous avons à nous défendre aujourd'hui contre les menaces d'une dictature républicaine, le césarisme en haillons ne différant que par le costume du césarisme drapé dans la pourpre. Si l'Assemblée constituante la trancha en 1791, dans le sens de la souveraineté parlementaire, la Convention, se prévalant des périls publics provoqués par ses propres fautes, fit passer tous les pouvoirs aux mains d'un comité devant lequel elle trembla bientôt elle-même; et du droit de son fatal génie, Bonaparte se déclara investi d'un pouvoir personnel, expression permanente de la volonté nationale. A la chute de l'Empire, la maison de Bourbon, rappelé au trône par le Sénat, où siégeaient les représentants de tous les anciens partis, se vit conduite à donner à tous des garanties sérieuses, et à promulguer des institutions au delà desquelles n'allaient alors ni les désirs ni les espérances de personne. Mais, si frappé qu'il fût de la nécessité de compter avec les hommes et les choses de la révolution, l'auguste auteur de la Charte n'abdiqua dans la rédaction de cet acte aucune des doctrines professées par la royauté française depuis la victoire de Henri IV sur la Ligue et l'avénement de la maison de Bourbon au trône. Le fondateur du gouvernement représentatif en France croyait à son droit inamissible aussi fermement que pouvait le faire Louis XIV ; et dans l'impossibilité de confesser devant la nation sa foi politique, il dut en glisser l'expression voilée dans un article dont le sens était manifestement incompatible avec l'esprit général de la Constitution et avec l'ensemble du mécanisme parlementaire.

Quoiqu'il considérât tous les droits politiques concédés à ses sujets comme étant émanés de son autorité souveraine, le roi Louis XVIII avait une conscience beaucoup trop libre en toute matière pour se croire obligé d'appliquer jamais ses croyances au préjudice des intérêts de sa dynastie. Il était encore plus dégagé vis-à-vis des personnes que vis-à-vis des idées. Étranger toute sa vie aux illusions de ses serviteurs, se dégageant sans effort du poids de la reconnaissance, il s'inquiétait peu des amis dévoués dont le concours aurait pu lui devenir dangereux en présence de l'opinion publique. Ses préférences allaient donc par leur cours naturel, soit vers les jeunes gens, libres de tout engagement, soit vers les vieilles renommées sorties de la révolution. Des uns, il espérait se faire des créatures, quelquefois même des élèves, car il y avait dans ce prince du politique et du pédagogue ; il se servait des autres pour protéger le trône contre les passions que les anciens révolutionnaires avaient abjurées afin de pouvoir s'en rapprocher. Dans la première pensée se rencontre l'explication de la faveur de M. Decazes ; la seconde fut le motif de la scandaleuse admission d'un régicide dans les conseils de la royauté restaurée. Sous le règne de ce prince, aucun conflit grave n'était donc à redouter entre le pouvoir constituant que prétendait retenir la royauté en vertu de l'article 14, et l'autorité constitutionnelle des Chambres qui, par le vote de l'impôt, embrassaient le gouvernement tout entier.

Mais la situation fut transformée lorsqu'à l'auteur de la Charte succéda un monarque d'une conscience trop sévère pour échapper longtemps à l'ascendant de convictions enracinées. Charles X fut à Paris ce que le comte d'Artois avait été à Coblentz, un prince aimable, plein d'aménité pour tous, mais persuadé qu'il avait comme souverain un double devoir à remplir : subordonner l'action des Chambres à l'initiative de la royauté, source unique de toute puissance comme de toute justice, et n'admettre à conduire les grandes affaires de la monarchie que des hommes en plein accord avec sa foi politique.

Cependant les élections de 1827 avaient vivement alarmé le roi qui, ne distinguant aucune nuance dans l'opposition, et se refusant à certains rapprochements de personnes alors vivement souhaités, se crut placé tout à coup en présence de cent cinquante ennemis déclarés de sa dynastie. Ne pouvant ignorer d'ailleurs qu'un nouvel appel au pays aurait donné des résultats plus menaçants encore, il se résigna à renvoyer le ministère de M. de Villèle, sacrifice qui le contrariait d'ailleurs plutôt dans ses théories politiques que dans ses affections personnelles. Il appela aux affaires M. de Martignac et ses collègues dans le seul but d'écarter un péril qu'il jugeait imminent. Mais ce prince était, au moment où il les appelait dans ses conseils, plus éloigné que jamais d'adhérer à la pensée politique qui faisait dans le pays la force même de son nouveau cabinet, et son ministère demeurait pour le monarque un accident purement transitoire, duquel il ne doutait pas que la force des choses ne le débarrassât bientôt. Durant quinze mois, le roi concéda donc à ses nouveaux ministres, sans résistances trop vives, toutes les mesures estimées par eux nécessaires pour désarmer les passions surexcitées par le gouvernement de la droite; il sanctionna en 1828 une loi sur la presse prononçant l'abolition définitive de la censure; il autorisa en 1829 la présentation d'un double projet de loi pour introduire le principe électif dans la nouvelle organisation des départements et des communes, concessions importantes consenties avec hésitation, mais qu'il envisagea comme strictement compatibles avec la foi monarchique dont il était résolu à protéger l'intégrité contre toute atteinte.

Ce fut peut-être parce qu'il considéra comme en accord avec les traditions de l'ancienne monarchie et avec de trop célèbres arrêts du siècle dernier les ordonnances du 16 juin 1828, qu'il se détermina à les signer. Interdire l'enseignement à la Société de Jésus, réclamer de tout le corps enseignant le serment injurieux de ne point lui appartenir, limiter par des chiffres rigoureux le nombre des admissions dans les petits séminaires, c'était à la fois outrager la religion, la famille et la liberté, c'était faire aux passions des concessions mille fois plus redoutables que celles qui auraient pu lui être demandées dans l'ordre purement politique.

Tout pieux que fût Charles X, la conscience royale parlait chez lui bien plus haut que la conscience religieuse. Mais les grandes concessions coûtaient moins au roi que les petites, parce que celles-là touchaient aux idées et que celles-ci dérangeaient les habitudes. Le prince qui avait revêtu de son nom des ordonnances attentatoires au droit le plus sacré aurait sans hésiter dissous à tout risque son ministère si, afin de s'assurer dans la Chambre élective la majorité qui lui manquait, M. de Martignac avait exigé l'adjonction au cabinet de M. Casimir Périer, s'il avait manifesté le vœu de voir donner une ambassade au général Sébastiani ou un commandement militaire au général Lamarque, car une pareille proposition aurait été considérée par le souverain comme incompatible avec la sûreté de sa dynastie et presque comme injurieuse à son honneur de gentilhomme. Devancer par une initiative hardie l'œuvre principale de la révolution de 1830 en élargissant les bases du personnel gouvernemental, et en appelant aux affaires des hommes que les accidents de leur vie maintenaient seuls dans l'opposition, c'eût été là tout un système dont le roi n'aurait pas même permis la discussion : dans le langage du pavillon de Marsan, cela se fût appelé *rendre son épée*.

Le parti pris du monarque fut, pour la généreuse tentative à laquelle s'était dévoué le ministère Martignac, un obstacle absolument insurmontable. Ce cabinet s'était trouvé séparé de la droite par des mesures législatives qui répugnaient à cette partie de la Chambre secrètement encouragée dans sa résistance par les entours du souverain. D'un autre côté, il n'était en mesure d'ouvrir aucune perspective légitime aux chefs les plus considérables de l'opposition, ceux-ci se trouvant dès lors avoir plus à profiter de la violence que de la modération. Dans l'ordre administratif, le roi ne s'était pas refusé à certaines modifications sans caractère politique; il avait nommé à la présidence de la Chambre M. Royer-Collard, dont la cour amnistiait le choix à cause de son royalisme éprouvé ; il n'avait pas interdit à M. de Vatimesnil, qu'il savait dévoué, de rappeler dans leurs chaires, aux applaudissements enthousiastes de leur auditeurs, MM. Guizot et Cousin ; le roi avait enfin consenti, dans l'administration préfectorale et dans le conseil d'État, à quelques changements impérieusement réclamés par l'opinion publique; mais il n'admettait pas qu'on prétendît transformer en système des actes qui n'avaient à ses yeux que la valeur de réparations individuelles, et maintenait à titre d'article de foi que la monarchie légitime ne pouvait, dans aucun cas, ni se séparer de ses vieux amis, ni se rapprocher de ses vieux adversaires.

En suspicion à la droite, sans moyen efficace d'agir sur l'opposition, le cabinet de M. de Martignac, quoiqu'en pleine possession de la confiance publique, se voyait paralysé au Palais-Bourbon comme aux Tuileries. Le roi suivait avec une satisfaction peu dissimulée les progrès de cette décadence, qu'il attribuait au vicieux système à l'application duquel il croyait s'être prêté de la meilleure foi du monde. Sans être précisément en trahison vis-à-vis de son cabinet, ce prince guettait donc le moment où M. de Martignac et ses collègues, dans l'isolement qui se faisait autour d'eux au sein d'une Chambre sur laquelle ils demeuraient sans action, viendraient lui remettre leur démission, en lui permettant de constituer un ministère vraiment monarchique, qui cherchât sa force dans un accord patent entre sa propre pensée et la pensée personnelle du souverain.

L'appel adressé à M. de Polignac, au mois d'août 1829, fut, chez le roi Charles X, la conséquence depuis longtemps prévue de convictions qu'il se croyait dans la stricte obligation d'affirmer. Chaque fois qu'il m'était arrivé de voir ce personnage, il avait produit sur moi une impression des plus difficiles à définir. Sous des formes très-polies M. le prince de Polignac cachait un fond d'infatuation naïve qui se révélait dès ses premières paroles. La modestie de son attitude dissimulait mal sa sereine confiance en lui-même. Parlant beaucoup et n'écoutant guère, il semblait, comme M. de la Fayette, suivre toujours le cours de sa propre pensée, diagnostic des plus alarmants chez un homme d'État. C'était un visionnaire tranquille, qui ne comptait pas moins sur Dieu que sur le roi, car il se tenait pour l'instrument prédestiné de l'un et pour l'ami personnel de l'autre.

Le prince Jules, dont le nom rappelait au vieux monarque les belles années de sa jeunesse et les amitiés de l'exil, était pour le roi Charles X l'expression la plus complète d'une idée politique revêtue d'une sorte de caractère religieux. Personne ne l'ignorait ; aussi chaque voyage fait à Paris par notre ambassadeur à Londres était-il, pour le cabinet accepté par le monarque à titre d'expérience passagère, l'occasion d'une crise périodique de laquelle il sortait de plus en plus affaibli, malgré l'éclat d'un talent qui semblait s'élever dans la mesure même de l'abandon où le laissait la couronne. Quittant très-fréquemment son poste sans congé, M. de Polignac arrivait à l'improviste au château, semblant s'y présenter pour voir, comme le disait la presse du temps, *si le ministère était cuit et bien à point.*

Les esprits politiques avaient un sentiment si vif des périls que susciterait pour la monarchie le nom le plus impopulaire du royaume, qu'ils refusaient de croire à la possibilité d'un pareil choix, en se donnant toutes les bonnes raisons qui surabondaient pour le faire écarter. Un jour, M. le prince de Polignac, tout rempli de cette confiance qu'aucune observation n'ébranlait, imagina de venir faire devant la Chambre des pairs une déclaration de ses véritables sentiments politiques. Il crut produire sur l'opinion un effet décisif en invitant les hommes qui doutaient de son attachement aux institutions constitutionnelles octroyées par la royauté, à pénétrer dans son cabinet de travail. Il déclara que ses adversaires l'y trouveraient entouré des œuvres de Montesquieu et des publicistes anglais, sur lesquelles il ne cessait de méditer, laissant entendre que son serment à la Charte avait une portée d'autant plus sérieuse, qu'il ne s'était déterminé à le prêter qu'après de longues et consciencieuses hésitations.

Je me trouvais, ce soir-là, dans un grand salon de la rive gauche, où la valeur véritable de M. de Polignac était parfaitement connue. Je m'approchai d'un groupe au milieu duquel quelques pairs parlaient, avec un sourire discret, de la harangue qu'ils venaient d'entendre au Luxembourg. Chacun y donnait ses motifs contre la probabilité d'un changement de ministère et contre l'appel de M. de Polignac aux affaires, l'un arguant de l'insuffisance personnelle du prince, un autre de l'impossibilité de rallier sur son nom une majorité parlementaire, la plupart s'accordant sur l'avantage de continuer une expérience que paraissait commander l'intérêt de la monarchie. Un homme écoutait, dans un silence qui ne lui était pas habituel, mais qu'expliquaient d'anciennes relations confidentielles avec *Monsieur*. Interpellé cependant par une jeune femme que des difficultés de cette sorte n'arrêtaient point, et qui le pria de lui apprendre pourquoi le roi s'obstinait à faire un ministre de M. de Polignac : « Et vous, madame, lui répondit le baron de Vitrolles, pourriez-vous m'apprendre pourquoi l'Église s'obstine à contraindre tous les fidèles à venir, le jour de Pâques, communier à leur paroisse ? — Sans doute, monsieur le baron, c'est pour les obliger à faire une profession publique de leur religion au moins une fois chaque année. — Eh bien, madame, les rois peuvent aussi se croire le devoir de faire, à certains jours, une profession publique de leur foi, et cette obligation est plus stricte peut-être en pays de mécréants. »

Personne ne releva le mot, mais tout le monde comprit que le roi viendrait bientôt « faire ses pâques à sa paroisse. »

Dans l'hiver de 1829, l'esprit d'opposition, sensible jusque dans les salons de la cour, était général dans ceux de la ville. Il ne restait plus rien, au sein de la bourgeoisie parisienne, de l'enthousiasme si vrai avec lequel la Restauration avait été acclamée, à la chute de l'Empire, comme une éclatante protestation contre la guerre et le despotisme. Le cours des idées avait été violemment changé par les mesures organiques, dans la discussion desquelles la droite avait usé ses forces depuis cinq ans, mesures dont la portée n'avait pas manqué d'être exagérée par une presse implacable. Le renvoi de M. de Chateaubriand, cantonné dans la forteresse inexpugnable du journalisme, avait porté un premier coup au ministère de M. de Villèle, pour lequel le nom du grand écrivain était tout au moins un ornement précieux. La loi d'aînesse avait agité tout le faubourg Saint-Germain; la réduction du taux de la rente avait fait descendre l'agitation jusque dans la loge des portiers, et tout Paris exhalait sa colère en injures contre le ministre des finances et en épigrammes contre le nouveau *duc d'Otrante*. Enfin, l'opposition était devenue si générale, que l'archevêque de Paris lui-même, malgré son ardent dévouement à la monarchie, croyait nécessaire de s'y associer par une manifestation publique faite à la Chambre des pairs à laquelle il appartenait. La dissolution de la garde nationale, prononcée en 1827, ne tarda pas à séparer la population parisienne de la maison de Bourbon. Déjà les mesures prises par M. de Corbière contre l'École normale avaient précipité dans l'opposition le grand corps universitaire, en même temps que les lois pénales édictées pour la protection des dogmes catholiques imprimaient aux controverses religieuses un caractère des plus alarmants. Enfin, le projet de répression préparé contre la presse périodique, qu'on appelait *la loi d'amour*, en abusant d'un mot de M. de Peyronnet, avait achevé de mettre sur le pied de guerre toute la partie intellectuelle du pays, à la tête de laquelle s'était placée l'Académie française par une délibération solennelle. La seule force morale qui restât encore en 1829 à la vieille royauté était donc celle que lui avait si heureusement rendue, depuis dix-huit mois, le ministère de conciliation dont la nomination était envisagée par tous les esprits sagaces comme la dernière chance de salut pour la monarchie. Cette salutaire expérience pouvait être continuée sans nulle difficulté, le pays persistant à donner à cette administration la confiance que lui refusait le monarque, confiance qu'elle commençait à perdre au sein de la Chambre, par l'effet de cette fatale situation.

La période de 1828 à 1830, qui a laissé dans notre histoire avec un précieux souvenir d'apaisement une sorte d'éclat lumineux, fut surtout remarquable par l'étroite association des jouissances littéraires aux plus graves préoccupations politiques. L'expression la plus complète de ce double mouvement d'esprit se rencontrait dans l'orateur en qui se personnifiait un cabinet dont le dévouement modeste ne voulait pas laisser soupçonner qu'il tenait dans ses mains le sort de la monarchie.

A l'harmonieuse douceur d'Isocrate, auquel on l'a souvent comparé, M. de Martignac joignait toutes les qualités solides qu'on chercherait en vain dans les harangues travaillées de l'élève de Gorgias. Il n'était aucunement rhéteur ; et, toujours prêt à descendre au fond des questions quand il y était provoqué, il ne cherchait jamais ni l'éclat, ni l'importance, son abondance merveilleuse étant encore dépassée par sa réserve. Un tact exquis arrêtait toujours à point l'essor d'une parole que l'orateur aurait pu rendre inépuisable, car il demeurait manifeste, après les plus longs discours, que le ministre n'aurait éprouvé nul embarras pour les prolonger. C'était une jouissance exquise pour le monde d'élite de ce temps-là, d'entendre l'orateur toujours exempt d'amertume, qui, s'inquiétant plus de l'avenir pour son roi que pour lui-même, cachait sous des fleurs l'abîme entr'ouvert sous le trône ; et cette jouissance était goûtée à titre de plaisir en quelque sorte artistique dans la sécurité générale à laquelle s'abandonnait une société brillante qui croyait avoir devant elle un avenir assuré.

Durant cette belle année de l'administration Martignac, la société polie passait sans transition du palais Bourbon au palais Mazarin, afin d'y suivre le cours des mêmes pensées présentées dans le plus beau langage. On applaudissait à l'Académie française M. Royer-Collard, venant louer l'auteur de la *Mécanique céleste* en termes dignes de tous les deux. On entendait l'auteur des *Ducs de Bourgogne* parler de M. de Sèze comme il convenait à un historien d'un grand esprit et d'un grand cœur. Enfin, le public était admis à saluer de ses applaudissements le chantre des *Méditations* prenant, après un premier échec, possession du fauteuil qu'avait occupé le comte Daru, fauteuil que les classiques les plus obstinés renoncèrent enfin à lui disputer. La politique sortait par tous les pores des discours prononcés par ces illustres récipiendaires. L'un d'eux était, au Luxembourg, engagé dans tous nos débats; l'autre aspirait à déposer sa lyre au pied de la tribune; M. Royer-Collard apparaissait enfin comme la personnification même de ces classes moyennes auxquelles sa parole préparait un triomphe qui marqua le terme de ses espérances.

Quelques jours après son élection à l'Académie, je rencontrai, pour la première fois, M. Alphonse de Lamartine chez la marquise de Raigecourt, à laquelle l'attachaient de vieilles relations de famille. Une pareille rencontre était alors un événement. Le poëte était accompagné dans cette maison d'intimité par deux personnes qui formaient avec lui un groupe de la plus harmonieuse unité : c'étaient sa mère et sa fille adolescente, vivantes images de sa personne, l'une dans la majesté sereine de la vieillesse, l'autre dans l'éclat d'une fleur printanière que le vent du désert était à la veille de dessécher.

Je l'abordai comme un mortel aborde un dieu dans son temple; mais l'oracle ne tarda point à me faire reprendre terre, et m'étonna singulièrement par le sans-gêne de sa conversation comme par une sorte de dédain calculé pour sa gloire. Quelque beau que fût alors M. de Lamartine, quelque magnifique qu'il ait été un peu plus tard à la tribune, il affectait dans ses relations habituelles des allures un peu soldatesques, et lorsqu'on attendait Apollon, on trouvait un ancien garde du corps. Je m'évertuai vainement à lui adresser les plus chaleureuses félicitations sur la justice que lui avait rendue l'Académie après un échec dont l'opinion publique l'avait vengé. Je ne fus guère plus attentivement écouté en lui exprimant toute mon admiration pour les *Harmonies*, qui venaient de paraître : « Oui, me répondit-il, je crois que ces deux volumes ne sont vraiment pas mal, quoique la plupart des pièces soient trop peu travaillées et que les épreuves n'en aient été corrigées que par ma femme. Mais au fond, tout cela est de la graine de niais, et le public s'en occupe beaucoup plus que moi, car, d'après ce que me disait ce matin Gosselin, les acheteurs font émeute à sa porte. » Puis, reprenant une conversation politique que mes compliments intempestifs avaient interrompue : « En ce temps-ci, nous dit-il, et dans l'état actuel des choses en France et en Europe où tout se précipite vers une transformation générale, il n'y a plus pour les hommes sérieux qu'un but à poursuivre. Mon élection m'a fait plaisir à cause de mon père, auquel on répétait que son fils avait du talent et qui n'en croyait pas un mot parce qu'il n'était pas de l'Académie française. A part cela, si mes vers sont bons à quelque chose, ce sera pour me faire nommer député. J'ai d'excellentes nouvelles du département du Nord : l'industrie du sucre de betteraves y vit fort en alarmes, et l'on commence à croire que je pourrais la servir. On a raison ; nul ne connaît comme moi cette question-là! »

J'eus tort de m'étonner de ce mot ; c'était celui de cette brillante génération tout entière, guettant l'heure de ses quarante ans. Depuis les historiens jusqu'aux poëtes, chacun se préoccupait alors des grands problèmes cachés dans un avenir dont on attendait tout, excepté des déceptions. M. Augustin Thierry écrivait ses *Lettres sur l'histoire de France*, afin d'élever, par l'évocation de ses origines, le cœur de la bourgeoisie à la hauteur des destinées qui lui étaient annoncées. M. Guizot exposait l'établissement du gouvernement représentatif en Angleterre, et faisait au fond l'histoire de la liberté en professant l'histoire générale de la civilisation.

Ces belles Leçons, publiées chaque semaine, associaient le pays tout entier au solide enseignement dispensé à la jeunesse par les plus grands esprits. Sur les bancs de la Sorbonne venaient s'asseoir, en se cachant à la manière de la bergère de Virgile, la plupart de nos illustrations parlementaires. M. Villemain, si exclusivement homme de lettres que l'eût créé la nature, se mettait, dans son Cours de littérature, à l'unisson, peut-être faudrait-il dire à la remorque de M. Guizot, pour ouvrir devant ses auditeurs l'enceinte du parlement d'Angleterre. La contagion politique n'avait point épargné le professeur de philosophie, qui, des hauteurs de l'abstraction ontologique, se trouva conduit à descendre à tout ce qu'il y a de plus concret dans la science et dans les faits, la justification des principaux accidents de l'histoire envisagés dans leurs résultats moraux.

Défendant, par une sorte d'intuition générale de l'avenir, les arrêts les plus divers de la fortune, estimant que tout était pour le mieux dans le meilleur des mondes, tant les événements s'y coordonnaient toujours avec les véritables besoins des peuples, M. Cousin plaçait au nombre de nos jours heureux jusqu'à la journée de Waterloo, parce que la victoire de la Charte, provoquée par la chute de l'Empire, avait expliqué, en la compensant, la défaite de nos armées. Au milieu de disciples frémissants d'enthousiasme sous sa parole, il dépensait la plus rare éloquence à formuler une théorie du progrès *per fas et nefas*, à laquelle la Prusse, alors tant admirée par l'illustre professeur, se réservait d'opposer celle du progrès symbolisé par le canon Krupp, entraînant pour conséquence la *militarisation* générale de l'Europe.

L'esprit de M. Cousin eut en toute chose l'instinct du grand plus que l'instinct du vrai; toujours épris ou d'une idée ou d'une personne, il porta le roman dans la philosophie comme dans l'histoire. Mais si c'étaient là les jeux d'une noble intelligence, ces jeux, du moins, élevaient l'âme, et la société qui s'y complaisait pouvait, jusqu'au sein de ses illusions, se trouver fière d'elle-même. Quelle gerbe lumineuse que celle où venaient se confondre, aux premiers mois de 1830, dans la plénitude de leur renommée, Chateaubriand, Lamennais, Lamartine, Victor Hugo, Casimir Delavigne, Martignac, Guizot, Cousin, Villemain, Augustin Thierry, Barante, Royer-Collard, Laplace, Biot, Ampère et Cuvier! quel échec à la théorie des évolutions que les souvenirs de 1829 évoqués en 1870! Les *laudatores temporis acti* sont aujourd'hui de tous les âges, et le souvenir de ces jours si pleins est peut-être la plus cruelle de nos tortures, car tous vivaient alors, et tous survivent aujourd'hui!

Lorsque de pareils hommes pouvaient se rencontrer chaque jour à l'Institut ou dans les salons, Paris était à coup sûr le cerveau de l'Europe, l'expression et l'instrument de la civilisation générale. Ce temps-là était marqué au coin d'une grandeur morale qui fut moins sensible à l'époque suivante, malgré l'éclat des joutes oratoires, peut-être même à cause de cet éclat. La prédominance des convictions sur les calculs demeurera le caractère distinct de l'ère de la Restauration ; les diverses écoles conservèrent, en effet, durant cette remarquable période, la plénitude d'une foi politique, bientôt singulièrement affaiblie, pour les unes par leur défaite, pour les autres par leur victoire.

Il était un élégant petit salon où se reflétait sans pédantisme ce goût simultané des lettres et des affaires publiques d'où provenaient alors l'intérêt et le charme de la vie sociale, et j'y passai une partie des heures de liberté que me laissaient mes devoirs et mes études. C'était le salon de la marquise d'Aguesseau, fille du garde des sceaux Lamoignon et sœur de la présidente Molé. Quoique d'un grand âge, madame d'Aguesseau portait dans ses appréciations, et surtout dans ses jugements sur les personnes une vivacité passionnée qui rendait les relations avec elle piquantes, mais difficiles. Sa jeunesse, commencée sous le ministère de son père, au sein des orages de la cour et du palais, s'était continuée longtemps encore dans cette vie agitée de l'émigration sans nul rapport avec la grave existence des dames du Marais, dont leur noble descendante ne songea point à renouveler les traditions.

Dans ce salon régnait et gouvernait M. de Chateaubriand, qu'une alliance de famille rattachait aux Malesherbes, et qui avait beaucoup vu à Londres madame d'Aguesseau dans tout l'éclat de sa beauté. Il se montrait quelquefois rue Saint-Dominique le matin, avant d'aller faire sa station quotidienne à l'Abbaye-au-Bois, et ces rares apparitions suffisaient pour maintenir cette maison au paroxysme le plus élevé du dévouement à sa personne. On y était ardemment ministériel lorsque l'illustre écrivain appuyait le ministère, et l'on y passait à l'opposition sitôt qu'il était séparé du pouvoir. Malheur aux habitués dont l'évolution était un peu tardive, ou qui paraissaient contester en quelque chose l'infaillibilité du journal de MM. Bertin, seul évangile du lieu! En cette maison où s'agitaient naguère toutes les passions de 1815, il s'était opéré, avec des rapprochements contre lesquels on aurait fulminé la veille, je ne sais quel mélange incohérent entre la vieille langue royaliste et la récente phraséologie libérale; les mots n'y correspondaient plus aux idées. C'était une sorte de fête travestie consacrée à M. de Chateaubriand, car pour le porter au pouvoir, on y aurait au besoin dressé des barricades contre la monarchie, en les surmontant du drapeau blanc.

Le comte Molé venait assez souvent, le matin, causer chez sa tante; je l'avais déjà entrevu quelquefois, passant comme une ombre, dans le salon très-mondain de madame de la Briche, sa belle-mère, salon qui n'avait, disait-on, été fermé depuis quarante ans que le dimanche 20 janvier 1793 ! De tous les hommes considérables dont me séparaient mon âge et mon obscurité, M. Molé était celui pour lequel je ressentais le plus vif attrait. Type accompli de la grande compagnie française par l'élégance de ses manières et la correction de son langage, l'ancien ministre de Napoléon, en conservant les doctrines politiques de l'empire, les avait saupoudrées d'idées nouvelles, badigeonnage opéré avec tant d'art qu'il trompait l'œil le plus exercé. Dans ce cercle assez restreint de causeurs, se montrait quelquefois M. Pasquier, l'ami politique et le conseil de M. le duc de Richelieu. Ce n'était pas encore le vieux chancelier, membre et dictateur de l'Académie française, terreur ou providence des candidats; mais c'était déjà l'homme d'État fatigué, dont le grand sens politique tenait les fautes commises pour irréparables, et dont la verve amère s'exerçait sans pitié sur les hommes et sur les choses de son temps. On y rencontrait plus fréquemment M. de Barante, homme politique, homme de lettres et homme du monde, qui trouvait du temps pour tout, et dont l'esprit ne semblait jamais épuisé avec quelque abondance qu'il se dépensât.

La présence des notabilités politiques dans son salon était pour madame d'Aguesseau la dernière joie de sa vieillesse. Un jour, elle nous annonça avec une dignité étudiée qu'elle attendait dans une heure M. Royer-Collard, le président de la Chambre ayant agréé la pensée de paraître chez la descendante de ces grands magistrats, pour lesquels il semblait réserver l'admiration dont il se montrait fort sobre vis-à-vis de ses contemporains. A l'heure du lever de la séance, un profond silence s'établit dans l'attente de l'homme illustre qu'on était heureux et fier de rencontrer. Mais l'intermédiaire ne tarda pas à se présenter seul, en déclarant, non sans embarras, que M. Royer-Collard ne viendrait point. Sommé de donner quelque explication, il finit par confesser que le président paraissait avoir changé d'avis, « les nouvelles connaissances lui étant aussi antipathiques que les livres nouveaux. » Atteinte au plus vif de son amour-propre, madame d'Aguesseau imagina de se venger l'hiver suivant en racontant que M. Royer-Collard ayant été, quelques semaines après la révolution de Juillet, engagé à dîner chez le roi Louis-Philippe, aurait renvoyé l'invitation à l'aide de camp de service en s'excusant sur ce « qu'il ne dînait jamais en ville. »

Derrière les hommes importants qui fréquentaient le salon de la rue Saint-Dominique, se groupaient des députés de la droite qui, ayant échappé à leur centre de gravité par la tangente de M. Agier, formaient, la veille de la révolution de Juillet, l'ardent bataillon des *défectionnaires*. A côté des gérontes d'une assemblée où l'admission n'avait lieu qu'à quarante ans, on remarquait des jeunes gens dont le nom commençait à poindre, et qui trouvaient, dans un salon abrité par le patronage de M. de Chateaubriand, un terrain tout préparé pour leur avenir. M. Prosper Mérimée, qui venait de donner au public le théâtre de *Clara Gazul*, introduit en même temps que moi chez la marquise d'Aguesseau, s'y trouva bientôt placé sur le pied de la plus étroite intimité. Il y fut suivi de M. Sainte-Beuve, qui venait de déposer le scalpel de l'étudiant en médecine pour écrire les *poésies de Joseph Delorme*, bientôt suivies du livre des *Consolations :* concours de circonstances qui lui attira d'une bouche plus gracieuse que bienveillante le surnom de *Werther-Carabin*.

Ces deux hommes, appelés à se côtoyer constamment dans la vie et à se suivre de si près dans la mort, avaient, avec un fonds commun d'idées, des tendances et des habitudes d'esprit fort opposées. N'ayant rencontré ni l'un ni l'autre nulle tradition religieuse dans l'atmosphère où s'écoulèrent leurs premières années, ils avaient grandi dans un scepticisme en quelque sorte natif, dont M. Mérimée ne fit aucun effort pour se dégager, et dans lequel M. Sainte-Beuve parut se complaire en l'exploitant comme une source de poésie nouvelle. Si l'un était le Démocrite du scepticisme, l'autre en était l'Héraclite. Tenant la vie pour bonne, sans en rechercher ni l'origine ni la fin, M. Mérimée n'admettait pas qu'on eût pour le cœur plus d'exigence que pour l'esprit ; aussi dégagé par l'un que par l'autre, il ne repoussait pas trop le titre de *don Juan à sang froid*, que lui avait donné, dans l'ardeur même de sa jeunesse, une personne fort en mesure d'être bien informée. Beaucoup moins heureusement doté, M. Sainte-Beuve à ses débuts paraissait, au contraire, porter avec désespoir le poids accablant de ses jours. Soit que moins de fleurs eussent embelli sa route, soit qu'il en eût trop vite épuisé le parfum, il paraphrasait volontiers dans ses vers le *Tædet me vitæ meæ*, et le Job de l'île Saint-Louis semblait, comme le lépreux de la terre de Hus, maudire incessamment l'heure de sa naissance. Des rayons de lumière perçaient cependant à travers cette nuit mortelle : M. Sainte-Beuve faisait assez fréquemment reprendre à Dieu le lendemain tout le terrain qu'il lui avait ôté la veille. L'auteur des *Consolations*, depuis la publication de ce livre jusqu'à celle de *Volupté*, ne parut guère plus éloigné de l'abbaye de la Trappe que de l'abbaye de Thélesmes, et les paris étaient ouverts sur la question, de savoir s'il mourrait disciple de Rancé ou disciple de Rabelais.

J'ai beaucoup connu M. Sainte-Beuve; je l'ai beaucoup aimé à l'heure où il débattait avec lui-même ces problèmes redoutables. Lorsque, parvenu à cette bifurcation fatale que tout homme rencontre en son chemin, il eut fait un choix définitif; quand ma pensée fut pour jamais séparée de la sienne, mon cœur, se reportant au souvenir de nos entretiens d'autrefois, continua d'aller vers lui à travers l'abîme, comme le sien se complaisait à venir vers moi. Que de choses il y avait dans le serrement de main que nous échangions souvent en silence en nous retrouvant trente ans plus tard dans la salle de l'Académie !

Le salon de la marquise d'Aguesseau était un confluent où venaient se rencontrer la politique et la littérature pour couler ensemble sur un lit dégagé de tout obstacle. Plus âgée que M. de Chateaubriand, madame d'Aguesseau n'était pas moins passionnée que son illustre ami ; mais si chez elle on comptait souvent avec ses passions, l'on n'y comptait jamais avec ses années, et sous ce rapport la liberté y était entière.

Ce fut dans cette maison que s'établirent mes premières relations avec plusieurs des jeunes écrivains du *Globe;* rapports auxquels se rattache la fixation d'une date importante dans ma vie intellectuelle. Ce commerce fit, en effet, comprendre pour la première fois à plusieurs de mes amis comme à moi-même, que nous ne pouvions moins faire pour nos croyances religieuses que d'autres ne faisaient pour de pures théories philosophiques, et que le repos obtenu dans la vérité possédée ne dispensait ni de la peine de la démontrer, ni de l'obligation de la défendre.

CHAPITRE V

LA JEUNESSE RATIONALISTE ET LA JEUNESSE CATHOLIQUE
EN 1829. — FONDATION DU CORRESPONDANT.

Durant toute cette époque si vivante par la pensée et par la passion, le *Globe* exerçait sur la jeunesse française une influence considérable. Le succès de cette feuille avait été dû, comme il arrive pour la plupart des œuvres sérieuses, à l'opportunité d'une publication où se révélaient, dans leur puissance et leur confusion, les aspirations générales des âmes. Fondé d'abord pour initier la France aux richesses dramatiques de l'étranger, le journal périodique dirigé par MM. Dubois, Jouffroy et Damiron avait bientôt agrandi ses premiers horizons. En étudiant aux sources l'Allemagne et l'Angleterre, ses rédacteurs s'étaient trouvés conduits à passer de la poésie de Gœthe à la métaphysique de Kant et de Hegel, et du système dramatique de Shakespeare aux doctrines philosophiques du docteur Reid et de l'école écossaise. Ils furent ainsi amenés à se séparer de l'école française du dix-huitième siècle, qu'ils combattirent comme peu sérieuse dans ses appréciations doctrinales, comme artificielle dans la plupart de ses créations littéraires. Ils avaient pu voir quels dédains inspiraient à l'Allemagne l'érudition de pacotille de l'*Encyclopédie* et toute notre école sensualiste, depuis le baron d'Holbach jusqu'à l'abbé de Condillac ; ils avaient appris combien tout cela tenait peu de place pour l'Angleterre, en face de la doctrine psychologique professée par les philosophes d'Édimbourg. L'auteur du *Dictionnaire philosophique* cessa, pour ces jeunes et courageux écrivains, de compter au nombre des penseurs. Ils concoururent donc des premiers au renversement du dieu dont Paris a relevé la statue entre les hontes de l'invasion et les saturnales de l'anarchie. La déchéance de l'école de Voltaire au théâtre comme dans l'histoire, une disposition constante à débattre gravement les choses graves, tels étaient les services rendus à la raison comme à la conscience publique par une école où régnaient au même degré et la droiture de l'intention et la confiance naturelle à la jeunesse.

Mais s'il était facile au *Globe* de proclamer qu'après les stériles efforts du dix-huitième siècle, la science tout entière restait encore à faire, la position de ce recueil devenait beaucoup plus délicate chaque fois qu'il s'agissait de poser les bases de l'édifice dont l'érection prochaine était chaque jour annoncée. Sa rédaction philosophique subissait en effet l'action de deux courants opposés, l'un poussant vers la haute mer de l'ontologie, l'autre retenant prudemment sur la rive ; et la mieux représentée des deux écoles dans le *Globe* ne voulant reconnaître à la science que le droit strict d'observer les phénomènes, y combattait avec persévérance les tentatives synthétiques qui seules intéressaient la jeunesse, parce que seules elles frappaient son imagination et parlaient à son cœur.

Les disciples de M. Cousin, qui avaient suivi ses conférences à l'École normale après l'évolution du brillant professeur vers l'idéologie allemande, en avaient accepté l'attrayante mais stérile doctrine de l'éclectisme. Formulant un programme dont ils se gardaient bien de tenter l'application, ils annonçaient le projet de réunir dans un vaste ensemble toutes les conceptions de l'esprit humain, promettant de faire jaillir la lumière de ce faisceau de rayons. « Il n'y a, disaient-ils sur la parole du maître, aucun système faux en soi ; il y a seulement beaucoup de systèmes incomplets. Ceux-ci sont vrais en eux-mêmes, mais vicieux par la prétention de conclure, en cherchant en chacun d'eux l'absolue vérité qui ne se rencontre que dans tous. De telle sorte que le seul travail légitime de l'esprit humain consiste à rechercher les membres épars de la science dans les monuments qui les contiennent, afin d'en faire, par une juxtaposition naturelle, le corps complet et vivant de la vérité. »

Mais tandis que les disciples de M. Cousin, ouvrant devant les lecteurs du *Globe* des perspectives indéfinies, promettaient de dégager successivement toutes les vérités dogmatiques de mythes et de symboles qui ne correspondaient plus aux besoins des intelligences, un écrivain d'une trempe d'esprit tout aussi forte, mais d'un tempérament plus contenu, jetait des douches d'eau froide sur ces jeunes têtes enfiévrées d'espérance.

Demeuré fidèle à la rigoureuse méthode écossaise, telle que M. Royer-Collard l'avait exposée quelques années auparavant dans son cours à la Faculté des lettres, M. Théodore Jouffroy circonscrivait étroitement dans l'analyse des phénomènes psychologiques la mission de la philosophie. Cet esprit judicieux, moins pressé de conclure que d'étudier, ne voyait pas sans anxiété la science s'égarer à la poursuite d'un syncrétisme qu'il déclarait tout au moins prématuré. Il s'alarmait surtout lorsqu'elle donnait avec confiance à l'esprit humain, affamé de certitudes, des espérances dont son cœur avait douloureusement sondé l'inanité. Pour M. Jouffroy, l'intelligence s'observant elle-même dans ses opérations internes, était le seul champ légitime de l'investigation philosophique. Or, il demeurait impossible de concilier ces aspirations modestes avec les visées ambitieuses de l'éclectisme. D'après les maîtres écossais suivis par M. Jouffroy, la science, constamment faussée depuis Platon jusqu'à Leibnitz, était tout entière à refaire. D'après les éclectiques, au contraire, la science était faite et parfaite, l'esprit humain s'étant par son énergie virtuelle mis, depuis des siècles, en possession de toutes les vérités, soit sous une forme précise, soit sous une forme symbolique. Selon les premiers, la philosophie n'avait guère constaté que l'existence et l'identité du *moi* ; selon les seconds, il n'y avait point de découvertes à faire : il fallait seulement interpréter les mythes pour colliger dans une unité vivante les fragments divers de la vérité ; ainsi s'opérerait progressivement dans l'humanité la métamorphose naturelle de la larve en insecte parfait, sous la fécondante chaleur du soleil parvenu au point culminant de son cours.

Un pareil thème prêtait à d'éloquents articles. On expliquait doctement comment les dogmes finissent par la vulgarisation des vérités auxquelles ces dogmes servent d'enveloppe. Mais lorsque MM. Damiron, Jouffroy et leurs collaborateurs affectaient de saluer le christianisme avec le respect auquel ont droit les ruines, et quand on les sommait d'aborder les questions fondamentales, ils s'y refusaient constamment : l'un prétendant que les faits observés n'étaient pas assez nombreux, l'autre que des témoignages réunis ne se dégageait pas assez de lumière pour trancher scientifiquement aucun des problèmes fondamentaux admis par la conscience humaine.

C'était pitié d'analyser le contingent d'idées acceptées à titre provisoire par ces confiants fossoyeurs du christianisme. Ils prononçaient le nom de Dieu avec une sorte de déférence, tenant plus, si j'ose le dire, de la politesse que du respect ; mais ils ne consentaient à s'incliner devant cette cause première que sous la condition de n'être interrogés ni sur la nature ni sur la simplicité de son essence. S'ils parlaient de l'âme et de ses aspirations vers l'immortalité, il demeurait bien entendu que la théorie psychologique restait à l'état de pure hypothèse, l'homme ne pouvant avoir, dans l'état incomplet de la science, que des pressentiments instinctifs, insuffisants pour fonder une démonstration rigoureuse de ses destinées futures. Le plus décidément spiritualiste des écrivains du *Globe* ne dépassait pas ces tristes limbes de l'intelligence humaine. Poursuivi par les lumineux souvenirs d'une enfance chrétienne, comme Adam l'était, au milieu des épines, par ceux du jardin d'Éden, il allait heurtant ses pieds meurtris à toutes les pierres du chemin, et laissant lire la tristesse de son âme sur les plis de son noble front et dans l'azur de ses yeux humides.

L'Église n'avait pas, à coup sûr, de services directs à attendre de cette école, qui ne lui rendait pas même la justice historique à laquelle l'avait accoutumée la haute impartialité de M. Guizot. Cependant, si le *Globe* ne faisait point de croyants, la polémique de cette feuille rendait manifestement le poids de l'incrédulité beaucoup plus lourd à porter; elle servait la cause du christianisme, en constatant l'insuffisance de toutes les solutions poursuivies par la science rationaliste, en révélant surtout aux esprits sincères des abîmes que la foi seule était en mesure de combler.

C'était principalement dans la presse périodique, qu'à la veille et au lendemain de la révolution de Juillet, se débattaient les formidables questions qui avaient agité dans tous les siècles l'intelligence humaine. D'autres recueils franchissaient en philosophie les limites de la critique que ne dépassa guère le *Globe*, et laissaient pressentir, pour tous les grands problèmes, des solutions ardemment appelées par une génération qui demandait à ses maîtres quelque lumière pour son esprit et quelque repos pour son cœur. Si l'on tenait plus de compte de l'originalité des théories que de leur popularité, il faudrait placer au premier rang des œuvres qui sollicitaient alors l'attention publique le *Producteur*, organe des idées d'Auguste Comte. Sous des formes algébriques, qui constataient un dédain toujours honorable pour le succès, le fondateur de la religion dite *positive* rajeunissait le vieux dogme de la perfectibilité indéfinie en le faisant aboutir au gouvernement des physiciens et des industriels. M. Comte avait posé les fondements de cette civilisation chinoise sur une prétendue histoire du genre humain, qu'il faisait passer de l'ère primitive de la théologie durant laquelle les poëtes furent prêtres et rois, à l'ère de l'abstraction intellectuelle qui transféra la souveraineté aux guerriers, aux législateurs et aux métaphysiciens, époque de haute culture artificielle qui dure encore, mais dont le discrédit visible des croyances et le peu d'autorité des institutions constatent, d'après M. Comte, que nous sommes à la veille de sortir. Originairement disciple de Saint-Simon, auquel il survécut longtemps, M. Comte n'avait rien emprunté aux idées mystiques de l'auteur du *Nouveau christianisme*. Il tendit constamment à résumer la science sociale dans un matérialisme pur, organisé suivant des lois dynamiques promulguées par lui-même, et qui trouvèrent leur expression définitive dans le *Cours de philosophie positive* dont la publication commença en 1830.

Quoique le positivisme fût appelé à prendre une trop sérieuse et trop redoutable importance dans les agitations révolutionnaires de l'avenir, la forme étrange sous laquelle cette doctrine affectait de se présenter la laissait alors sans écho comme sans péril, et personne ne pressentait les tristes temps où la langue des clubs viendrait colorer de teintes ardentes les froids théorèmes du chef de l'école.

Il en était tout autrement de l'*Organisateur*, organe des disciples de M. de Saint-Simon. Cet étrange personnage était mort tout récemment, en donnant à ceux-ci le mandat de divulguer et de répandre sa doctrine. L'école saint-simonienne se préoccupait autant du succès que l'école positiviste affectait de le dédaigner, l'une étant aussi pressée d'appliquer ses idées que l'autre paraissait y peu tenir. Jeune et ambitieuse, elle avait le verbe haut, les allures originales et la couleur des plus voyantes; tout y était calculé pour l'effet; et ce fut en devançant les fondateurs attitrés de la réclame qu'elle prit très-promptement, par l'habileté de la mise en scène, une importance que ne comportait pas la pauvreté de ses doctrines.

Celles-ci reposaient, comme les théories de M. Comte, sur l'idée de Condorcet. Toutes les vues historiques du saint-simonisme venaient se résumer dans une distinction plus spécieuse que solide entre les époques organiques et les époques critiques se succédant l'une à l'autre dans l'histoire de tous les peuples, et devenant à chaque évolution nouvelle le gage certain d'un progrès nouveau. Pour fonder sa philosophie de l'histoire, l'école de Saint-Simon ne s'était pas mise en frais d'invention, car chacun des écrivains du dernier siècle lui avait fourni une page. Elle admettait un état embryonnaire dont l'homme s'est lentement dégagé par la puissance d'énergies natives, laissant d'ailleurs généreusement à chacun la faculté de choisir ses ancêtres chez les poissons ou chez les singes, selon son goût. Issu du chaos et constitué par l'action de forces fatales agissant sous l'empire de lois générales de conservation, l'homme trouva partout la guerre à son berceau : elle eut d'abord pour théâtre la famille, puis la tribu. Bientôt les nations, enfin constituées, luttèrent entre elles pour des intérêts déterminés par la mesure de leur civilisation. On commença par combattre pour la possession des fruits de la terre, comme les chiens qui se ruent l'un sur l'autre à l'heure de la curée. L'on combattit plus tard pour l'appropriation de la terre elle-même; on conserva ses prisonniers pour s'en faire des esclaves afin de cultiver le sol, de telle sorte que les vaincus servant d'instruments de travail aux vainqueurs, ceux-ci n'exercèrent par eux-mêmes que deux fonctions sociales : ils défendirent l'État et le gouvernèrent. Puis, par suite de l'intérêt qu'y trouvèrent les propriétaires eux-mêmes, l'esclavage qui atteignait le sort de la personne ne tarda pas à se transformer en un servage ne s'appliquant plus qu'au travail; et plus tard encore, par l'effet d'une évolution nouvelle que provoqua l'extension de la richesse publique, les chefs des nations estimèrent utile à leur puissance de faire passer leurs serfs à la condition de sujets. Alors commencèrent les guerres politiques qui remplissent l'histoire de l'Europe depuis la chute du régime féodal, ère de conflits sanglants dont la stérilité demeure démontrée par les résultats qu'elle a donnés, et que va suivre, grâce à la puissance du capital solidarisé par le crédit et par les banques, la cessation définitive de l'état de guerre, la fédération générale des peuples et l'établissement d'un régime harmonique couronné par une morale et une législation nouvelles.

A chacune de ces diverses phases organiques correspond, d'après l'école de Saint-Simon, une doctrine religieuse en parfait accord avec elle. Tandis que les premiers humains disputaient dans l'antre paternel leur nourriture aux bêtes féroces, ils tremblaient devant les fétiches. Au fétichisme qui affolait de terreur les premiers humains errant dans les forêts, succéda, dans la cité enfin constituée, le polythéisme, expression de la foi naturelle à l'homme désarmé en présence des énergies mystérieuses de la création. Chaque race revêtit ce culte d'une empreinte conforme à son génie. De ces croyances primitives, qui dotèrent les peuples enfants de l'Hellénie de leur civilisation charmante, se dégagea, dans la Judée, l'idée de l'unithéisme, inspirée par la profondeur sans bornes du désert, comme dirait aujourd'hui M. Renan, dont le front aurait revêtu plus naturellement la tiare saint-simonienne que la barette du sulpicien. Uni aux traditions orientales et fécondé par celles-ci, le monothéisme biblique enfanta la doctrine chrétienne, en y mettant beaucoup de temps. Pour peu que les lecteurs y mettent de leur côté beaucoup de bonne volonté, ils se trouvent, au moyen de toutes ces belles choses, posséder pour l'histoire universelle un synchronisme complet des faits, des croyances et des institutions, tableau synoptique aussi facile à retenir qu'à fabriquer.

Parvenue à l'ère chrétienne, l'école saint-simonienne s'arrête un moment devant le désiré des nations. Elle contemple l'auguste figure du rédempteur avec une sorte de sympathique respect : elle veut bien reconnaître que le Christ a beaucoup fait pour relever l'humanité souffrante, en allégeant par de mystiques perspectives le poids de ses douleurs; mais, d'après ces étranges commentateurs de l'Évangile, celui-ci n'a rien fait pour en tarir la source, et le principal mérite du rédempteur, c'est d'avoir préparé les voies à M. de Saint-Simon. Les sévères enseignements du Calvaire n'aspirent qu'à nous consoler dans cette vallée de larmes, en déroulant devant nos yeux de lointaines perspectives : mais il reste à nous faire jouir sur la terre de tous les biens que la foi nous promettait seulement dans le royaume des cieux; il reste à supprimer l'abîme qui sépare le temps de l'éternité, pour replacer devant nous l'âge d'or que la doctrine chrétienne reculait dans la nuit d'un premier âge. Si le christianisme a détruit l'esclavage dans la société, il l'a maintenu dans l'homme lui-même, car la chair est devenue l'esclave de l'esprit, et les prescriptions catholiques ont constitué entre ces deux forces naturelles un antagonisme incompatible avec le bonheur individuel comme avec l'harmonie sociale. Il faut donc qu'une autre Église vienne compléter l'œuvre, d'ailleurs magnifique de la première, par la promulgation d'un décalogue nouveau.

En abolissant le célibat religieux et la confession auriculaire, la Réforme a commencé la réhabilitation de la chair, si cruellement opprimée par l'esprit durant le cours du moyen âge. Les philosophes du dix-huitième siècle ont continué cette rédemption, à laquelle travaillent avec succès la plupart des romanciers de notre temps, apôtres bien moins exigeants que les douze pêcheurs de la Judée. Enfin Saint-Simon est venu pour accomplir dans sa plénitude l'œuvre du salut. Désormais l'humanité sera heureuse dans ce bas monde, sans préjudice d'un bonheur plus grand qu'on ne lui interdit point d'espérer dans un autre, sans prendre d'ailleurs avec elle aucun engagement sur ce point-là. Ajoutons que la perspective de la mort projetant une ombre assez sensible sur le tableau de cette félicité générale, on laisse entrevoir que l'esprit de Saint-Simon pourrait bien un jour, en délivrant notre corps de la servitude de l'âme, le délivrer aussi de la mort naturelle, comme le Christ a triomphé de la mort éternelle en se proclamant vainqueur du péché. Alors tout sera consommé, car la mort aura perdu son aiguillon; il n'y aura plus ni mal physique ni mal moral; le Christ embrassera Bélial, et nos enfants goûteront des joies ineffables dans le perpétuel accord de l'intelligence avec les sens, qui useront toujours sans abuser jamais.

Un pareil amalgame d'erreurs et de folies ne pouvait constituer une création sérieuse; mais ce qu'il y avait de remarquable dans le mouvement d'esprit provoqué par Saint-Simon, et continué après 1830 par Fourier, ce fut le dévouement désintéressé de leurs disciples à une doctrine fort impopulaire. A l'époque orageuse de ses débuts, le saint-simonisme ne menait encore ni au Conseil d'État, ni au Sénat, ni à la fortune ; il imposait à ses jeunes sectateurs, pour la plupart hommes de talent, des épreuves pénibles et parfois les plus amères humiliations. Les seuls bancs sur lesquels ils s'assirent alors furent ceux de la police correctionnelle, et aux carrières de Ménilmontant nul ne rêvait assurément les honneurs du Luxembourg. Les faubouriens poursuivaient la tunique bleue du saint-simonien de plus d'injures que la robe du prêtre catholique. Il fallait qu'une portion de la jeunesse, déshéritée de toute tradition religieuse, eût vraiment soif de la vérité, pour qu'un pareil mirage pût tromper l'impatiente ardeur de ses désirs. C'est afin de correspondre à ce besoin de croire et d'aimer, indestructible comme l'âme humaine, que les organisateurs de l'*Église saint-simonienne* déployèrent une habileté à laquelle il faut savoir rendre justice. Ils élevèrent un temple avant d'avoir découvert leur dieu ; ils fondèrent tout un culte extérieur et tout une hiérarchie où ne manquaient ni prêtres ni lévites ; ils organisèrent leurs néophytes au moyen d'une forte discipline, en attendant la proclamation, chaque jour promise et toujours différée, de ce qu'on appelait solennellement le dogme nouveau ; ils firent enfin des sectaires, faute de pouvoir faire des croyants, et la plupart de ces messieurs ne devinrent millionnaires qu'après avoir vainement tenté de se faire apôtres.

A ces travaux d'Auguste Comte, de Saint-Simon et de Fourier, aux prophéties des philosophes conviant leurs disciples aux *funérailles d'un grand culte*, qu'opposait alors l'Église assise sur le roc des promesses divines? Quels efforts tentait le clergé français pour persuader aux générations nouvelles que les enseignements du christianisme méconnu et calomnié, étaient appelés à demeurer au milieu de toutes les transformations sociales l'expression permanente et complète des besoins de la nature humaine? Je vais le dire en exposant cette situation telle qu'elle apparaissait alors à une partie de la jeunesse catholique profondément alarmée de l'avenir, et pénétrée du devoir d'en conjurer les périls.

Les plus grands talents de l'époque se rencontraient incontestablement, durant la restauration, dans les rangs des hommes religieux, et la fausse direction imprimée à des forces si précieuses peut seule expliquer l'impopularité générale qui pesait sur le clergé catholique, à la veille de la révolution de 1830. L'auteur du *Génie du christianisme* avait incliné sa gloire naissante sous les bénédictions de l'Église, à l'ombre de laquelle avaient grandi tous les jeunes poëtes qui, en l'honorant encore, ne tardèrent pas à la déserter. La *Muse française* prétendait à l'orthodoxie religieuse pendant qu'elle s'insurgeait contre l'orthodoxie littéraire. A l'auréole projetée sur l'école catholique par les débuts de cette brillante pléiade, il faut certainement joindre l'éclat des premiers noms littéraires de ce temps-là. Si M. de Bonald fut un philosophe moins solide qu'ingénieux, il reste un écrivain très-éminent. Si M. de Maistre a fait peut-être autant de sceptiques que de croyants, en prétendant élever les vues les plus conjecturales à la hauteur des vérités dogmatiques, il eut des intuitions de génie que l'abus de l'esprit ne parvint point à étouffer ; on ne saurait lui refuser le titre de puissant penseur, en reconnaissant que l'oracle a souvent exploité le dieu au gré de ses passions politiques. M. de Lamennais fut enfin la gloire de l'Église avant d'en être devenu le scandale, et peu d'hommes ont laissé, dans l'histoire de la pensée, des traces aussi formidables de leur passage, car il a dépensé encore plus de force pour édifier que pour démolir.

Mais aucun de ces hommes illustres n'était ni théologien, ni érudit, ni savant de profession; tous engagés dans la lutte des partis, et s'efforçant de placer leurs opinions sous la sanction de leurs croyances, entendaient faire marcher de front, et l'une par l'autre, la restauration religieuse et la restauration monarchique. Pour M. de Bonald, le pouvoir royal existe de droit naturel comme la puissance paternelle dont ce pouvoir est l'extension, la monarchie étant, d'après l'auteur de la *Législation primitive*, le seul mode de constitution normal pour les peuples chrétiens. Pour M. de Maistre, les races régnantes, constituées par un *fiat* de la volonté divine portent au front le signe de leur mission surhumaine, signe peu apparent aujourd'hui, ce me semble, chez les princes de la maison de Savoie, objet de son culte idolâtre. Aux yeux de M. de Lamennais, le pouvoir n'avait qu'une source légitime, la vérité, et la vérité ne trouvant en ce monde son expression complète que dans l'Église, celle-ci demeurait le fondement et la règle unique du droit. Il en était ainsi, même pour les princes séparés de la communion du saint-siége, car leur puissance provenait de l'idée même qu'ils avaient malheureusement répudiée ; et d'ailleurs, en signant le traité de la Sainte-Alliance sous l'inspiration du mystique Alexandre, les souverains non catholiques semblaient, selon M. de Lamennais, avoir rendu un hommage, au moins involontaire, à ce principe fondamental dans toute l'Europe chrétienne.

Métaphysicien et polémiste, l'abbé de Lamennais poursuivit simultanément deux projets. Refusant à l'intelligence le pouvoir d'atteindre à la certitude par ses propres forces, il prétendit donner pour base unique à celle-ci le témoignage universel, fondant sur ce principe toute une philosophie qui, après l'avoir brouillé avec la raison, ne tarda pas à le brouiller avec l'Église. Appliquant la doctrine de l'autorité dans l'ordre des faits, comme il s'était efforcé de le faire dans celui des idées, il entreprit de relever l'édifice du vieux droit catholique européen renversé depuis le traité de Westphalie, et consacra dix ans d'objurgations éloquentes à réclamer dans nos lois civiles et dans nos institutions politiques des changements auxquels le cours de l'opinion opposait des résistances insurmontables. Ces résistances se révélèrent enfin à l'écrivain lui-même avec un tel degré d'évidence qu'il recula tout à coup devant la crainte de les provoquer au détriment de l'intérêt sacré dont il servait encore la cause.

Comme une comète échevelée, M. de Lamennais, quittant une position qu'il jugeait intenable, se rejeta tout à coup à l'autre extrémité de l'horizon, et s'arma pour d'autres combats avec une confiance égale. Oublieux de tous ses engagements de la veille, il posa d'un front superbe d'autres principes pour en déduire bientôt les plus extrêmes conséquences, avec la rigueur habituelle de sa méthode et l'intolérante âpreté de son caractère. De la théorie d'une autorité suprême, règle infaillible de toutes les vérités, de tous les droits et de tous les devoirs, le publiciste, enivré de logique, passa sans transition à celle de la liberté illimitée pour toutes les manifestations de la pensée humaine. Incapable de comprendre que la politique est une œuvre de transaction perpétuelle entre les idées et les faits, ne paraissant pas même soupçonner que les sciences sociales sont régies par d'autres lois que les sciences mathématiques, le théocrate se trouva conduit à se faire montagnard, en attendant l'heure où le prêtre catholique se déclarerait libre penseur. C'était principalement dans les rangs du clergé que s'exerçait l'action véhémente de ce génie prime-sautier. La pensée de l'abbé de Lamennais inspirait alors un recueil périodique important, le *Mémorial catholique*, fondé en 1824, par les abbés Gerbet, de Salinis et Rohrbacher, qui formèrent, sous les auspices du maître, le noyau de l'école orageuse de la Chesnaye.

Un antagonisme profond, quoique latent, séparait de l'épiscopat, pendant la restauration, une grande partie du clergé secondaire. Les évêques de cette époque, imbus pour la plupart des traditions de l'ancien régime, lors même qu'ils n'appartenaient point à l'aristocratie comme dans le siècle précédent, étaient des royalistes à toute épreuve ; ils confondaient dans l'unité d'un même symbole la cause de l'autel avec celle du trône, et ne songeaient point à séparer, au moment où une crise politique était imminente, les destinées de l'Église du sort de la dynastie. Plus respectable par ses vertus qu'éminent par ses lumières, cet épiscopat, issu de l'union de l'ancienne Sorbonne avec Saint-Sulpice, exigeait pour la déclaration de 1682 l'obéissance traditionnelle que lui avait accordée durant deux siècles l'Église gallicane. Cette obéissance contre laquelle protestait déjà presque toute la nouvelle génération sacerdotale, constituait aux yeux des évêques de la restauration une partie intégrante du double héritage qu'ils s'attribuaient l'obligation de conserver. La plupart de ces prélats voyaient moins, d'ailleurs, dans l'acte fameux de Bossuet, des propositions théologiques à défendre que l'éclatante sanction donnée par l'ensemble de la doctrine gallicane aux droits temporels des princes. Les évêques gallicans de 1825 n'étaient donc, au fond, que des partisans du droit divin des rois ; ce qu'ils aspiraient à combattre, c'était la révolution française et non le saint-siége auquel les rattachait le plus respectueux dévouement. En défendant les quatre articles, ils faisaient de la politique bien plus que de la théologie.

L'abbé de Lamennais n'était point un émigré. La royauté, à laquelle ne le rattachait aucune tradition domestique, ne fut servie par lui qu'à titre d'instrument pour la réorganisation religieuse ; il ne lui en coûtait donc pas plus de l'attaquer que de la défendre, du moment où elle avait cessé de correspondre à ses vues et à ses espérances. De là un désaccord sensible entre ses idées et celles des évêques ; de là la guerre engagée par l'ardent polémiste contre la déclaration de 1682 et contre les chefs de l'Église de France, que la pourpre ne défendit pas toujours contre les traits de la plus sanglante ironie. Or ces attaques portaient loin, si profond que fût le silence dans les rangs du clergé.

Complétement désarmé devant ses chefs par la destruction de toutes les anciennes garanties canoniques, le clergé inférieur ne supportait pas, sans quelque humiliation, le poids de son impuissance. A la suite de M. de Lamennais, ce clergé se fit donc ultramontain parce qu'il espéra trouver à Rome tout ce qui lui manquait en France, c'est-à-dire des garanties contre l'arbitraire. Ce mouvement d'esprit ne fut point doctrinal, du moins dans son origine ; il précéda de plusieurs années la réforme des études théologiques inspirée par les ouvrages de D. Alphonse de Liguori, réforme qui en fût la conséquence. Il sortit simultanément d'une sorte de souffrance morale et du besoin de s'ouvrir des points de vue nouveaux sur la société et sur la science contemporaines. L'ultramontanisme commença par être un moyen; plus tard le moyen est devenu le but; il a fini par être le but unique, les nouveaux horizons qui s'étaient ouverts devant le monde religieux n'ayant pas tardé à se voiler par des causes que je n'ai point à indiquer ici.

Un travail à peu près semblable s'opérait au sein de toute la jeunesse laïque. Lorsqu'à l'ardent labeur et aux hautaines espérances des écoles rationalistes cette jeunesse comparait l'inertie du vieux clergé gallican empêtré dans ses méthodes routinières; quand elle le voyait associer à la défense des vérités dont il gardait le dépôt des formes scolastiques immuables depuis des siècles, en paraissant vouloir couvrir les secondes du même respect que les premières; lorsque, dans l'ordre politique, elle surprenait ses chefs donnant tous les jours à la malveillance tous les prétextes qu'il aurait fallu s'étudier à lui ôter, elle était conduite à se demander quels devoirs provoquait, pour les générations nouvelles, cette attitude inerte et impassible en face de périls qu'on ne paraissait pas même soupçonner.

La position prise par le haut clergé, jusqu'à la chute de la restauration, suscitait les plus vives inquiétudes dans les rangs de cette jeunesse qui n'avait point suivi ses pères dans l'émigration, et dont les yeux n'avaient pas vu couler sur les mêmes échafauds le sang des confesseurs avec celui des rois. Elle voyait, d'ailleurs, s'opérer sous ses yeux, dans tous les rangs de la société, la réaction antireligieuse provoquée par de récentes expériences législatives; elle ne pouvait méconnaître que la suppression de l'École normale sous le ministère de M. Corbière avait provoqué la suppression des écoles des jésuites prononcée sous le ministère de M. de Vatimesnil, et que les ordonnances du 16 juin 1828 venaient de faire payer aux familles chrétiennes la stérile conquête d'une pénalité sanglante, dont la justice humaine n'aurait pu tenter sans péril l'application.

En observant la situation morale de l'Europe, il était, d'ailleurs, trop facile de s'assurer que l'Église s'y trouvait surtout menacée dans les contrées où des gouvernements d'ancien régime s'efforçaient de maintenir, par l'action coërcitive de la législation, une unité artificielle dont les conditions primitives avaient été profondément modifiées, unité que ne comporte de nos jours ni le désaccord des intelligences, ni la diversité des intérêts. Tous les esprits sagaces pressentaient, même avant les révolutions accomplies depuis trente ans, que l'Espagne et l'Italie, rongées jusqu'à la moelle par l'action des sociétés secrètes opérant dans l'ombre leur travail de termites, traverseraient bientôt des épreuves dont la honte et le danger pourraient être épargnés à la France, placée sous l'abri de la charte et du droit commun. Personne n'ignorait que la foi catholique, très-affaiblie dans tout le midi de l'Europe, malgré l'appui du pouvoir, faisait des progrès de plus en plus sensibles en Angleterre en dépit des entraves légales que la puissance de l'opinion était à la veille d'y briser; chacun savait enfin que le catholicisme se trouvait placé aux États-Unis sur un pied plus favorable qu'en aucune contrée de l'ancien continent. De là le travail ardemment poursuivi par la jeunesse religieuse alarmée d'une quiétude qui semblait insulter le présent et défier l'avenir.

Elle était cuisante l'angoisse de ces âmes troublées

se cramponnant à la foi de leur enfance qui seule les fortifiait contre leur temps et contre eux-mêmes. Ils souffraient du divorce établi entre notre société malade et la grande consolatrice de l'humanité, qui semblait demeurer étrangère à nos souffrances comme à nos idées. En ce moment, en effet, et à la veille des transformations politiques les plus redoutables, aucune voix autorisée ne se faisait entendre pour rapprocher de Dieu tant d'esprits dévoyés; et de la chaire chrétienne ne tombaient guère que des banalités sans écho, car l'abbé Frayssinous, devenu ministre et haut dignitaire de la cour, l'avait lui-même désertée. Après les élections de 1827 et lors de la chute du ministère Villèle, l'Église silencieuse et vaincue apparut comme enchaînée, sans défense, au char des triomphateurs. Il fallut traverser une crise durant laquelle s'accumulèrent les ruines pour que Henri Lacordaire pût être admis à rajeunir, par sa pittoresque parole, l'enseignement de la vérité toujours ancienne et toujours nouvelle. A l'époque où me reportent ces souvenirs, le régénérateur de la prédication catholique n'était encore qu'un stagiaire obscur, cherchant sa voie au milieu des angoisses générales de son temps dont il allait être bientôt après l'interprète incomparable, j'ai presque dit le chantre immortel. Si Lacordaire produisit un effet immense, c'est qu'il vint parler à ses contemporains la seule langue qu'ils pussent comprendre, et qu'il répondit à leurs aspirations comprimées; ce fut surtout parce qu'il constata l'éternelle jeunesse du dogme dont tant de voix avaient annoncé la fin prochaîne. Il fut l'écho sonore des hymnes de tristesse comme des cantiques d'espérance.

Jusqu'à la fin de la restauration on continuait avec le plus beau sang-froid, dans tous les séminaires, à mettre des arguments en forme contre les hérésiarques, depuis Eutychès jusqu'à Jansénius, sans s'inquiéter jamais des travaux de la critique contemporaine de l'un et de l'autre côté du Rhin, travaux dont on ignorait l'importance. Pour le clergé, auquel la science théologique ne manquait pas d'ailleurs, ces travaux-là semblaient ne point exister : et lorsqu'il arrivait à l'épiscopat de les mentionner dans ses mandements, c'était moins souvent pour les réfuter que pour en signaler l'audace aux sévérités de la justice. On arrive donc à comprendre que, la passion aidant, les éclectiques et les saint-simoniens en fussent venus à se représenter la vivante science de Dieu, plus grande que le monde puisqu'elle l'embrasse tout entier, sous les traits anguleux de ces statues de granit fixées aux niches de nos cathédrales par la main des générations éteintes.

Le renouvellement des travaux scientifiques dans un esprit chrétien n'avait pas moins d'importance que celui des études théologiques proprement dites, et ce travail était encore plus négligé. La grande conspiration des sciences et de l'histoire ameutées contre les traditions mosaïques avait pris fin, sans doute; et Dieu séparant, encore une fois, la lumière des ténèbres semblait éclairer d'une nouvelle lumière l'œuvre mystérieuse des six jours. L'apparition récente de l'homme sur ce globe, dont la géologie comptait les couches en en scrutant les abîmes, l'existence d'une haute culture intellectuelle chez les nations primitives, l'accord singulier des traditions, venant aboutir à l'attente générale d'un rédempteur des peuples annoncé ou sous une forme héroïque ou sous une forme religieuse : tant de rectifications et de concordances imprévues avaient ouvert, devant l'esprit humain, un champ plus vaste que celui où s'était jouée la haineuse frivolité de l'école encyclopédique.

Mais parmi les penseurs éminents que comptait alors l'école catholique, aucun n'était en mesure ni de relier ni de populariser les résultats partiels d'investigations encore incomplètes. Les efforts tentés par M. de Lamennais dans l'intérêt de sa théorie du témoignage universel s'étaient opérés sous une préoccupation trop étroitement systématique pour aboutir à aucun résultat sérieux. Un homme presque inconnu se leva pour entreprendre cette œuvre, et les blocs de granit dégrossis par sa main puissante constatent qu'il l'aurait peut-être accomplie malgré sa colossale immensité, si quelques encouragements étaient venus le soutenir dans son labeur solitaire. Il parcourut pendant cinq ans cette route où l'horizon s'élargissait sans cesse devant lui, constamment en butte, durant ce travail héroïque, au silence calculé des rationalistes auxquels il opposait l'autorité de faits accablants, comme à l'indifférence du clergé qui trouvait parfaitement inutile de chercher dans l'étude de la nature ou de l'histoire un supplément aux vieux arguments fournis à l'apologétique chrétienne par le *Dictionnaire de Bergier*, la *Philosophie de Lyon* et la *Théologie de Poitiers.*

Le *catholique* qui parut de 1825 à 1830, en épaisses livraisons mensuelles, était une œuvre à peu près sans publicité, quoique ce recueil ne justifiât pas moins son titre par l'orthodoxie des doctrines que par l'universalité des questions qui y étaient abordées. Révéler à la France les monuments sacrés de l'Inde antique, vulgariser tous les travaux de l'érudition germanique en philologie et en histoire, joindre à ces études les aperçus les plus élevés sur les problèmes de la politique contemporaine, une telle entreprise était aussi originale que grandiose, et le baron d'Eckstein était le seul homme en France qui pût en porter le poids sans fléchir. Ces gros in-octavo ont de grands défauts littéraires sans doute ; toutefois, lorsque le moment sera venu d'élever un monument définitif à la philosophie de l'histoire, et de constater l'identité des traditions universelles avec les enseignements du Sinaï et du Calvaire, on relira avec un étonnement respectueux la collection unique dans laquelle un homme dépensa, dans l'ombre, les plus merveilleuses facultés sans être jamais soutenu ni par le stimulant du succès, ni même par celui de la contradiction. La conspiration du silence organisée autour du *Catholique* par les amis comme par les adversaires de l'écrivain, fut un véritable signe du temps. Aux yeux des savants, M. d'Eckstein avait le tort d'être catholique, aux yeux des catholiques il avait le tort d'être savant.

Parmi les grands esprits que j'ai vus marcher d'un front toujours serein dans les rudes sentiers de la vie, en se désintéressant de tout excepté de la vérité, le baron d'Eckstein est celui qui a laissé dans mon âme l'impression la plus ineffaçable. Cette noble intelligence se reposa sur les sommets où elle vécut ignorée plutôt que dédaignée de la foule. Né en Danemark de parents israélites, élevé dans le protestantisme nébuleux des universités allemandes, M. d'Eckstein tout jeune encore reçut à Rome sous la coupole de Saint-Pierre une première illumination religieuse, qui apaisa les troubles de son cœur en éclairant les ténèbres de son intelligence et en fixant celle-ci dans l'orbite de la foi. Mis en rapport à Gand durant les Cent-Jours avec le roi Louis XVIII, le cours des événements le conduisit à s'établir en France en 1815. Il y présenta durant plus de quarante ans, dans sa personne et dans sa vie, l'association la plus originale des aptitudes contraires attribuées par M. Bonstetten à l'homme du Nord et à l'homme du Midi. Au jugement le plus sûr en matière politique, à la sagacité française la plus déliée dans l'appréciation des personnes, le baron d'Eckstein unissait en matière esthétique et littéraire le germanisme le plus passionné.

Il n'avait guère moins d'horreur pour nos classiques que pour nos jacobins, et la règle des trois unités ne lui était pas moins odieuse que le souvenir de la Convention. Je l'ai entendu proposer une rencontre à un galant homme qui s'était permis d'appeler Shakespeare un Apollon coiffé d'oreilles d'âne. « Ne le répétez pas, monsieur! » s'écria le baron au milieu d'un rire fou auquel il finit par s'associer. D'une sensibilité profonde, il était dominé comme un enfant par toutes ses impressions; et s'y abandonnant sans résistance, comme le ruisseau qui laisse couler à pleins bords l'eau de sa source, il n'était jamais arrêté par la barrière des convenances; jusque dans la vieillesse, il versait d'abondantes larmes sous le magnétique prestige d'un beau visage ou d'une belle voix. Cet homme éminent avait un cœur intrépide, mais il y joignait des faiblesses d'imagination à peine vraisemblables.

Personne n'était plus facile à mystifier que cet homme si supérieur à tous ses mystificateurs. L'un de nos jeunes amis qui connaissait ce côté quasi ridicule d'une grande personnalité, fit avec nous la gageure de contraindre M. d'Eckstein à déguerpir de Paris en trois jours pour passer la frontière. Il pénétra un soir dans son domicile avec toupet et barbe postiches, sous un déguisement des mieux réussis, en déclarant au baron stupéfait qu'il était amené par une affaire dans laquelle il y allait de sa vie. Il annonça avec une sombre solennité à l'auteur du *Catholique* que les sociétés secrètes, alarmées de l'influence croissante de ce recueil religieux sur la jeunesse, avaient pris le parti de se débarrasser de son auteur; M. d'Eckstein avait donc été voué au poignard dans une réunion générale des loges, et l'auteur de cette communication s'était vu chargé de l'exécution de l'arrêt; mais, saisi d'horreur à la pensée d'une pareille mission, il venait supplier la victime de se dérober à la mort en quittant au plus tôt la France, afin de calmer par son éloignement des appréhensions, pour lui si périlleuses, et qui prenaient surtout leur source dans sa résidence à Paris. Le succès de cette mauvaise plaisanterie fut beaucoup trop complet. Après une nuit de délire, notre cher maître boucla le lendemain matin ses malles pour passer en Suisse. Nous intervînmes au milieu de ces préparatifs, et force fut de confesser au plus vite nos torts, en invoquant le bénéfice des circonstances atténuantes que nous fournit la date du 1er avril, pour obtenir de sa facile bonté un pardon dont le mystificateur et ses imprudents complices sentirent tout le prix.

A peu près sans abonnés dans le clergé, dont il servait la cause avec une foi ferme et forte, le baron d'Eckstein était devenu, par l'attrait qu'inspirait sa personne et le respect qui s'attachait à ses vastes travaux, un centre d'attraction pour quelques jeunes chrétiens qui comprenaient comme lui l'œuvre des temps nouveaux dans la science et dans la politique. Plusieurs d'entre nous lui prêtaient un modeste concours pour sa tâche laborieuse. Ensevelis sous une montagne de livres sanskrits, allemands et anglais, corrigeant un jour l'épreuve d'un travail sur les Védas, le lendemain mettant dans un français plus correct un article sur Victor Hugo ou bien une chronique parlementaire; perdus dans une broussaille de textes et de citations enchevêtrés comme les lianes d'une forêt vierge, nous nous comparions aux utiles quadrupèdes qui vont flairant et déterrant les truffes dans les bois du Périgord.

Ce bon et savant homme parlait dans le désert, parce qu'en France les petits défauts font perdre presque toujours le fruit des grandes qualités, et que vous y êtes apprécié bien moins d'après ce que vous possédez que d'après ce qui vous manque. L'action du baron d'Eckstein ne s'exerçait donc que sur quelques jeunes gens respectant la fermeté raisonnée de ses croyances et l'admirable rectitude de son sens politique. Sous l'abondance très-pittoresque de sa parole se cachaient les plus sages conseils et les plus solides directions pour ses amis. Dévoué à la maison de Bourbon, le baron d'Eckstein ne se fit, à partir de la chute du ministère Martignac, aucune illusion sur la prochaine catastrophe au-devant de laquelle la monarchie semblait courir depuis l'appel du prince de Polignac aux affaires. Sans professer aucune admiration théorique pour l'ordre de choses enfanté par la révolution française, il le savait indestructible, et donnait par raison une adhésion décidée à la charte constitutionnelle qui exprimait les idées de la société nouvelle et en rassurait les intérêts. Repoussant pour l'Église au dix-neuvième siècle tout autre régime que celui du droit commun, il voyait avec une grande inquiétude la chaire apostolique, l'épiscopat français et la chancellerie romaine persister à parler à des populations incrédules la langue qui seyait à des sociétés croyantes, catholiquement organisées. D'un autre côté, il repoussait résolûment l'ancien gallicanisme parlementaire qui, sous le prétexte de protéger la religion n'avait eu d'autre effet que de l'asservir en l'abaissant ; création artificielle du pouvoir absolu, chaque jour invoquée par les fils de Pithou pour servir sous des dehors respectables les haines des fils de Voltaire. Les mêmes causes lui paraissaient devoir faire repousser la déclaration de 1682, périlleuse conquête d'un roi qui, n'ayant à compter désormais avec personne, alla bientôt, sans aucun trouble de conscience, jusqu'à ouvrir l'accès du trône aux fruits de l'adultère.

Ce n'est pas que la jeunesse catholique, étrangère par ses études aux controverses proprement dites, songeât beaucoup alors à scruter la tradition sur l'infaillibilité pontificale : disposée à s'en rapporter sur ces questions au jugement de l'Église, lorsque celle-ci jugerait nécessaire de les trancher, elle repoussait le gallicanisme parce qu'elle le regardait comme incompatible avec l'ordre fondé sur l'accord simultané de la science avec la foi, et de la liberté politique avec le christianisme. C'était surtout par l'effet des idées libérales qu'elle avait répudié le gallicanisme. Alarmée de la constante inertie qu'elle rencontrait dans les rangs du vieux clergé français, cette jeunesse se vit conduite à chercher dans une sphère plus dégagée des intérêts dynastiques une appréciation plus haute des besoins nouveaux suscitée par l'une des plus grandes transformations auxquelles nous ait fait assister l'histoire. Quoique fort peu compétente en théologie, elle se trouva ainsi amenée à se croire et à se dire ultramontaine, parce qu'elle espérait trouver près du saint-siége, pour ses idées, le point d'appui que lui refusait en France l'épiscopat gallican. Ce mouvement dont le *Catholique* du baron d'Eckstein eut l'initiative en 1825 fut étendu et popularisé en 1829 par le *Correspondant*.

La fondation de ce recueil est pour moi comme le souvenir d'un premier amour évoqué avec des rides sur le front et de la neige sur la tête. En prononçant ce nom, je me retrouve en présence de jeunes gens entrant dans la vie avec des dons divers, mais tous professant des convictions rehaussées par le plus entier oubli d'eux-mêmes. Je me souviens de leurs labeurs avant les grandes luttes livrées plus tard à la tribune pour la liberté de l'Église, luttes victorieuses dans lesquelles ils eurent pour auxiliaires la plupart de ceux qui se sont faits depuis leurs détracteurs; je les retrouve enfin au bout de la carrière, fléchissant sous le poids de l'expérience et des années, mais conservant la pleine conscience de l'opportunité de leur œuvre, et pouvant arguer devant Dieu et les hommes de la constante droiture de leurs intentions.

Ils entendaient chaque matin sonner le glas de leurs plus chères croyances; ils trouvaient partout cette conviction alors générale, que l'Église catholique, appuyée sur des pouvoirs menacés, était hors d'état de survivre à la grande crise que le progrès de l'esprit démocratique laissait déjà pressentir dans toute l'Europe. Insulté et taxé d'impuissance, le christianisme, au dire de ses ennemis, n'était en mesure de les combattre qu'avec des armes émoussées. Si tu es le fils de Dieu, descends de la croix! semblaient dire au Sauveur des hommes les philosophes épiant comme les juifs l'heure de son agonie. Si l'Église est immortelle, qu'elle le prouve, s'écriaient à leur tour les politiques, en se séparant de ce qui tombe! Et personne ne se levait pour répondre que l'auguste contemporaine de tous les siècles, assistant impassible à toutes les révolutions, ne se hâtait jamais parce qu'elle était toujours assurée du lendemain, et qu'à ses plus longues léthargies n'avaient jamais manqué les réveils triomphants ; personne ne disait qu'indifférente aux vicissitudes des empires et ne s'inquiétant que du salut des âmes, elle profitait plus du régime en vigueur aux États-Unis que de celui dont on tentait à cette heure même la restauration dans les États des rois catholiques et des rois très-fidèles! Les hommes de foi, ou se taisaient, ou parlaient un langage de parti mille fois plus dangereux que le silence.

Détourner les catholiques d'une solidarité périlleuse, lors d'une catastrophe déjà facile à pressentir, telle fut la pensée constante des rédacteurs du *Correspondant*. L'isolement de l'Église au milieu de sociétés complétement renouvelées dans leurs formes et dans leur esprit les alarmait de plus en plus, et la chute trop prévue de la monarchie héréditaire était à la veille de soulever des problèmes dont la gravité les faisait trembler.

Ils n'étaient, pour la plupart, ni de souche ni d'humeur républicaine; la déclaration des droits ne leur inspirait nul fanatisme, et l'insurrection leur paraissait un très-périlleux instrument de liberté. Mais, d'un autre côté, ayant fort peu de goût pour les évocations rétrospectives, et persuadés que la première condition d'une théorie politique c'est d'être applicable, ils ne songeaient pas à moissonner au dix-neuvième siècle un regain du quinzième; et tout en jugeant l'unité de croyance chose excellente et fort souhaitable en elle-même, ils pensaient que cette unité ne pouvait passer dans les lois qu'à la condition de préexister dans les mœurs. Ils ne croyaient donc pas qu'à la difficulté de réveiller la foi chez les fils de Voltaire il convînt d'ajouter celle de remettre en vigueur des maximes et des pratiques fort naturelles au temps de saint Louis. Ne songeant pas plus à flatter leur siècle qu'à l'irriter, ils trouvaient que dans notre époque, comme dans la plupart des autres, le bien était étroitement enlacé avec le mal, et qu'il était fort imprudent de donner les intérêts pour auxiliaires aux passions. Ils n'étaient ni des logiciens à outrance, ni des mystiques illuminés. D'autant plus résignés aux catastrophes qu'ils s'efforçaient plus sincèrement de les détourner, ils étaient prêts à s'incliner devant des miracles, lorsqu'il conviendrait à la miséricorde de Dieu d'en opérer; mais ils n'entendaient point faire entrer ceux-ci dans les combinaisons de la politique humaine, et jugeaient les romans encore plus dangereux pour les hommes d'État que pour les jeunes filles. Ils n'avaient qu'une prétention, celle de conseiller des choses possibles, en faisant profiter leurs modestes efforts et à leurs jeunes contemporains qui avaient perdu leurs croyances, et à ceux qui, comme eux, avaient eu le bonheur de les conserver.

J'exposerai avec quelque détail ce qui se rapporte à la fondation de ce recueil, non-seulement parce qu'il fut l'œuvre aimée de mes belles années, mais parce qu'il est vraiment impossible, si l'on ne remonte aujourd'hui jusqu'au premier *Correspondant*[1], de comprendre dans quel sens furent posées tant de questions délicates, devenues plus tard une source de lamentables divisions. On verra ces questions sourdre de dessous terre, soulevées par la force même des événements bien plus que par la volonté des hommes. Étranger depuis longtemps aux luttes auxquelles fut consacrée ma jeunesse, j'ai le droit, et peut-être le devoir d'exposer dans quelles limites se concentraient alors nos efforts et nos espérances.

La création d'un journal semi-hebdomadaire n'était point une chose facile. Une pareille fondation était en effet des plus coûteuses, et nous n'étions riches que

---

[1]. Le premier *Correspondant* parut le 10 mars 1829. On verra dans les chapitres suivants par quel motif il dut disparaître à la fin de l'année 1831. Diverses tentatives furent faites pour combler le vide que cette disparition laissa au sein de l'opinion religieuse. Après la publication de quelques volumes in-12, qui parurent successivement sous le titre 'du *Nouveau correspondant* en 1840 et 1841, ce recueil se reconstitua sous forme périodique en janvier 1843, par les soins et les généreux sacrifices de MM. de Vogüé, de Saint-Seine, de Brosses, Alain de Kergorlay, etc. M. le marquis de Vogüé avait fait déjà partie du groupe des premiers fondateurs en 1829. La direction en fut confiée à M. Wilson, qui la remit, en 1846, à M. Charles Lenormant, membre de l'Institut. Une troisième série s'ouvrit pour ce recueil au commencement de 1855, sous la direction d'un Conseil formé par la plupart des hommes éminents activement engagés, sous la monarchie de 1830, dans la défense de l'Église et de la liberté religieuse.

de notre bonne volonté. Cet obstacle aurait été probablement insurmontable sans l'intervention d'un homme qui fut, dans son temps, la cheville ouvrière de plusieurs œuvres utiles, dont sa mémoire n'a pas profité. M. Bailly fut pourvu des fonds nécessaires par une association formée dans les rangs de la droite pour la défense de la religion catholique, association publique cette fois, et dont le président d'honneur était M. le duc d'Havré, capitaine des gardes du corps du roi. Cet octroi fut fait sous la condition que le journal dont la rédaction nous était remise deviendrait l'organe des réclamations adressées soit de la France, soit de l'étranger, contre toutes les atteintes portées à la liberté religieuse, si gravement frappée par les ordonnances du 16 juin 1828. De cette pensée sortit ce nom de *Correspondant*, titre insignifiant et incorrect, contre lequel nous protestâmes en vain.

Ce patronage créait, à une rédaction très-monarchique, mais très-dévouée aux institutions constitutionnelles, des difficultés sérieuses. On était aux derniers mois du ministère Martignac ; et, malgré les fautes de cette administration, toute la jeunesse intelligente lui demeurait favorable, la chute de ce cabinet ne pouvant manquer d'emporter les dernières chances de la royauté légitime. Mais telle n'était pas l'opinion de la plupart des actionnaires du journal. Aux yeux des vieux royalistes, déférer aux vœux de l'opposition en quelque matière que ce fût, c'était perdre la royauté. Ils n'admettaient sur ce point-là ni distinction ni nuance, et c'était pour eux un vieil axiome que, depuis la convocation des états généraux jusqu'à l'octroi de la charte, aucune concession n'avait profité ni à la monarchie ni à la France. Il nous fallut donc, au début, un peu de condescendance, et beaucoup d'adresse, pour tourner ce cap périlleux sans y briser notre frêle embarcation; il nous fallut surtout, pour demeurer parfaitement maîtres du terrain, le décisif argument du succès.

Celui-ci ne nous manqua point : Le *Correspondant* réussit promptement. Il fut très-recherché même parmi les lecteurs du *Globe*, curieux de voir des hommes du monde, qui n'avaient passé ni par les séminaires ni par l'École normale, aborder les questions philosophiques dont le journal de MM. Damiron et Jouffroy comptait bien s'être assuré le monopole. En entendant des catholiques pousser le cri de saint Paul et se déclarer citoyens, le ton de la polémique se modifia, car, au lieu de témoigner aux morts une sorte de respect facile, on se vit dans le cas de compter avec des vivants fort résolus à ne point laisser célébrer leurs funérailles. En présence du vieux dogme qui s'affirmait, on parla moins du dogme nouveau toujours caché dans les nuages. Les prophéties furent abandonnées aux hiérophantes de la rue Taitbout, promettant chaque semaine à leur public d'apporter un symbole religieux pour la séance suivante; et le *Globe*, placé entre une partie de la jeunesse catholique déterminée à ne point s'ensevelir sous des ruines, et la portion de la jeunesse rationaliste qui prêtait aux prophètes une oreille complaisante, passa aux mains de M. Pierre Leroux et ne tarda pas à endosser la livrée de Saint-Simon, avortement humiliant mais inévitable après une aussi vaine gestation.

Le *Correspondant* avait pris pour épigraphe le mot célèbre de Georges Canning : *Liberté civile et religieuse par tout l'univers*. Enlacée dans un écusson, cette devise figurait en tête du journal. Ses rédacteurs en étaient les défenseurs strictement convaincus, sans prétendre donner à leur pensée la valeur d'une formule ou d'une théorie générale : simples publicistes, appréciant la portée des faits purement contemporains, ils n'affichaient ni prétentions philosophiques, ni prétentions littéraires. Celles-ci auraient d'ailleurs été très-déplacées, et la critique qui s'exerçait entre nous avec une liberté sans limite leur eût interdit de se produire.

L'union des idées avait préparé celle des cœurs. Nous venions tous d'atteindre l'âge où se fondent les attachements durables. L'amitié n'est point une fleur de la première saison : pour qu'elle répande et conserve tout son parfum, il faut que l'homme ait déjà choisi sa voie et qu'il s'y soit virilement engagé. Les amitiés d'enfance sont trop précoces pour être solides; au collège on est juxtaposé plutôt que réuni. Les enfants y surviennent des milieux les plus divers, et l'on ne saurait prévoir, en contemplant cette bruyante volière, vers quel point de l'horizon s'envoleront bientôt ces nuées de captifs. Lorsque d'anciens condisciples se rencontrent dans le monde, ils n'ont trop souvent à mettre en commun que les souvenirs de leur prison. Devenus hommes, engagés dans les routes si diverses ouvertes par la variété des situations et des idées, ils ne conservent des relations du premier âge que l'usage, pour ne pas dire la charge, d'un tutoiement fort incommode lorsque l'accord des pensées ne correspond plus à la familiarité du langage. Il n'en est point ainsi quand l'homme a fait élection réfléchie d'opinions et de croyances, à cette époque, la plus heureuse de la vie où la raison, fortifiée par l'étude, n'a encore rien enlevé au généreux essor du cœur.

Je partageais habituellement avec M. de Cazalès le poids de la rédaction politique du *Correspondant*. Ancien page du roi Louis XVIII, alors auditeur dans le ressort de la cour royale de Paris, le fils de l'illustre constituant ne tarda pas à quitter la carrière sur le seuil de laquelle il venait de mettre le pied, pour chercher dans le sacerdoce ce repos que, de nos jours plus encore qu'au temps de saint Augustin, le cœur de l'homme ne rencontre qu'en Dieu. M. Henri Gouraud donnait au journal une collaboration non moins assidue. Encore étudiant en médecine, il avait entrepris sur les physiologistes modernes une série de travaux qu'il désertait assez souvent pour faire l'école buissonnière, en s'aventurant dans ce que l'on commençait à nommer la *littérature intime*.

Notre rédaction, qui s'efforçait de répudier la qualification exclusive de parisienne, recevait de plusieurs départements un concours précieux. De Bayonne lui arrivait une série de lettres des plus piquantes sur toutes les questions touchant à l'enseignement. L'impression laissée dans le monde universitaire par cette correspondance très-bien renseignée fut assez vive pour que, plus de dix ans après, M. Villemain, alors ministre de l'instruction publique, s'entretenant à la Chambre avec moi de ces questions, me demanda instamment le nom de l'auteur de ces lettres, que je n'étais pas en position de lui apprendre, le correspondant anonyme de Bayonne étant demeuré maître de son secret. Dans ces révélations sur les diverses pratiques du monopole universitaire, le ministre avait cru découvrir la main d'un homme du métier envers lequel il avait, me disait-il avec sa spirituelle bonne grâce, une double dette à payer, le destituer comme professeur et le décorer comme écrivain.

C'était surtout la Bourgogne qui nous envoyait un renfort des plus utiles. La Société d'études de Dijon où débuta Lacordaire, était en communication régulière avec le *Correspondant*, et M. Foisset lui adressait des travaux où se faisait déjà remarquer la calme gravité qui ont fait de l'historien du père Lacordaire, durant les luttes les plus passionnées, l'expression persistante de l'idée première dont s'inspira ce recueil. La rédaction recevait un concours non moins utile d'un homme dont le nom n'est oublié ni dans la magistrature ni dans les lettres sérieuses : M. le président Riambourg écrivit une intéressante série d'études critiques sur les écoles philosophiques contemporaines. La doctrine écossaise, la doctrine de Kant, l'idéalisme de Hegel et celui de Schelling, enfin l'ingénieux éclectisme inauguré par M. Cousin furent l'occasion de travaux solides, où la vivacité de l'attaque restait tempérée par la plus parfaite urbanité. Une modération constante fut pour la rédaction du *Correspondant* le résultat simultané d'une habitude et d'un calcul. Dissiper les préventions élevées comme des montagnes entre l'Église et la société moderne, tel était le but que nous poursuivions obstinément, persuadés que pour l'atteindre il importait, avant de débattre les questions qui divisent les hommes, de mettre en relief celles qui peuvent les rapprocher. Si d'autres dispositions ont plus tard prévalu dans une certaine partie de la presse religieuse, c'est qu'on a cessé de s'y préoccuper des sentiments de ses adversaires pour ne plus compter qu'avec ceux de ses amis.

Quoique étranger à notre rédaction ordinaire, le baron d'Eckstein formait comme un gros corps de réserve pour tous les besoins imprévus. Il était prêt sur toutes les questions, et la prétendue doctrine saint-simonienne vit tomber pièce à pièce, sous les coups de ce puissant athlète, l'échafaudage historique qu'elle s'efforçait d'élever à l'aide d'une érudition de seconde main. Le naufrage de 1830 nous apporta quelques précieuses épaves. Au premier rang figura M. Franz de Champagny qui venait de quitter le ministère public, et préludait à ses études sur le despotisme des Césars par des articles incisifs sur les actes arbitraires inséparables de toutes les révolutions, lors même que celles-ci s'accomplissent au nom de la liberté.

A la même époque, M. de Cazalès introduisit dans nos réunions un tout jeune homme à la longue chevelure blonde, dont la parole lente et douce contrastait parfois avec les éclats d'un rire formidable. Son frais visage, qui ne laissait pas entrevoir de prime abord le foyer des dons divins, rappelait assez la figure de ces étudiants d'université tour à tour joyeux et rêveurs, qu'on voit dans les romans d'outre-Rhin, l'œil en arrêt sur les étoiles. C'était M. Charles de Montalembert, fils d'une mère anglaise et de l'ancien ministre de France à Stockholm. Il n'avait pas encore vingt ans, et arrivait d'Irlande où il avait assisté aux grandes luttes qui préparèrent l'émancipation catholique. Il nous apportait un travail où ces scènes populaires étaient décrites avec le feu d'une âme débordant d'enthousiasme et de foi. Un long cri de joie accueillit ce début si plein de promesses, et je ne crois pas me tromper en affirmant que dès ce jour j'entrevis quelque chose de l'avenir réservé à ce brillant jeune homme. Toutefois, quelque attrait qu'il m'inspirât, et quoiqu'il voulût bien nous donner alors sans réserve la promesse de son concours, j'éprouvai plus de regret que de surprise lorsqu'il abandonna trois mois plus tard le *Correspondant* pour concourir à la rédaction de l'*Avenir*.

Ayant le goût de la lutte au moins autant que le souci de la victoire, M. de Montalembert donnait à ses opinions, presque toujours modérées quant au fond, une forme agressive qui semblait en altérer la nature. Il se défendait de la mesure avec autant de soin que nous en mettions à nous défendre de la violence. « Vous êtes trop vieux, me disait-il un jour avec l'air mutin d'un charmant enfant gâté, à vingt-cinq ans vous parlez toujours comme si vous en aviez déjà cinquante. » Si, au lieu de naître en 1810, M. de Montalembert avait été, comme moi, de 1804, ce qu'il nommait là *question d'âge* n'aurait probablement pas disparu entre nous, car elle persista même après que mon jeune ami fut devenu mon chef illustre, et que nous eûmes vieilli au service de la même cause. Que de portraits j'aurais à esquisser pour rappeler le souvenir de toute la jeunesse qui sans participer régulièrement à nos travaux, nous prêtait un concours dévoué! Je m'en abstiens afin de n'avoir pas à me heurter contre des tombes. MM. de Meaux, de Rivières, Jourdain, de Montreuil ne sont plus, nous avons perdu notre Wilson, le type du dévouement au bien dans l'oubli constant de soi-même, orphelin sans foyer qui se fit une patrie de la France et une famille de ses amis. Que de larmes font couler les évocations les plus douces!

Dans ce travail collectif qui laissait toute son action à la diversité des esprits et des caractères, une idée dominante nous préoccupait : c'était de n'être point inutiles à nos contemporains élevés en dehors de nos traditions domestiques, et dont nous connaissions les douloureuses anxiétés. Combien ne rencontrions-nous pas dans nos épanchements d'intimité, d'intelligences appelant la lumière sans la trouver! Panser d'une main fraternelle ces plaies profondes et cachées, c'était à nos yeux le plus grand des bonheurs comme la première des œuvres de miséricorde.

Quelques relations amicales s'étaient établies entre

la rédaction du *Correspondant* et celle du *Globe*. Un certain nombre d'entre nous s'agrégèrent à une petite conférence hebdomadaire formée principalement par les écrivains de ce dernier recueil pour la discussion des questions politiques. On y débattit successivement des projets de loi sur la responsabilité des ministres, sur l'extension du droit électoral et la législation de la presse; et l'âge de la plupart des orateurs fait comprendre le caractère absolu et théorique de la plupart de ces discussions. Nulle part on ne faisait probablement alors autant de politique spéculative que dans ce salon, qui ne tarda pas à fournir à la monarchie de 1830 plusieurs de ses hommes d'État les plus pratiques. Nous représentions dans cette *parlotte* l'élément religieux, et nous nous y déclarions aussi fermement catholiques dans l'ordre de foi que résolûment dévoués à la liberté dans l'ordre des faits politiques. C'est au sein de cette petite réunion que fut attribuée pour la première fois, si j'ai bonne mémoire, aux hommes qui poursuivaient l'accord de l'Église avec la société contemporaine, dans la mesure où cette entente pouvait être admise par des chrétiens, cette qualification de catholiques libéraux étrangement détournée de son sens naturel dans les ardeurs de la controverse.

A ce propos, je ne puis m'empêcher de consigner ici un souvenir de date beaucoup plus récente. Je me trouvais à Rome, trente ans plus tard, au plus fort de la lutte engagée entre l'*Univers* et le recueil dont la rédaction avait relevé avec éclat, après une interruption de plusieurs années, le titre du premier *Corres-*

pondant, lutte d'autant plus violente qu'on s'attaquait par voie d'inductions et de conséquences indirectes, sans avoir ni défini ni précisé les points fondamentaux du débat. M'entretenant un jour de ces déplorables querelles avec l'un des membres les plus éclairés de la prélature, je m'attachai à ramener la question à ses termes véritables, en faisant disparaître, par un accord facile à établir sur le fond des doctrines, la partie la plus grave et la plus irritante de cette controverse. Il me fut facile de voir que je prenais un soin à peu près inutile. « Soyez bien convaincu, me dit mon savant interlocuteur, que pas un esprit sérieux n'attribue à des écrivains qui ont été si longtemps l'honneur et le bouclier de l'Église la pensée de confondre l'erreur avec la vérité, et de travailler à séparer la religion de la morale pour arriver à faire prévaloir l'athéisme dans la législation civile. Toutefois, lorsque notre *Civiltà cattolica* leur reproche ces énormités-là, elle le fait avec une sorte de bonne foi que vous comprendriez si vous étiez plus au courant de nos habitudes d'esprit. Ici la distinction entre la thèse et l'hypothèse, comme on dit dans l'école, s'opère assez difficilement, et les principes ne se résignent pas sans peine à s'arranger avec les faits. Il vient un moment où cet accord s'opère, mais c'est après de longs tiraillements.

« Laissez-moi vous le dire en ma qualité d'homme du métier : avec les théologiens il est bon de mettre toujours les points sur les *i*, comme vous dites en France, car les plus éclairés et même les plus charitables ne sont point insensibles au plaisir de chercher des hérésies et de trier le bon grain. Or, les amis du *Correspondant* ont eu deux torts, le premier de paraître approuver comme légitimes des choses qu'il aurait fallu défendre surtout comme nécessaires ; le second de se donner le titre de *catholiques libéraux* dont on ne pouvait manquer d'abuser ici contre eux. Prise à la lettre, cette dénomination semble vouloir dire qu'on se réserve de porter dans l'interprétation du dogme religieux la liberté dont il n'est licite pour un fidèle d'user que dans la sphère des faits de l'ordre purement humain. — Monseigneur, répliquai-je, on ne choisit jamais son nom, on le reçoit et quelquefois on le subit. »

J'expliquai alors dans quelle circonstance cette dénomination avait été donnée en d'autres temps, à une portion de la jeunesse catholique, laquelle aurait protesté contre la pensée de conserver sa liberté dans le domaine des matières réservées aux décisions souveraines de l'Église. « J'admets très-bien cela, me répondit le spirituel prélat ; mais si l'on ne choisit pas son nom, il n'est pas absolument interdit de le changer, et les rédacteurs du *Correspondant* auraient grand intérêt à le faire. D'ailleurs, un tout petit changement suffirait peut-être pour amortir au moins les coups qu'on leur porte, et pour ôter ici à leurs adversaires une arme d'autant plus redoutable que la plupart s'en servent de bonne foi. Pourquoi ne se font-ils pas appeler *catholiques* ET *libéraux?* Le plus petit mot a de la valeur en théologie, et en supprimant cette conjonction, monsieur le comte, ils ont fait, croyez-le bien, une très-fâcheuse économie. »

On voit, par l'interprétation donnée à des doctrines irréprochables, que le goût des conversions, qu'on dit quelquefois dangereux pour les jolies femmes, n'est pas sans inconvénient même pour les jeunes gens, et qu'il ne faut pas dans ce monde trop compter sur ses bonnes intentions. Quoi qu'il en soit, nous persistions à espérer, quelquefois même contre toute espérance, et à tenter vis-à-vis de nos contemporains des efforts auxquels nous poussaient à la fois l'élan de notre intelligence et celui de notre cœur. Si ce sont là des torts, ils laissent peu de place aux regrets.

Lorsqu'après la révolution de 1830, le *Globe* eut passé aux mains de l'école de Saint-Simon, deux dignitaires de cette pseudo-religion nous firent exprimer le désir de débattre avec nous les problèmes qui agitaient alors toutes les intelligences. Une première réunion eut lieu dans le petit logement que j'occupais sur le jardin du Luxembourg, dont les lilas en fleur venaient mêler leurs parfums à ceux de nos beaux rêves. Je vois encore M. de Montalembert aux prises avec l'honnête M. Bazard, le pape en exercice contre lequel s'organisait une sorte de schisme ; j'entends notre jeune ami retracer avec une verve entraînante la magnifique histoire de la papauté dans le monde catholique, et me souviens de quelques traits acérés lancés au Père suprême qui luttait alors contre M. Enfantin, très-vivement soutenu par la plus belle moitié de l'Église saint-simonienne.

Ces entretiens n'eurent guère de résultat, je le reconnais ; mais l'escrime à armes courtoises ne valait-elle pas une œuvre de boxage procédant par voie d'éreintement? Les agapes philosophiques que nous nous permettions quelquefois avec des hommes étrangers à nos croyances, n'avaient-elles pas une physionomie tout aussi chrétienne que le vaste cercle à l'anglaise formé plus tard par de pieux spectateurs autour de quelques coqs de combat? Si notre attitude amusait moins la galerie, elle avait l'avantage de maintenir les cœurs sincères dans des dispositions qui pouvaient laisser prise à l'œuvre de la discussion comme à celle de la grâce. En espérant éclairer nos adversaires, nous nous faisions le plus souvent illusion sans nul doute ; mais les illusions sont l'arome fortifiant de la jeunesse et malheur à ceux qui n'en ont plus ! J'en possédais pour ma part une large dose, et, chacune de celles-ci en s'enfuyant a été remplacée par une souffrance. Ces rêves dorés, je les faisais quelquefois pour moi-même, et Dieu sait tout ce qu'y plaçait mon cœur ! Mais je les faisais souvent aussi pour les nobles causes auxquelles j'espérais consacrer ma vie ; et si, dans la plénitude de cette séve aujourd'hui tarie, j'avais eu la vision de l'avenir ; si j'avais été condamné à mesurer la profondeur des chutes à la hauteur des espérances, j'aurais, ce me semble, succombé à ce que les Anglais nomment *a broken heart*. Mais aucune ombre ne s'interposait alors entre mon intelligence et le lumineux horizon auquel je croyais toucher. Le réel et l'idéal se confondaient à mes yeux, comme dans ces paysages alpestres où l'œil ne sépare pas les montagnes des vapeurs diaphanes qui les enveloppent et les couronnent. Rien n'est comparable au bonheur de vivre ainsi sous la fascination d'une grande idée, en sentant circuler dans son sein les puissants effluves de la jeunesse et de la foi. C'est à cette heure-là qu'il faudrait mourir, car l'homme a besoin de toute sa force pour livrer son dernier combat, et mieux vaut emporter dans la tombe la fleur de ses espérances que le poids des déceptions qui leur succèdent.

CHAPITRE VI

LE MINISTÈRE DE M. LE PRINCE DE POLIGNAC

Les difficultés que rencontra la rédaction du *Correspondant* à ses débuts devinrent beaucoup plus sérieuses trois mois après, par l'avénement du cabinet dans lequel entrèrent, avec M. le prince de Polignac, M. le comte de la Bourdonnaye et M. le général de Bourmont. A la lecture du *Moniteur* du 8 août 1829 qui annonçait la résolution du monarque, la consternation fut générale parmi nous, car personne n'entretint d'illusion sur les conséquences d'un pareil acte. La logique qui préside à la conduite des affaires humaines, surtout lorsque celles-ci sont conduites par des hommes honnêtes, incapables de transiger avec leur conscience, laissait déjà pressentir la triste solution donnée au conflit ouvert entre la royauté et la chambre élective. Toutefois on persistait à compter sur la prudence de deux pouvoirs très-conservateurs au fond l'un et l'autre, quoiqu'ils travaillassent avec une imprudence égale à se démolir mutuellement. Mais le don de prescience qu'ils ne possédaient pas aurait pu seul les faire reculer. Or, ni la majorité ne soupçonnait qu'en repoussant sur la seule étiquette de leurs noms des ministres qui lui étaient antipathiques, elle allait être conduite à renverser la dynastie, ni Charles X n'admettait, de son côté, en confiant un portefeuille à M. de Polignac, qu'il serait bientôt amené, par une conséquence nécessaire de ce choix, à défendre les armes à la main le redoutable pouvoir constituant caché dans l'ombre de l'article 14.

Si l'on avait dit au roi qu'il était à la veille de déchirer la charte et de décréter de sa seule autorité une nouvelle loi électorale ; s'il s'était entendu accuser le 8 août 1829 de préparer un coup d'État qui prendrait un jour place dans l'histoire entre l'attentat du 18 brumaire et celui du 2 décembre, ce prince loyal aurait fait poursuivre le prophète comme un calomniateur : ses affirmations réitérées ne laissent planer aucun doute sur ce point-là. La composition originaire du cabinet rend manifeste le désir de respecter la charte en en conciliant le texte avec l'interprétation qu'il se croyait en droit de lui donner, et constate l'espérance d'éviter une réaction, tout au moins dans la sphère des personnes et des intérêts. Si M. de Martignac avait consenti à reconnaître le principe théorique dont M. de Polignac fut l'expression, Charles X n'aurait point hésité à le conserver dans le cabinet où ce prince fit de longs efforts pour maintenir le comte Roy en plein accord de vues avec l'éloquent ministre de l'intérieur. Les offres les plus pressantes furent adressées, personne ne l'ignore, à l'amiral de Rigny, neveu du baron Louis, en communauté de sentiments politiques avec cet ancien ministre ; et les noms de MM. de Chabrol et Courvoisier n'avaient aucune signification menaçante. Résolu, au début de la crise qu'il venait d'ouvrir sans en soupçonner la gravité, à respecter les institutions constitutionnelles, le roi n'aspirait qu'à faire appliquer celles-ci dans le sens où sa conscience le conduisait à les entendre.

Si Charles X, qui ne s'abusait nullement sur l'insuffisance personnelle de son ambassadeur à Londres, courut le risque d'une révolution afin de placer et de maintenir celui-ci à la tête d'un cabinet repoussé par l'opinion, c'est que de tous les noms qu'on pouvait opposer aux répugnances d'une assemblée, celui de M. le prince de Polignac était le plus propre à trancher définitivement la question pendante entre les deux pouvoirs, en mettant avec éclat la royauté hors de page. Des deux côtés, sans souhaiter une rupture, et même en la redoutant, on tendit donc la corde jusqu'à la briser.

Dans aucun pays libre, la presse quotidienne n'avait eu l'importance qu'elle acquit en France durant la crise parlementaire dénouée par la révolution de juillet. Le problème fondamental qui en défrayait alors l'ardente polémique, était l'expression des deux principes dont la lutte se prolonge encore. Les plus grands noms des lettres et de la politique y paraissaient journellement ; et l'organe anonyme des intérêts financiers de la cité de Londres, malgré les ressources d'une publicité colossale, reste fort loin de l'influence que possédaient alors en France et en Europe les principaux organes de la publicité à Paris. Le *Journal des Débats* constituait une puissante machine de guerre dressée dans le camp même de la monarchie ; machine manœuvrée par des écrivains, brillants contrefacteurs des procédés littéraires de M. de Chateaubriand, que le public récompensait en les prenant quelquefois pour le maître. Le *Constitutionnel* était l'organe des 221 députés qui se trouvèrent conduits par la logique de la situation jusqu'à un changement de dynastie dont la plupart repoussaient la pensée. Enfin, en janvier 1830, on vit s'élever une feuille qui se donna pour mission d'opérer une révolution à bref délai, soit par les voies légales, soit au besoin par la force. Le *National* dirigea cette périlleuse entreprise avec une grande audace, tempérée par le plus rare sang-froid ; ce journal fit tout ce qu'il avait voulu, et le fit à peu près comme il l'avait voulu.

Accomplir en France une contrefaçon de la révolution de 1688 en posant les questions de la même manière qu'elles l'avaient été sous le règne des Stuarts ; préparer à Charles X le sort de Jacques II en acculant ce prince à un coup d'État où il trouverait sa perte certaine ; puis, chose beaucoup plus difficile à tenter, faire jouer à nos quatre-vingt mille électeurs à 300 francs le rôle qu'avait pris en Angleterre l'aristocratie protestante et la haute Église, tel fut le programme accompli presque à la lettre en six mois, sous l'imminente permanence de la répression judiciaire. Il y eut dans cette rédaction une part pour la hardiesse et une

part pour l'habileté. L'audace fut le lot de M. Armand
Carrel, qui à l'esprit révolutionnaire unissait la plus
parfaite possession de lui-même, nature forte et calme,
où la véhémence du tribun était contenue par l'impassibilité de l'homme de guerre. L'habileté était le contingent qu'apportait à cette œuvre politique M. Thiers,
dont l'*Histoire de la Révolution française* avait déjà
révélé au public les espérances menaçantes pour la
dynastie, mais qui, dès la veille, se montrait préoccupé
du lendemain, parce que, s'il était opposant par situation, il était gouvernemental par tempérament.

Nous l'avons déjà dit : rien ne prêtait aux interprétations contradictoires autant que la charte de 1814.
Commentée d'après son préambule où se trouvait formulée sans ménagement la doctrine du pouvoir constituant, la charte octroyée n'attribuait aux prérogatives des Chambres, désignées sous la dénomination de
formes du gouvernement du roi, qu'une sorte d'action
indirecte, s'exerçant sous le bon plaisir de la royauté
qui les avait concédées. Envisagée, tout au contraire,
dans l'ensemble de ses dispositions organiques, cette
charte consacrait, par la reconnaissance de trois pouvoirs législatifs égaux en droit, la plénitude du régime
représentatif tel qu'il fonctionnait depuis trois siècles en
Angleterre, tel qu'il existe aujourd'hui dans les diverses
monarchies constitutionnelles. Les publicistes de la
gauche arguaient donc de l'esprit contre la lettre,
tandis que ceux de la droite s'efforçaient d'opposer
le texte à l'esprit. Les questions si grosses d'orages
posées d'abord par les journaux se dressèrent dans

toute leur gravité, lorsque la Chambre réunie à l'époque habituelle, quelques mois après la formation du ministère Polignac eut formulé, en termes précis, quoique respectueux, un refus de concours qui plaçait la révolution au premier plan de la scène politique. Ce refus était fondé sur ce que « la charte fait de l'accord « permanent des vues du gouvernement avec les vœux « du pays, la condition indispensable à la marche régu- « lière des affaires publiques, accord qui n'existe pas. »

Une pareille déclaration, portée au pied du trône par M. Royer-Collard, qui en avait été l'inspirateur, impliquait ou l'abdication du pouvoir constituant auquel prétendait la royauté, ou la renonciation de la Chambre à la direction des affaires politiques : c'était donc le programme d'une révolution certaine. L'un des premiers effets du formidable problème ainsi posé fut de reconstituer à Paris et dans beaucoup de départements l'ancienne charbonnerie, à peu près dissoute après les succès militaires remportés en Espagne, association fatale devant laquelle on rouvrait la perspective d'une crise terrible, annoncée presque à jour fixe comme une éclipse calculée par le Bureau des longitudes.

« Le roi cédera très-certainement, disaient chaque matin, sans en croire un seul mot, les écrivains du *National*, il cédera, car il est à la fois sensé et consciencieux ; or la raison l'oblige à ne pas compromettre sa couronne, la conscience lui interdit de violer le serment prêté à la charte, à la face du ciel et de la nation. Si le roi ne cédait pas, le gouvernement représentatif, fondé par la constitution, serait manifestement renversé, car la première condition de son exercice consiste dans l'accord du ministère avec la majorité de la Chambre.

« Si la charte n'énonce ce droit-là que d'une manière indirecte, si son texte semble réduire les Chambres privées de toute initiative à un rôle passif, et réserver au roi la direction de l'administration générale avec la conduite des transactions diplomatiques, il faut savoir distinguer dans le pacte fondamental la forme du fond. La forme de la charte octroyée est, en effet, essentiellement monarchique, c'est une pure ordonnance de réformation. Mais Louis XVIII avait l'instinct droit et sûr de sa mission réparatrice, et comprenait fort bien que, du grand naufrage où s'était abîmée sa race, il ne pouvait guère sauver que des formules sans valeur. Aussi donna-t-il, pour le fond, satisfaction à tous les besoins de l'époque, quoiqu'il parût se mettre en désaccord avec ces besoins-là par la forme imprimée au pacte constitutionnel. Il y inséra donc une disposition fondamentale dans laquelle vient se résumer toute la charte : cette disposition est celle qui stipule qu'aucun impôt ne peut être ni établi ni perçu s'il n'a été consenti par la Chambre élective.

« Le droit de voter l'impôt emportant celui de le refuser, il en résulte que la Chambre pourra user de cette faculté quand et comme il lui plaira. Le roi est chef suprême de l'administration, mais, s'il administre mal, on refusera le budget ; le roi fait les traités, mais si ces traités paraissent mauvais, on refusera le budget ; le roi nomme les ministres, mais si ces ministres ne sont pas agréables à la majorité, on refusera le budget. D'où il faut inférer que le ministère est l'expression de la pensée même de la Chambre, son moyen d'action et, pour ainsi dire, sa commission permanente. Les ministres sont donc les hommes de la Chambre et non les hommes du roi.

« Le droit de dissoudre l'Assemblée, loin de contredire ce système, le confirme dans sa partie fondamentale, et résout la haute question qui domine toutes les autres, celle de la souveraineté. Cette souveraineté n'existe pas dans la personne du roi qui ne peut rien faire sans le concours des Chambres, et que la constitution place dans une sorte de minorité perpétuelle. Elle n'existe pas non plus dans le parlement, car le roi peut modifier la Chambre des pairs et en briser la majorité ; de plus, il peut dissoudre la Chambre des députés. Or, la souveraineté suppose la permanence du pouvoir avec le droit de vouloir et la puissance d'imposer sa volonté, double attribution qui ne se rencontre que dans le corps électoral, auquel est remis en dernier ressort la décision de toute contestation élevée entre le monarque et l'Assemblée élective. Le roi peut dissoudre une Chambre, mais il ne saurait dissoudre le corps électoral. En celui-ci réside donc cette autorité permanente qui possède tous les attributs du pouvoir suprême. La charte, au lieu de dire *formes du gouvernement du roi*, aurait pu dire *formes du gouvernement des électeurs* [1]. »

1. Voir le *National*, du mois de janvier au mois de mars 1830.

Dans cette série de déductions venait se résumer, pour l'école du *National*, la théorie dont le dernier mot était un changement de dynastie. La maison de Bourbon qui, depuis son avénement au trône, professait le dogme de l'inviolabilité du pouvoir royal, ne pouvait, en effet, accepter la substitution de la souveraineté des électeurs à la souveraineté du monarque solennellement mis en tutelle. Ces déductions, d'ailleurs, quel que fût leur enchaînement, étaient au fond plus subtiles que sérieuses. En abusant du droit de voter l'impôt reconnu à la Chambre, des argumentateurs inflexibles transformaient, sans bonne foi, un moyen régulier de gouvernement en une odieuse machine de guerre. Ils oubliaient que cette faculté-là existait en principe dans le droit public de notre vieille monarchie, n'ayant pas été contesté avant le seizième siècle. Or, bien que, sous les Valois, les états généraux prétendissent au droit de consentir les subsides, ils n'aspiraient pas à celui d'administrer le pays ; ils réclamaient encore moins le pouvoir de désigner au monarque ses secrétaires d'État et les grands officiers de sa couronne. Et dans quel intérêt prétendait-on fausser ainsi les ressorts du gouvernement par l'interprétation la plus outrée ? Dans le seul intérêt de 80,000 censitaires, privilégiés non par la constitution mais par la loi, et dont le droit prétendu de souveraineté était si peu reconnu que la législation électorale avait été remaniée trois fois par le roi et par les Chambres depuis 1814 ! A quel titre présenter comme investi d'une sorte de droit sacré un corps d'électeur à 300 francs d'impôt que la législature pouvait restreindre ou élargir à son gré, et qui ne représentait qu'une classe dans la nation? Pour donner quelque valeur à cette pauvre argumentation, il aurait fallu opposer résolûment la souveraineté du peuple à la souveraineté royale, en allant jusqu'à cet abîme du suffrage universel que quelques rares démagogues osaient à peine contempler de sang-froid à cette époque. Une pareille extrémité n'avait tenté ni le sens politique de M. Thiers, préparant de loin l'avénement d'une monarchie nouvelle, ni la vigoureuse intelligence de M. Carrel, qui rêvait en 1830 une sorte de république parlementaire, sans s'inquiéter du droit du nombre. Cette idée, la plus redoutable qui se soit produite dans le monde depuis bien des siècles, eut l'étrange fortune d'être recommandée tout d'abord à la France par l'apologiste le plus ardent du ministère Polignac.

M. de Genoude fut l'une des figures les plus originales de l'époque dont, en présence de nos misères humiliantes, je recueille aujourd'hui les souvenirs avec une sorte d'orgueil. C'était, dans la force du terme, ce qu'on nommait en ce temps-là *un homme religieux et monarchique;* mais il avait si bien enchevêtré l'une dans l'autre la religion et la monarchie, et les avait si étroitement associées toutes les deux à sa propre personne que tout cela formait comme une indivisible trinité. Le propriétaire de la *Gazette de France* avait débuté dans les lettres, au commencement de la restauration, par un *Voyage dans la Vendée*, où respirait le plus chaleureux enthousiasme. Ce livre lui avait valu des lettres de noblesse, dont il avait profité, disaient les mauvais plaisants, pour placer deux particules, l'une devant, l'autre derrière son nom patronymique. Cet écrivain ne possédait ni l'ardeur militante de M. Martainville, du *Drapeau blanc*, ni la gravité magistrale de M. Laurentie, de la *Quotidienne*. Abondant et terne, il apportait quelquefois dans la polémique des procédés qui pouvaient laisser planer des doutes sur sa bonne foi. Personne n'avait pourtant des convictions plus sincères; sa conscience s'était greffée sur une vanité si naïve, qu'il croyait pouvoir se permettre quelquefois ce qu'il aurait condamné chez les autres. Le sentiment de son importance en était arrivé à ce point qu'il considérait comme des travaux personnels tous ceux qu'il commandait comme directeur de son journal, et jusqu'aux compilations auxquelles il présidait à titre d'éditeur. Mêlant le mysticisme à la polémique et le calcul à l'inspiration, il avait transformé en dogmes tous les articles de son symbole politique, articles parmi lesquels le suffrage universel occupa le premier rang au lendemain de la révolution de juillet.

Je rencontrai M. de Genoude vers cette époque, et, frappé de l'altération de sa physionomie, je crus devoir lui adresser quelques banalités polies sur sa santé, en attribuant le dérangement de celle-ci à la douleur fort naturelle, selon moi, qu'avaient pu lui causer les grands changements récemment accomplis. « Vous vous trompez complétement, monsieur, me répondit-il, en me prêtant des tristesses que je n'éprouve en aucune façon ; car, à mon avis, les affaires de la France et de la royauté légitime n'ont jamais mieux marché. Nous touchons à l'ère des miracles, et rien n'est plus facile que de le pressentir. Si, par moments, mes forces fléchissent, ce n'est pas sous le poids du passé, c'est sous celui de l'avenir. Dieu semble vouloir donner à la *Gazette de France* la responsabilité des grandes choses qui se préparent dans toute l'Europe. Nous allons voir un spectacle magnifique, car nous sommes à la veille d'une double restauration, celle de la royauté faussée par les doctrinaires, et celle de l'Église compromise par les ultramontains. Je me sens autorisé à l'annoncer, puisque je ne serai dans cette œuvre que l'humble instrument de la Providence. *Non nobis, Domine, sed nomini tuo da gloriam.* Avant dix ans, vous verrez en France des états généraux avec un grand concile, et j'y serai, monsieur ! »

Afin de se mettre en mesure de paraître à ces deux augustes assemblées, M. de Genoude se fit plus tard ordonner prêtre et nommer député. Le sacerdoce profita, je n'en doute point, au salut de son âme, mais la députation servit peu sa renommée. Je l'ai vu, durant plusieurs années, traverser en soutanelle les salles du palais Bourbon où personne ne prenait garde à lui et où il ne s'occupait de personne. Un jour vint pourtant où la France entendit la voix de cette ombre errante s'élever dans la tempête pour jeter une idée à des hommes encore hésitants sur l'usage à faire de leur surprenante victoire. Lorsqu'au 24 février, quelques centaines de vauriens eurent chassé la chambre élective par le procédé ordinaire, M. de Genoude monta à la tribune pour y revendiquer, avant M. Ledru-Rollin, la paternité du suffrage universel. Il le fit dans l'attitude d'un monomane qui assiste calme et tranquille à l'accomplissement d'une idée fixe, et c'est vraiment à lui qu'appartient la maxime inscrite à la base de notre nouveau droit public : *Tout Français est électeur et tout électeur est éligible.*

Mais lorsqu'il défendait avec M. de Lourdoueix la doctrine monarchique dont M. de Polignac était l'expression, M. de Genoude n'avait encore découvert ni le droit divin du suffrage universel, ni l'ancienne constitution historique, dont ce principe formait, suivant lui, la base fondamentale. Tout l'effort de ces écrivains royalistes tendait alors à établir que le roi ne désarmerait pas devant la prétention de la Chambre, le souverain né pouvant passer sous les fourches caudines de ses sujets sans manquer au premier de ses devoirs.

« Si le roi cédait à la Chambre, disaient en substance les feuilles monarchiques, tout l'ordre politique créé par la charte octroyée serait interverti. La souveraineté réside tout entière dans la personne du monarque; c'est sa volonté qui fait la loi, c'est son nom qui lui imprime un caractère obligatoire et sacré. Mais le prince a voulu que sa volonté fût éclairée : il a donc appelé autour de lui deux grands conseils, l'un interprète héréditaire d'intérêts immuables, l'autre expression temporaire d'opinions variables. Le roi, en qui seul résidait la plénitude du pouvoir législatif avant l'octroi de la charte constitutionnelle, a bien pu consentir à ce que les actes de sa volonté fussent revêtus de certaines formes déterminées par lui; il a même pu trouver bon que ces actes n'eussent force de loi qu'après avoir été sanctionnés par la libre adhésion d'une majorité parlementaire; mais il n'aurait pu consentir, sans répudier sa propre essence et sans une sorte de suicide politique, à placer son droit permanent dans la dépendance des délégués temporaires et mobiles de la nation, dont lui seul reste en tout temps la personnification vivante.

« Cette puissance est une, car la multiplicité exclut l'idée du droit, simple dans son essence comme Dieu dont elle émane. Il faut nécessairement remonter à sa source, lorsque les corps qui participent à la confection de la loi sont en dissidence et que l'un d'eux refuse de concourir. En se réservant le droit d'initiative et de sanction, le roi a mis hors de cause la force suprême qui réside en lui pour sauver l'État et pour conserver la constitution éternellement monarchique du pays. En ce sens, toute la charte est dans l'art. 14. Le législateur, qui a dû vouloir le maintien de son ouvrage, a prévu le cas où des ministres infidèles méconnaîtraient ou les droits du trône ou les prérogatives concédées aux sujets : dans ces circonstances il les a livrés à la justice des Chambres, dont l'une a reçu le pouvoir de les accuser et l'autre celui de les punir. Mais c'est dans ce cas-là seulement que les ministres sont responsables. Hors les faits de trahison ou de concussion, ils n'ont à répondre de leurs actes qu'au roi qui les élève et qui les abaisse selon qu'il juge leurs services utiles ou dangereux pour le bien du pays et de la couronne. Le choix de celle-ci ne peut donc être limité par aucune considération personnelle, et toute opposition systématique contre les hommes appelés dans ses conseils est une opposition factieuse[1]. »

C'était ainsi que les organes de la droite comprenaient, à la veille de la révolution de juillet, la vérité du gouvernement représentatif, et telle était alors la formule de ce droit mystérieux que la maison de Bourbon considérait comme le principe de sa force, quoiqu'il ait été la cause permanente de sa faiblesse. Une pareille théorie, manifestement incompatible avec un mécanisme constitutionnel fondé sur l'harmonie des pouvoirs, était, d'ailleurs, dans un désaccord éclatant avec les idées antérieurement professées par la partie la plus ardente de l'opinion royaliste, et contrastait singulièrement avec l'abus qu'avait fait celle-ci des moyens les plus extrêmes de l'opposition parlementaire dans la Chambre de 1815. La droite, en effet, avait opposé, quelques années auparavant, une résistance furieuse à la personne de M. le duc Decazes, sans s'inquiéter beaucoup de ses actes; et nul encore n'avait oublié l'accusation déposée contre ce ministre, à titre de complice de Louvel dans l'assassinat du duc de Berry. On avait entendu pendant six ans M. de la Bourdonnaye, collègue de M. de Polignac, se vanter dans tous les salons d'avoir déposé constamment des

---

[1]. Voir, à la même date, la *Quotidienne*, la *Gazette de France* et l'*Étoile*.

boules noires aux budgets soumis à la Chambre par
M. de Villèle, parce que ce ministre ne lui inspirait ni
sympathie ni confiance. La situation du nouveau ministre de l'intérieur était donc un embarras très-sérieux
pour les feuilles de la droite qui cherchaient leurs inspirations auprès de lui, et peut-être ne fut-elle pas étrangère au remplacement de M. de la Bourdonnaye par
M. de Peyronnet. Dans les gouvernements libres, les
hommes ne résistent jamais longtemps à une situation
fausse. Par des motifs divers, cet embarras-là pesait
d'un poids également lourd sur le ministre de l'intérieur et sur le ministre de la guerre.

On comprend quelles perplexités éprouvait notre
pauvre *Correspondant* en présence d'un problème
dont une polémique passionnée aggravait d'heure en
heure l'importance périlleuse. Un jour nous nous
efforcions de faire comprendre respectueusement à la
royauté qu'elle s'engageait dans une entreprise impossible en prétendant faire prévaloir son droit exclusif à choisir ses ministres selon son goût personnel, et
en donnant à la charte une interprétation repoussée
par la conscience publique; le lendemain, nous adjurions l'opposition, dans l'intérêt de la France comme
dans le sien, de ne pas faire sortir une révolution d'un
syllogisme, et d'attendre au moins un acte, fût-il insignifiant, pour renverser par ses votes un cabinet qui
n'avait pas plus de racines dans les Chambres que
dans le pays.

Ce qui ajoutait à nos appréhensions, c'était l'attitude prise par la plus grande partie de l'épiscopat, c'était surtout l'intervention de ce grand corps dans une querelle dont la plus vulgaire sagacité laissait déjà pressentir l'issue. La solidarité établie sous la restauration entre la dynastie et l'Église avait conduit plusieurs évêques à publier des mandements en faveur du ministère Polignac, mandements dans lesquels ils confondaient les ennemis du trône avec ceux de l'autel[1]. Imprudence d'autant plus déplorable qu'ils ne pouvaient, d'ailleurs, arguer pour défendre ce cabinet impopulaire, d'aucune mesure favorable aux intérêts de la religion : M. de Guernon-Ranville, successeur de M. de Vatisménil au département de l'instruction publique, ne laissait pas, en effet, espérer une seule modification au monopole universitaire ni aux articles organiques du concordat.

Nous voyions donc se charger d'heure en heure la nue électrique dont l'Église occupait le centre. Placer un paratonnerre au sommet de la croix afin d'en détourner la foudre, telle fut notre unique préoccupation durant la crise qui allait emporter tout le vieux droit monarchique en l'atteignant dans sa source même.

---

1. Je trouve dans l'*Annuaire historique universel* les conclusions suivantes d'un mandement de l'archevêque de Toulouse qui était à cette époque le *Leader* de l'épiscopat. « Ils sont donc véritablement dignes de la confiance du monarque et des espérances des chrétiens, les ministres si bassement outragés par des hommes qui ne veulent ni monarchie ni christianisme. Nous n'en doutons pas, N. T. C. F., les dépositaires du pouvoir auront la gloire de replacer la patrie sur ses véritables bases ; nous en prenons à témoins les sinistres présages des esclaves de l'incrédulité, qui déjà s'annoncent comme ne pouvant supporter une patrie où l'autel et le trône se prêtent un appui mutuel. »

Nous demandions chaque jour aux membres du clergé de répudier tout intérêt étranger au salut des âmes, pour apparaître devant la société nouvelle à titre de citoyens réclamant loyalement la liberté garantie à tous. Nos insistances devinrent plus vives après l'établissement de la monarchie de juillet, car une épreuve terrible venait d'être faite, et nous pressentions que la crise de 1830 ne serait ni la dernière ni la plus redoutable.

Mais en conseillant à l'Église de ne lier son sort ni à la fortune d'aucun gouvernement, ni surtout à celle d'aucun homme, les fondateurs du *Correspondant* n'entendaient aucunement établir à titre de doctrine la séparation radicale de l'Église et de l'État, entraînant pour conséquence la suppression de toutes les conventions concordataires et celle du budget des cultes. Le journal l'*Avenir* exposa seul cette thèse-là, et j'aurai bientôt à dire quelle désastreuse influence exerça l'apparition de la feuille de M. de Lamennais sur le sort de notre cher recueil. Celui-ci se tint donc fort en dehors de ce débat, comme de toutes les questions qui ne pouvaient aboutir à des applications pratiques. Si ce journal a eu quelque mérite, c'est d'être demeuré obstinément fidèle, jusqu'à son dernier numéro, à la réserve dont semblaient devoir le détourner et le cours des événements et les plus puissantes excitations.

Aux difficultés que provoquait une catastrophe prochaine attendue par tous venait se joindre pour moi celle qui résultait de ma situation particulière. Une défaveur fort naturelle s'attache au département des affaires étrangères, aux employés en relation avec la presse périodique, et cette défaveur n'était atténuée que par l'estime générale acquise au *Correspondant* et par la bienveillance personnelle de mon directeur, M. le baron de Boislecomte. Cet excellent chef conçut la pensée de faire profiter, à ma carrière, une circonstance de nature à la compromettre, et me prescrivit d'écrire quelques lettres politiques pour la *Gazette d'Augsbourg*. Violemment attaqué par toute la presse française, le prince de Polignac avait imaginé d'opposer au concert de nos journaux celui des feuilles étrangères. Son cabinet, comme sa personne, rencontrait à Londres une assez grande faveur, et ce sentiment venait se réfléchir dans la presse anglaise. M. de Polignac était, en effet, le ministre le plus favorable à l'Angleterre qu'ait eu la France dans ses conseils, et se trouvait sur ce point-là en accord avec le roi Charles X auquel on a souvent prêté, en ce qui touche des rapports plus intimes à nouer avec la Russie, des vues parfaitement contraires aux sentiments personnels de ce prince.

A peu près maître de la presse d'outre-Manche, M. de Polignac entreprit de s'assurer celle d'outre-Rhin dans laquelle la *Gazette d'Augsbourg* occupait le premier rang. Je dus donc écrire, par *ordre*, plusieurs lettres à cette feuille, afin de concourir à rassurer l'opinion sur les plans du cabinet français, auquel tous les agents diplomatiques accrédités à Paris témoignaient les plus vives inquiétudes et donnaient alors les meilleurs conseils. Je réussis, et trop complétement peut-être, car ces lettres contenaient, à côté d'attaques au parti révolutionnaire qui dénaturait chaque jour les actes les plus inoffensifs du cabinet, l'affirmation réitérée de l'intention, constamment déclarée par celui-ci, de respecter l'intégrité des institutions constitutionnelles jurées par le monarque. Reproduites et commentées par les journaux, elles furent un moment considérées comme ayant une portée qui ne leur appartenait point, car le ministre des affaires étrangères n'en avait pas pris personnellement connaissance, et j'y faisais un peu trop vibrer la tonique rassurante donnée par le cabinet pour l'ouverture des Chambres à tous les interprètes de sa pensée.

Je n'accomplis pas ce travail-là sans souffrance, parce qu'il me révéla la difficulté de mener de front une carrière qui m'offrait un avenir assuré, et une œuvre littéraire beaucoup plus chanceuse certainement, mais à laquelle m'attachaient des liens que chaque jour rendait et plus forts et plus doux. J'étais dans cet état d'esprit assez pénible, au moment où l'un de mes collègues, attaché au cabinet du prince, vint m'avertir un matin que le ministre me demandait. Mes rapports personnels avec M. de Polignac avaient été à peu près nuls, et une communication directe venant de lui, en dehors des voies hiérarchiques, n'était pas conforme aux habitudes du département. Je déférai donc à cet ordre un peu préoccupé, redoutant de recevoir, à propos de mes trois lettres, ou des reproches qu'il m'aurait été pénible d'entendre, ou des félicitations tendant à m'engager plus avant dans la presse ministérielle, perspective que je n'aurais acceptée à aucun prix. J'étais donc fort ému lorsque j'entrais dans le cabinet où je venais d'être appelé. Le début de la conversation fut peu rassurant.

« — Monsieur, me dit le prince en souriant, je sais que vous faites partie d'une réunion où la jeunesse de l'opposition discute tous les jours des questions politiques et ne ménage pas mon cabinet. — Cela est vrai, mon prince, répliquai-je, avec cette rectification, toutefois, que dans cette conférence, non pas quotidienne, mais hebdomadaire, les questions débattues ont un caractère purement théorique et ne touchent jamais aux intérêts ni aux hommes du jour. De plus, Votre Excellence pourra s'assurer, en complétant ses informations, que je n'y ai jamais prononcé une parole que je puisse craindre de voir répéter. — Je n'en doute pas, monsieur ; le nom que vous portez garantit votre attachement à la monarchie, et je connais très-bien d'ailleurs vos sentiments personnels. Je lis quelquefois le petit journal où vous écrivez ; il y a là de très-bonnes choses, quoique, entre nous, ce soit un peu jeune. Mais l'esprit politique ne s'acquiert qu'avec le temps ; il vous viendra, comme il m'est venu à moi-même, par la méditation, plus indispensable encore que la pratique des affaires, car il ne faut jamais laisser les faits dominer les doctrines, comme le font, malgré leur titre, les doctrinaires de profession. Si j'ai désiré causer avec vous, ce n'est point pour vous adresser un reproche, c'est pour réclamer un service que votre position au milieu de cette jeunesse, qu'on dit fort distinguée, vous mettrait peut-être en mesure de me rendre. »

Ici mon attention redoubla, et j'écoutai avec une sorte d'anxiété sans trop comprendre. « Un déplorable malentendu, dit mon noble interlocuteur, sépare le cabinet de la partie éclairée de l'opposition. Celle-ci voit en moi un adversaire de la liberté et de la charte, tandis que personne ne leur est plus attaché. Je consacre mes jours et mes nuits à étudier les moyens de concilier la liberté qui nous est indispensable avec la sûreté de la royauté qui, en en ayant été la source, doit en demeurer la régularité suprême. Tous les pays civilisés ont besoin de la liberté politique, et la France plus qu'aucun autre. Mais, pour être durable et féconde, il faut que cette liberté se développe conformément au principe qui a constitué le pays lui-même, ainsi seulement on peut opérer des progrès sans révolution. C'est l'aristocratie qui a organisé l'Angleterre; et les institutions anglaises, dont je connais à fond le mécanisme, conservant l'empreinte de leur origine, sont demeurées aristocratiques. C'est la royauté, et la royauté seule, qui a fait la France depuis les rois des Capitulaires jusqu'au roi de la Charte; il faut donc que la liberté s'incline franchement chez nous sous la prépondérance du principe monarchique sous peine de répudier toute notre histoire et de contrarier notre génie national. Ah! si la majorité de la Chambre comprenait cela, avec quelle promptitude nous marcherions dans une voie de concessions dont

les plus hardis sont bien loin d'avoir mesuré le terme!
Tout est à faire dans ce pays qui s'obstine à discuter
des noms propres lorsque tant de réformes le solli-
citent! L'éligibilité à trente ans, l'augmentation de la
Chambre élective inférieure en nombre au parlement
d'Angleterre ; une réorganisation de l'administration
locale combinée pour mettre toutes les capacités en
relief et en action ; je promettrais au besoin tout cela,
en me portant garant des intentions du roi comme
des miennes. Et dans l'ordre économique, que de
grandes œuvres à accomplir ! Modifier nos tarifs originairement combinés dans des intérêts égoïstes, compléter notre viabilité dont l'insuffisance nous désarme
en face de la concurrence étrangère, mettre Paris en
communication avec la Méditerranée et avec l'Océan,
en faire peut-être un port de mer ou lui creuser tout
au moins un canal de grande navigation jusqu'au
Havre ; profiter, pour notre puissance maritime, de cette
miraculeuse affaire d'Alger que semble nous envoyer à
point nommé la Providence, afin de nous armer contre
la révolution : ne vaudrait-il pas mieux s'appliquer à
tout cela qu'à faire pivoter la politique d'une grande
nation sur le nom de quelques ministres, en recher-
chant ce que j'ai pu penser il y a vingt ans, et ce
qu'a pu faire la veille de Waterloo le général de Bourmont? La jeunesse dont le cœur est généreux n'a
pas, comme l'âge mûr, les implacables rancunes du
passé, et si mon ministère lui ouvrait les portes de la
Chambre, elle accepterait sans doute le don sans s'inquiéter du donateur. Qu'en pensez-vous, monsieur?

« — Mon prince, répondis-je avec assez d'embarras, je viens d'entendre avec une vive satisfaction l'exposé de projets auxquels semble incliner le gouvernement du roi, projets dont plusieurs, à coup sûr, dépassent en ce moment l'attente publique. Mais puisque Votre Excellence me fait l'honneur inattendu de m'interroger, elle me permettra de lui dire que les questions de principes ont de tout temps, en France, dominé les questions d'intérêts. Il est donc à craindre, tant que se maintiendra entre les grands pouvoirs le conflit qui les divise, que le public, qui d'ordinaire ne poursuit jamais qu'une pensée à la fois, ne rende pas une complète justice à des plans qu'il accueillerait certainement avec chaleur dans d'autres circonstances, mais qu'il n'apprécierait peut-être pas aujourd'hui à toute leur valeur. L'indifférence dont il témoigne pour la grande entreprise d'Alger en est une preuve, ce me semble. Les jeunes gens dont vous voulez bien me parler pensent sur ce point-là, comme les vieillards, et je crains bien que rien ne les détourne à cette heure de la lutte politique dans laquelle ils sont si vivement engagés. J'ai d'ailleurs trop peu d'autorité au milieu d'eux, où je me rencontre en quelque sorte par hasard, pour les aborder sur des matières aussi délicates avec quelque chance d'en être écouté. »

J'expliquai alors au ministre les motifs et les circonstances qui m'avaient amené dans cette petite société parlementaire, sur laquelle je m'étonnai qu'on eût pu songer à appeler un moment son attention. M. le prince de Polignac admit toutes mes observations de la meilleure grâce du monde, et ne parut ni contrarié ni blessé par mon refus. En le quittant, après cet entretien, j'emportai de son esprit une idée supérieure à celle que je m'en étais faite, car sa parole ne manquait ni de facilité ni d'abondance ; mais je sortis pétrifié d'épouvante à la vue de sa confiance tranquille. Cet homme bienveillant et poli, qui autorisait la contradiction sans aucune peine, avait manifestement le parti pris de n'en tenir aucun compte, et sa tolérance venait surtout de son dédain ; il se considérait comme en pleine et complète possession de la vérité, et bravait le péril avec le calme de l'homme qui ne l'aperçoit pas. Je crus avoir sous les yeux l'un de ces somnambules qui marchent d'un pied dégagé sur le faîte des édifices, et je compris que M. de Polignac était à la veille de pousser la royauté dans l'abîme en s'y précipitant le premier. Ce ne fut donc pas sans émotion que je quittai le ministre, après cette conversation, la seule que j'aie jamais eue avec lui, pour le revoir six mois plus tard sur la sellette du Luxembourg, menacé par la multitude ameutée qui demandait sa tête.

Cependant les événements se précipitaient vers une crise dans laquelle les deux partis, se refusant à toute transaction sur les principes, allaient prendre devant l'histoire une égale responsabilité. La souveraineté du roi contre la souveraineté nationale, Polignac contre Lafayette, l'homme de l'ancien régime contre l'homme de la révolution, et par une conséquence encore latente, mais nécessaire, le drapeau blanc contre le drapeau tricolore, ce fut ainsi que la question se trouva successivement posée dans la presse, à la tribune et dans la rue.

La session s'ouvrit au commencement de mars 1830, et durant un mois les questions les plus brûlantes sur l'origine et les limites de la souveraineté furent agitées au palais Bourbon. Le débat de l'adresse eut d'ailleurs assez peu d'éclat parce qu'il porta sur des redites, et peut-être aussi parce qu'on avait déjà, de part et d'autre, le pressentiment d'une solution extra-parlementaire. Les orateurs de la droite empruntèrent à ses publicistes leurs arguments de métaphysique et d'histoire sur l'organisation des sociétés monarchiques; et les orateurs de la gauche, malgré la violence de leurs harangues, n'approchèrent pas de la polémique nerveuse du *National*. D'un autre côté, pas un des collègues dont s'était entouré M. de Polignac ne fixa un moment l'attention de la Chambre, où chacun demeura dans son parti pris. Avant le vote qui allait décider de son sort, l'insuffisance de ce malencontreux cabinet avait éclaté à tous les yeux, et le centre droit qui, dans la discussion de l'adresse, lui fit l'aumône d'un vote silencieux, par pur respect pour la prérogative royale, annonçait très-haut la résolution de renverser le ministère sur le premier projet de loi que celui-ci présenterait.

Alors débutèrent deux orateurs que l'une des plus durables jouissances de ma vie a été d'entendre à la tribune française, dont ils sont demeurés les maîtres. Entrés à la Chambre élective sitôt leur quarantième année accomplie, MM. Guizot et Berryer se succédèrent, l'un pour défendre, l'autre pour combattre l'adresse par laquelle la Chambre refusait son concours à la couronne, en motivant ce refus sur ce que le ministère choisi par le roi n'inspirait point confiance à la nation. M. Guizot, qui n'avait encore rencontré ni son vrai diapason, ni sa simple et grande manière, ne laissa pas du premier coup pressentir toute sa gloire. M. Berryer y réussit davantage : son *maiden speech* fut assez faible pour le fond, car ce grand esprit libéral se trouvait singulièrement mal à l'aise dans une thèse dont la conséquence définitive est la négation même du droit parlementaire. Mais, à travers les embarras d'un début dans des circonstances aussi critiques, l'incomparable orateur se révéla tout entier. Il éclairait déjà l'assemblée par la flamme de son regard, et sa voix flexible et forte vibrait avec la puissance de l'airain, comme dans ses grands jours.

Lorsque, après ce premier triomphe que tant d'autres allaient suivre, il descendit les marches de la tribune, baigné des nobles sueurs qu'il y répandit si souvent, le président, du ton solennellement protecteur qui lui était habituel, dit au débutant : « *Monsieur, votre parole a de la puissance.* » Je tiens ce texte de M. Royer-Collard lui-même, qui se défendait beaucoup d'avoir dit à M. Berryer : Vous êtes une puissance ! « A cette époque, s'écriait l'ancien président, c'eût été une flatterie et un mensonge. Or, j'espérais trop de ce jeune homme pour lui rendre le mauvais service de le flatter, et je connaissais trop la Chambre pour admettre qu'on pût la conquérir aussi lestement. »

Le mot prêté à M. Royer-Collard est des moins vraisemblables, en effet ; car, au commencement de 1830, l'illustre président n'admettait dans le ciel que la puissance de Dieu, et dans la Chambre que la sienne : je l'aurais affirmé avant même d'en avoir reçu l'assurance de sa bouche. Sur la fin de sa vie, les six premiers mois de l'année 1830 offraient à M. Royer-Collard le thème de conversations d'un intérêt inépuisable ; il se taisait habituellement sur les six derniers, comme s'il eût voulu, par son silence, séparer les principes de leurs conséquences, en repoussant celles-ci sans répudier ceux-là.

Après que le roi eut refusé d'entendre la lecture de l'adresse, une voie régulière restait ouverte devant lui et ce fut celle où ce prince parut d'abord s'engager. Il prononça, conformément à sa prérogative constitutionnelle, la dissolution de la Chambre élective, et convoquant les électeurs pour un terme prochain, il fixa au 3 août la réunion de l'assemblée nouvelle. Dans un pareil conflit, en appeler à la nation était son droit ; se conformer à la décision définitive rendue par celle-ci aurait été son devoir, si Charles X avait admis que la nation pût interpréter la charte dans un sens différent de celui où l'entendait la royauté qui l'avait concédée. Mais il y avait entre cette pensée et celle du pays un abîme malheureusement infranchissable ; car, sur de pareilles questions, les princes consciencieux transigent moins facilement que les princes sans moralité. Aussi lorsque l'heure des solutions a sonné, les uns tentent-ils celles-ci en plein soleil, tandis que les autres s'y préparent en s'enveloppant de ténèbres. Aux premiers, demeure l'honneur sans la victoire, aux seconds la victoire sans l'honneur.

Une ordonnance royale, suivie d'une proclamation personnelle du monarque adressée à ses sujets, appela donc les électeurs dans les colléges d'arrondissement et de département, pendant que la presse ministérielle déclarait tous les matins que la royauté ne pouvait reconnaître aux électeurs le droit de résoudre en dernier ressort le problème alors posé ; de telle sorte qu'à l'arrière-plan d'une épreuve parfaitement légale les organes officiels faisaient apparaître les éventualités les plus menaçantes.

Si la victoire de l'opposition avait été douteuse, une telle attitude et une pareille perspective auraient suffi pour l'assurer. Mais aucune illusion n'était possible : la majorité parlementaire avait manifestement exprimé l'opinion du pays. La France voulait, comme la Chambre elle-même, le gouvernement par l'opinion publique, et ne se croyait pas sans juridiction sur la personne des ministres aspirant à l'honneur de régir ses destinées. Nul ne fut donc surpris de voir les deux cent vingt et un votants de l'adresse recevoir un renfort considérable, et le bataillon ministériel sortir décimé de cette épreuve suprême. Aux yeux de tout homme que le fanatisme politique n'aveuglait point, une seule alternative demeurait au roi après une manifestation aussi éclatante : il fallait renvoyer à l'instant le ministère Polignac ou fermer la Chambre sans songer à la remplacer. Il était par trop clair que les deux cent vingt et un, devenus les trois cents, seraient bien moins disposés à céder au mois d'août qu'ils ne l'avaient été au mois de mars, et que, dans les conditions nouvelles où elle persistait à s'établir, la royauté ne pouvait plus rien demander au *pays légal*. Déjà donc la charte était virtuellement déchirée, et quiconque n'était point frappé de cécité se trouvait en mesure de déterminer avec certitude le résultat d'une pareille tentative.

En écartant même l'éventualité d'une insurrection victorieuse à Paris, éventualité que ni le pouvoir ni l'opposition n'admettait alors comme possible, il fallait bien reconnaître que la rupture du pacte, dans lequel la grande majorité de la nation trouvait la sanction de ses intérêts comme le gage de ses droits, aurait pour conséquence prochaine de placer à la discrétion d'un pays irrité la royauté conduite à tirer l'épée. L'attitude de la magistrature depuis la formation du cabinet laissait prévoir un refus de sanction pour tous les actes inconstitutionnels, que ceux-ci s'appliquassent à l'exercice des droits politiques ou à la liberté individuelle des citoyens. La France était déjà couverte d'un réseau d'associations patentes, formées pour le refus de l'impôt, en prévision d'une violation de la charte, associations que les tribunaux n'avaient condamnées que sur le seul motif qu'elles impliquaient une hypothèse inadmissible, profondément injurieuse pour la couronne. Ce mouvement de résistance légale qui s'était d'abord développé au sein des professions libérales, commençait à s'étendre dans les rangs du commerce, et jusqu'au sein des populations ouvrières menacées dans la sécurité du travail par l'anxiété universelle. Le mécontentement avait gagné jusqu'à la grande propriété territoriale, comme venaient de le constater les choix faits par la majorité des grands colléges, alors formés, avec le privilége d'un double vote, par le quart des plus imposés dans chaque département.

Opposer à tout cela la prise d'Alger; se persuader que la royauté, invoquant un droit séculaire contesté par la nation, serait plus forte que le pays rappelant au souverain les serments de 1825, c'était une pensée qui ne pouvait s'expliquer que par un aveuglement fatal. Jamais, en effet, les forces morales d'un grand peuple n'avaient été plus étroitement groupées ; car, si ces forces furent divisées après la victoire, elles formaient faisceau pour la résistance, de telle sorte que l'établissement d'un gouvernement régulier s'élevant sur les bases déterminées par les ordonnances du 25 juillet 1830, restait, de toutes les suppositions, la plus impossible à faire admettre par la raison publique.

CHAPITRE VII

LA RÉVOLUTION DE JUILLET ET LA MONARCHIE
DE 1830

Depuis la défaite parlementaire du ministère Polignac jusqu'à la signature des ordonnances de juillet, Paris vécut, durant quatre mois, dans un état d'esprit des plus difficiles à décrire, tant il s'y révélait de contrastes. Personne ne doutait ni de l'imminence d'une crise, ni de la victoire de l'opposition, quoiqu'on ignorât sous quelles formes et dans quelles conditions s'engagerait la lutte définitive. En présence de cette formidable inconnue, toutes les conjectures se produisaient à la fois; l'on évoquait avec une vraisemblance égale les souvenirs de Camille Desmoulins poussant le peuple sur la Bastille, et ceux de Hampden organisant la résistance de l'Angleterre contre la perception d'une taxe illégale.

Le pays avait alors une telle confiance dans l'avenir et dans lui-même, il possédait un sentiment si vif de sa puissance et de ses ressources, qu'à la veille d'une révolution réputée certaine, le crédit public suivait un mouvement ascensionnel qui n'avait eu d'exemple dans aucun temps ni chez aucun peuple. Le cabinet, dont on savait les jours comptés, empruntait pour armements militaires une somme de 80 millions à 4 pour 100 à 102,7 cent. 1/2, taux fabuleux qui semblait un défi jeté par la France à la fortune. La fièvre de l'impatience s'associait donc, dans toutes les conditions sociales, à la plus singulière sécurité, chacun prévoyant une révolution sans la souhaiter, mais aussi sans beaucoup la craindre. Rien n'était changé ni dans les habitudes, ni dans les travaux, ni même dans les plaisirs, quoique ceux-ci empruntassent un caractère plus grave à l'obscurité des événements prochainement attendue.

La société de Paris fut conviée, durant cette émouvante période, à une soirée d'un caractère en quelque sorte symbolique, fête mémorable dont le souvenir charmant contraste avec celui des profusions d'un goût équivoque étalées dans les solennités babyloniennes dont l'éclat éphémère est venu s'éteindre dans nos désastres. Le 31 mai 1830, la façade du Palais-Royal étincelait de mille feux; un peuple immense en inondait les abords pour contempler un défilé de princes et de rois. Un bal était donné dans l'ancien Palais-Cardinal, afin d'en solenniser la Restauration, et pour célébrer l'arrivée à Paris de la famille royale des Deux-Siciles, qui venait de conduire au delà des Pyrénées la nouvelle reine d'Espagne. Ce beau palais, remis à neuf, avait été complété par l'érection de l'aile attenante au Théâtre-Français, et la riche galerie vitrée avait remplacé un bouge infect où s'étaient trop longtemps étalées toutes les turpitudes du vice.

L'effet de cette fête magnifique résulta surtout de l'art et de la sobriété apportés dans une ornementation qui releva, sans l'altérer, le caractère des constructions nouvelles. La verdure des arbustes tempérait partout l'éclat des gerbes lumineuses, et les meilleures œuvres de notre école moderne se détachaient encadrées dans les fleurs. L'idée n'était nulle part sacrifiée à la sensation, ni l'admiration étouffée par l'étonnement. Aucune combinaison insolite demandée à l'hydraulique ou à la pyrotechnie ne rappelait au spectateur le mécanisme d'une mise en scène, et ne le détournait du respect et des graves préoccupations qui naissaient comme d'elles-mêmes dans la royale demeure où se pressaient sans confusion trois mille invités. La cour et la ville, le gouvernement et la diplomatie, la presse, les lettres et les arts étaient représentés par tous les noms connus de la France, et jamais autant de vieilles gloires n'avaient côtoyé autant de jeunes renommées, tant la fécondité de l'avenir semblait alors en plein accord avec la gloire d'un long passé.

On respirait dans ces beaux lieux, ornés avec un goût irréprochable, la vie nationale en ce qu'elle avait de plus élevé. Tous les partis politiques avaient été conviés à ce noble rendez-vous ; et si l'on put entrevoir dans cette haute impartialité un secret calcul, il fut au moins difficile de l'accuser, tant la plupart des choix paraissaient naturels. Toutes les passions se turent un moment devant cet appel adressé à toutes nos gloires. Ce fut une heure solennelle que celle où

Charles X, après avoir gravi le grand escalier dont les marches étaient occupées par ses gardes du corps, parcourut les salons avec la famille royale de Naples, entouré de tous les princes de sa maison, parmi lesquels les jeunes ducs de Chartres et de Nemours, tout récemment passés des bancs du collége dans les rangs de l'armée, se montraient dans les brillants uniformes que le soleil d'Afrique allait bientôt bronzer. A l'attachement témoigné par le monarque correspondait, chez tous les princes de son sang, une respectueuse reconnaissance ; aucun nuage ne se montrait ni sur les fronts ni dans le ciel. Une sérénité confiante éclatait chez le vieux chef de la maison de Bourbon, qui semblait se reposer avec un joyeux orgueil sur la nombreuse lignée de Robert le Fort et de saint Louis.

Après avoir prodigué de gracieuses paroles aux représentants les plus considérables des diverses opinions inclinés sur son passage, le souverain parut sur la terrasse de la galerie, convertie en un bois d'orangers. La beauté d'une nuit pleine de parfums et parsemée d'étoiles rappelait à d'augustes hôtes les enchantements de Sorrente. Charles X reçut de la foule pressée dans les jardins les dernières acclamations qu'il fut appelé à entendre sur la terre de France. Ces cris de : Vive le roi ! proférés quelques semaines avant le départ pour l'exil, émurent la plupart des invités, qui refoulaient dans le secret de leur cœur les plus sinistres pressentiments. « Les vents sont au nord, messieurs, s'écria le roi en aspirant la brise du soir, bon présage pour ma flotte d'Alger ! »

La tempête soufflait plus près, et le malheureux prince ne soupçonnait pas un péril dont l'imminence n'échappait à personne. Le mot si connu de M. de Salvandy ne fit une aussi grande fortune que parce qu'il exprima sous une forme pittoresque le sentiment général. Dans cette belle fête napolitaine on dansait en effet sur un volcan. Le monarque, qui semblait seul l'ignorer, se promenait le sourire aux lèvres au bord du cratère, trop plein de sa pensée et trop sûr de son propre cœur pour bien mesurer la pression exercée par les grandes crises politiques sur les affections les plus sincères, et ne comprenant pas qu'il est des circonstances où la position conspire, même sans la volonté.

Après la sortie des personnes royales que tant d'événements étaient à la veille de séparer, les quadrilles continuèrent jusqu'au matin dans les vastes appartements du centre et dans l'aile droite du palais, les nouvelles constructions de l'aile gauche ayant été consacrées à des buffets qui s'y prolongeaient à perte de vue. Je me trouvai à peu près seul dans l'un des derniers salons, où les bruits arrivaient amortis par la distance. Caché par des fleurs et des arbustes dont le parfum m'enivrait, j'y tombai dans une sorte de rêverie plus voisine du sommeil que de l'état de veille. D'étranges images traversaient mon cerveau, sans que je fisse aucun effort ni pour les provoquer, ni pour m'en défendre. Je voyais, comme par intuition, cette jeune famille d'Orléans, la plus belle qui ait jamais entouré un trône, portée par le flot sur le sommet qu'un autre flot allait bientôt balayer, et je contemplais dans un prochain avenir toutes les péripéties d'une autre révolution de 1688, aboutissant à un autre changement de dynastie. Mais mon imagination mise en mouvement rencontra bientôt devant elle des mystères redoutables et s'arrêta devant des abîmes. Je connaissais trop ce qui séparait la France démocratique de l'aristocratique Angleterre pour ignorer qu'une solution de laquelle avait pu sortir chez nos voisins un établissement durable, ne serait chez nous qu'une digue passagèrement opposée au cours d'un torrent. J'entrevoyais des luttes sans terme aboutissant à une transformation finale dont les éléments nous manquaient ; je me représentais enfin la France aussi incapable de rentrer dans la monarchie que de se reposer dans la république ; et, sans rien soupçonner des épreuves sous lesquelles elle succombe aujourd'hui, j'en avais comme une sorte de pressentiment douloureux et confus.

Au moment où j'étais plongé dans ces vagues contemplations, passèrent quelques députés venus pour chercher, sans doute, dans cette partie reculée du palais, un peu de fraîcheur et de silence. Ils discutaient avec une grande vivacité. M. de Castelbajac, l'un des membres les plus spirituels de la droite, rappelait à ses collègues une phrase de M. Royer-Collard, prononcée plusieurs années auparavant, et l'opposait avec insistance au texte de l'adresse qui venait de dénier au roi le droit de prendre ses ministres en dehors de la majorité. « Voici, messieurs, s'écriait-il, ce que disait votre oracle en 1817 ; écoutez

bien : « Le jour où il sera établi que la Chambre peut
« repousser les ministres du roi, et lui en imposer
« d'autres qui seront ses propres ministres, et non les
« ministres de la couronne, ce jour-là, c'en est fait
« de la Charte comme de la royauté, et nous serons
« en république. » Vous y voilà venus, et vous faites
ici ce soir votre éducation républicaine au son des violons ; mais si vous en savez assez pour jeter bas une
monarchie, de longtemps vous n'aurez ce qu'il faut
pour vivre en république. »

Le sens et la portée des paroles de M. Royer-Collard provoquèrent entre les honorables interlocuteurs une controverse des plus animées. Cependant une telle maxime, commentée dans cette demeure, à une heure aussi solennelle, prit pour moi un sens quasi prophétique, et je crus la voir flamboyer comme une menace aux murs de ce palais tout plein de bruit. Pendant que je suivais, comme dans un nuage, le cours de ces visions, un passant, se prenant les jambes dans le fourreau de mon épée, que je portais avec une certaine inexpérience, vint presque s'abattre sur moi. C'était un de mes jeunes camarades des affaires étrangères qui s'écria, en me reconnaissant dans le berceau de verdure où je m'étais blotti.

« — Que diable faites-vous donc dans ce gîte-là, mon cher ? Est-ce que vous dormez ?

— Non, je ne dors pas, mais je songe.

— Vous songez, et à quoi, je vous prie ?

— A une révolution.

— Ah ! je comprends. Il est certain que le temps

et le lieu y portent assez. Mais ni vous ni moi ne sommes d'assez gros personnages pour que la foudre prenne la peine de nous écraser. D'ailleurs, il en des révolutions comme des orages : elles n'atteignent que ceux qui ne s'abritent pas. A notre âge, on a bon pied et bon œil. Nous avons mieux à faire que de rêver aux révolutions : c'est, lorsqu'elles sont devenues inévitables, de nous y préparer. »

Et mon ami se prépara.

Mes prévisions étaient plus platoniques. En rêvant à l'avenir, je ne songeais guère à l'escompter, car j'ai commencé de bonne heure la vie de songeur maladroit qui m'a rendu aussi impropre à profiter des bonnes chances qu'à conjurer les mauvaises. D'ailleurs, une circonstance imprévue me fit quitter Paris dans le courant de juin. J'obtins plus promptement que je ne l'avais prévu un congé pour me rendre dans ma famille, et j'appris au fond de la Bretagne, avec la signature des ordonnances de juillet, la formidable insurrection dont leur promulgation fut suivie : la foudre m'arrivait avec l'éclair.

Durant une semaine, toutes les communications postales avec les départements furent interrompues; des centres de résistance s'organisèrent dans la plupart des grandes villes, et les bruits les plus contradictoires parvinrent aux extrémités du royaume sans qu'on eût aucun moyen pour en contrôler l'exactitude. Je vécus dans un état d'angoisse dont je n'imaginais pas alors que la souffrance pût jamais être dépassée : illusion cruellement détruite par les épreuves accumulées sur mon malheureux pays, puisque j'avais à peine trempé les lèvres dans la coupe amère qu'au début de ma vie je croyais avoir épuisée !

Rentré à Paris au terme de mon congé, je trouvai la capitale encore enivrée d'une victoire dont les traces sanglantes avaient à peine disparu. A l'émotion de la lutte avait succédé le trouble profond provoqué par les divisions inséparables d'une résistance au succès de laquelle concoururent les passions les plus diverses et les vues les plus discordantes. Jamais, il faut bien le dire, insurrection n'avait été ni plus spontanée ni plus générale. Convaincues qu'elles s'étaient armées pour défendre les lois, toutes les classes de la population avaient pris part à la lutte, soit en lui prêtant un concours actif, soit en s'y associant par une sympathique attitude. Il y eut donc une témérité dont aucun gouvernement n'avait jusqu'alors donné l'exemple à mettre contre soi, avec l'excitation habituelle de la fièvre révolutionnaire, maladie endémique chez le peuple de Paris, la résolution calme et forte qu'inspire toujours la pensée de défendre le bon droit outragé. Déchirer dans de telles conditions le pacte qui protégeait la royauté, et tenter une pareille entreprise avec une garnison de moins de dix mille hommes, dont la plus grande partie adhérait à l'opinion générale des citoyens, c'était un acte de démence accompli dans une de ces heures néfastes où Dieu inflige aux pouvoirs aveuglés la responsabilité visible de leur chute.

La plupart des collègues de M. le prince de Polignac avaient été, pour la signature des fatales ordonnances, les agents d'une pensée toute personnelle au monarque, pensée à laquelle ils avaient lié leur sort par une respectueuse déférence. Aucun des ministres du roi Charles X n'admettait d'ailleurs comme possible en juillet 1830 le succès d'un mouvement populaire dans Paris, pas plus qu'aucun des ministres de Napoléon III n'admettait en juillet 1870 l'éventualité d'une défaite sur nos frontières. Mais si l'aveuglement fut égal chez les deux souverains, dont l'un épuisa la coupe du malheur et l'autre celle de la honte, Charles X avait le cœur trop droit pour décliner la responsabilité directe d'une lutte malheureuse ; encore moins songea-t-il à s'abriter derrière la part qui incombait constitutionnellement à ses ministres dans l'œuvre où ceux-ci s'étaient engagés par un dévouement déplorable. Vaincu dans le combat que sa conscience l'avait conduit à livrer, il comprit que son autorité ne pouvait survivre à l'idée politique dont la chute était irrévocable. L'abdication spontanée du vieux monarque fut le résultat de cette conviction ; et, par une autre conséquence naturelle, cette abdication fut suivie de celle du dauphin, prince d'opinions habituellement modérées, que sa soumission filiale avait conduit à se faire, en cette périlleuse occurence, l'instrument passif de la politique du roi son père.

Là s'arrêtaient manifestement les conséquences régulières de la victoire ; là commençait pour les vainqueurs le patriotique devoir de rentrer dans la charte et de respecter à leur tour le droit, après une lutte originairement engagée pour le défendre. Par ce double sacrifice, rançon douloureuse de sa défaite, Charles X n'avait pas pu dégager la France des obligations que la nation avait à remplir envers elle-même dans l'intérêt de sa propre sécurité. Depuis l'avénement du ministère Polignac, le combat s'était engagé contre le pouvoir constituant réclamé par le monarque, et pas du tout contre l'hérédité monarchique, institution fondamentale éprouvée par une longue expérience, consacrée par l'assentiment de l'Europe, et dont, au sein des Chambres, personne n'avait jusqu'alors contesté l'avantage, dans l'intérêt même de la liberté. Si le droit divin était vaincu, il n'y avait aucune raison pour que le droit héréditaire le fût avec lui. La souveraineté de la nation, symbolisée par le drapeau tricolore, venait de remporter une de ces victoires sans appel contre lesquelles les protestations restent vaines. Nul motif plausible ne semblait donc pouvoir conduire les vainqueurs, alors fort intéressés au rétablissement de l'ordre public, à écarter du trône, vacant en fait et en droit, un enfant qui n'y pouvait monter que dans les conditions même déterminées par la situation nouvelle, en donnant, par son avénement, une sanction décisive à l'œuvre de transaction qui fut l'honneur du roi Louis XVIII, comme elle avait été la gloire de Henri IV. Préparé à régner par une longue régence, à la suite d'une éducation dont M. de Chateaubriand venait de tracer devant la Chambre des pairs le programme magnifique, cet enfant serait devenu sans effort le roi naturel des temps nouveaux, car l'orage avait grondé sur son berceau comme une menace, et pour les cœurs droits qui ont surtout besoin de connaître la vérité, le gouvernement est une meilleure école que l'exil, les courtisans du malheur étant les plus dangereux parce qu'ils sont les plus sincères.

Comment comparer, si l'ordre de successibilité au trône avait été maintenu, les embarras qu'auraient pu provoquer les traditions historiques de la branche aînée et les menées de l'ancienne cour, aux difficultés et aux périls que rencontra la monarchie nouvelle dans l'immense accroissement de force apporté au parti révolutionnaire par une aussi solennelle dérogation au droit de l'hérédité? Bien plus favorable au mécanisme constitutionnel que l'action personnelle si vivement reprochée au roi Louis-Philippe, la tutelle du prince-enfant, déférée au duc d'Orléans jusqu'au jour d'une majorité dont il aurait appartenu aux Chambres de fixer le terme, n'aurait pas moins profité à la vérité du régime représentatif qu'aux relations diplomatiques de la France. Durant toute la première période de la monarchie de 1830, le désaccord de son principe avec celui des autres monarchies continentales fut une cause permanente de faiblesse qu'aucun autre avantage ne vint compenser. Le pays ignorera probablement toujours ce qu'il a fallu d'habile persévérance pour assurer enfin à la royauté consentie une situation acceptable dans cette Europe de la Sainte-Alliance sur laquelle n'avait pas encore passé le char des révolutions, et qui, dominée tout entière par les traditions de Vienne, de Laybach et de Vérone, n'admettait pas que les gouvernements eussent à compter avec la volonté des peuples. Affronter gratuitement de pareils obstacles était ou une grande imprudence ou une grande témérité : longtemps isolé et suspect, le gouvernement de 1830 ne put en triompher qu'avec lenteur. Si, à la veille de sa chute, il avait fini par conquérir une situation extérieure très-forte à la tête de tous les États régis par des institutions constitutionnelles, il le dut bien moins à ses propres efforts qu'aux graves événements qui avaient modifié l'ancien droit public européen tout d'abord dans les Pays-Bas, puis en Portugal et en Espagne, en Italie principalement, où les premiers actes de Pie IX portèrent un coup mortel à l'influence autrichienne, en ouvrant pour toute la péninsule des percées d'une profondeur incalculable.

Comment les hommes d'expérience, tous partisans déclarés de la paix, qui entouraient dès le 30 juillet le prince lieutenant général du royaume, ne virent-ils pas du premier coup d'œil qu'en faisant de notre royauté nouvelle une sorte de menace permanente pour l'ordre monarchique européen, tel qu'il était alors universellement constitué, ils plaçaient la France dans l'alternative certaine de l'isolement diplomatique ou d'une guerre de propagande? Quels motifs purent les déterminer à joindre un tel obstacle à ceux que présente la fondation de tout gouvernement nouveau? Quel avantage était assez sérieux pour compenser un pareil inconvénient? A quel intérêt une semblable dérogation pouvait-elle profiter?

Faut-il attribuer l'exclusion donnée au petit-fils du roi déchu à de profonds calculs, ou à des ressentiments personnels? Mais quel sang criait contre l'enfant que son âge avait laissé aussi étranger à nos discordes qu'à nos haines? Quels rivaux, au sein d'un parti écrasé sous le coup de la défaite, auraient pu menacer dans la possession du pouvoir les chefs éminents du grand parti victorieux, auxquels ne manquaient ni le talent pour l'exercer, ni l'ambition pour le retenir? Comment ces orateurs et ces publicistes, après avoir énergiquement revendiqué la sincérité du gouvernement parlementaire, furent-ils amenés à préférer au règne d'un roi mineur celui, beaucoup plus senti, d'un prince dans la maturité de son âge, qui ne pouvait consentir à jouer une partie dans laquelle il mettait pour enjeu son sort et celui de sa famille, sans que sa préoccupation naturelle et constante ne fût la consolidation de sa propre dynastie et le triomphe de sa propre pensée? Ce choix fut-il enfin machiné par quelques Warwicks de la banque et de la presse au profit d'une ambition qui se réservait à Neuilly? Cette question-là appartient surtout à la chronique. Les Saint-Simons projettent sur l'histoire encore plus d'ombre que de lumière, car c'est rarement aux petites causes qu'il appartient d'expliquer les grands effets. En faisant même la plus large part aux calculs égoïstes, l'association de quelques intérêts avec quelques vanités serait très-insuffisante pour expliquer la résolution simultanée des deux Chambres, résolution accueillie par l'assentiment chaleureux d'une grande capitale, et manifestement ratifiée par la nation avec l'accord que provoque toujours l'appréhension immédiate d'un grand péril public. L'établissement du 9 août 1830 sortit, comme d'autres solutions plus radicales, de l'effroi ressenti par la population tout entière en se voyant à la merci des passions démagogiques.

Depuis la victoire de l'insurrection, Paris se sentait menacé par l'ancienne armée faubourienne du 14 juillet et du 10 août, force populaire que toute la bourgeoisie avait ardemment secondée la veille, afin d'atteindre un but qu'elle n'entendait pas dépasser, mais à laquelle elle n'avait à opposer le lendemain ni troupes régulières, ni gouvernement, ni administration, car tout avait fui et l'abîme était ouvert. Au milieu de la *grande populace et de la sainte canaille*, déjà poursuivie par les détestables rêves qui, quarante ans plus tard, l'ont jetée dans le crime, délibérait au Palais-Bourbon une Chambre dont les pouvoirs n'étaient pas même vérifiés, et qui, de l'écroulement général opéré sous ses yeux, n'avait emporté que le sentiment de sa propre impuissance dans ce renversement général des lois, commencé par l'autorité royale et continué par l'insurrection.

En voyant M. de Lafayette et tous les adhérents au programme dit de l'Hôtel de Ville se déclarer résolus à combattre toute autre royauté que celle du duc d'Orléans, la Chambre n'éprouva plus qu'un besoin, ce fut d'écarter à tout prix la chance d'une collision immédiate avec le parti républicain, en désintéressant la portion la moins violente de ce parti par une concession que celle-ci paraissait accepter. Dominée par la même pensée et sous l'impulsion du même mobile, la bourgeoisie parisienne pesa de tout son poids sur l'assemblée, afin que celle-ci constituât au plus vite un pouvoir nouveau, pour couper court à la fièvre révolutionnaire et pour renvoyer à l'atelier les soldats de l'émeute qu'il est plus facile d'enrôler que de licencier. En présence des casernes partout fermées et des clubs partout ouverts, sous ce courant de foudre qui se précipitait vers les dernières extrémités, aucune liberté de délibération n'était possible au Palais-Bourbon. On y commit une grande faute, sans nul doute; mais lorsqu'on étudie de près le mouvement général des idées et des choses durant les fiévreuses journées de juillet, on ne tarde pas à voir qu'il est fort injuste de condamner comme un profond calcul ce qui ne fut pour Paris, affolé de terreur, qu'un expédient issu de circonstances impérieuses.

Le temps ne manquait pas moins que le libre arbitre à l'assemblée qui délibérait en face de l'insurrection victorieuse. De là ces débats insignifiants aboutissant en quelques minutes à des scrutins d'une portée incalculable; de là une charte bâclée en cinq heures, un roi nommé au scrutin par 183 suffrages, dans la même forme que l'aurait été un questeur; de là surtout l'absence de toute sanction nationale pour la constitution nouvelle. Ce vice organique, dont l'établissement du 9 août ne s'est jamais relevé, a fourni aux adversaires de la monarchie de 1830 des armes dangereuses, que les hommes dont la prétention est d'avoir raison ne sauraient jamais sans imprudence remettre aux mains de gens qui s'inquiètent assez peu d'avoir tort.

Tout en regrettant la solution intervenue, j'avais

beaucoup admiré de loin l'héroïsme des combattants de juillet; mais je ne tardai pas à me sentir un peu désappointé en me trouvant en présence de leur ouvrage. Née de la peur bien plus que de la réflexion, élevée aux éclats de la foudre par une population éperdue, la monarchie de 1830, avant de prendre l'aspect d'un édifice régulier, commença par ressembler à un abri dressé durant un orage.

Pendant les quelques mois qui précédèrent l'établissement de la famille d'Orléans aux Tuileries, la physionomie de la royauté de juillet avait quelque chose de trop pittoresque pour que cela fût parfaitement rassurant. La foule envahissait chaque jour les cours du Palais-Royal, et le nouveau roi était sommé avec des cris, où le dévouement était teinté d'une nuance d'ironie, d'avoir à comparaître au grand balcon, afin de s'associer à l'allégresse publique. Il ne tardait guère à s'y montrer, une large cocarde tricolore au chapeau, et chantant avec entrain la *Marseillaise*. Le peuple répétait l'hymne enflammé dans un chœur où des voix juvéniles mêlaient quelques strophes de la *Parisienne*, perdues comme les notes d'un fifre dans le roulement d'un tambour. Lorsque les rassemblements se montraient avec un caractère suspect, on envoyait quérir en toute hâte le général Lafayette, et le soutien fort équivoque de la monarchie passait familièrement le bras sous celui du prince, afin d'attester que le héros des deux mondes, malgré des dissidences déjà notoires, voyait encore dans le nouveau roi la meilleure des républiques.

A l'intérieur du palais, le spectacle n'était pas moins étrange. Des députations de la garde nationale, parties de tous les points du royaume, s'y succédaient chaque jour, afin de lire au roi les adresses d'adhésion au nouvel établissement politique, adresses par lesquelles on espérait suppléer au défaut d'une sanction régulière que le nouvel établissement politique aurait obtenue sans nul doute après le fait accompli, et qu'il commit l'irréparable faute de ne pas réclamer à l'heure opportune. Les délégués avaient à peine prononcé leur harangue qu'ils quittaient la salle, où le trône était figuré par un fauteuil, pour inonder les hôtels ministériels, afin d'y faire une guerre à mort à tous les fonctionnaires dont leur patriotisme sollicitait la succession. Le soir, ils se trouvaient réunis à la table royale, et le prince, contraint de se montrer abondant en paroles autant que pourvu de patience, avait, avant d'aller prendre un repos trop bien mérité, l'obligation quotidienne de s'enquérir près du préfet de police des projets prêtés aux émeutiers pour le lendemain. Ceux-ci s'abattraient-ils sur le Palais-Royal pour y faire une manifestation républicaine, sur une église pour la dévaster, ou sur le palais du Luxembourg afin d'y faire entendre des menaces aux pairs, investis du droit de décider du sort des malheureux ministres du roi Charles X ? Les bandes, pour ne pas dire les bandits, prendraient-ils pour mot d'ordre la mort de M. de Polignac, la délivrance de la Pologne ou l'annexion de la Belgique à la France ? Telle fut, durant une année, la préoccupation journalière d'un gouvernement qui n'avait pas encore trouvé son centre de gravité.

Deux partis, personnifiés dans MM. Laffitte et Casimir Périer avaient engagé, au sein du parlement, une lutte dont le résultat paraissait encore douteux. Chacun de ces partis avait sa formule : le premier maintenait que la France avait choisi le duc d'Orléans, parce qu'il était prince de la maison de Bourbon, truisme évident; le second prétendait que le peuple avait acclamé le nouveau roi *quoique Bourbon*, en quoi il aurait fait grand tort à MM. Laffite et Dupont de l'Eure, candidats plus connus du peuple, à coup sûr, que ne l'était, lors des trois journées, le premier prince du sang. Il se rencontra, enfin, des journalistes pour révéler aux Parisiens que le duc d'Orléans n'était pas *Bourbon* mais *Valois!*

Tant que dura ce carnaval monarchique, l'Europe demeura fort inquiète de l'avenir réservé à cette royauté infirme, qu'elle attendait à une double épreuve : elle voulait voir si le pouvoir nouveau serait assez fort pour résister au dedans aux sanglantes exigences des partis, et s'il pourrait tirer le canon au dehors, sans se jeter dans l'abîme d'une guerre de propagande ou de conquête. L'attitude du gouvernement dans le procès des ministres, son excellente conduite dans la question de Belgique, où il fit les affaires de la France en refusant de servir les intérêts de la révolution cosmopolite, fondèrent la monarchie de 1830, en lui imprimant son caractère véritable, et en lui conférant cette sanction du droit qui ne se rencontre pas ailleurs que dans l'intérêt véritable du pays.

Création purement légale des pouvoirs de l'État, la royauté consentie fut l'expression de la prépondérance momentanée acquise à la nombreuse classe intermédiaire, qui tient au peuple par ses origines et le domine par l'ascendant des intérêts et des lumières. Louis-Philippe fut le type le plus vrai du roi bourgeois par ses convictions comme par ses habitudes. En reprenant après quarante ans le cours des idées politiques de 1791, il conserva sur le trône les mœurs simples qui avaient fait l'honneur et la joie de sa vie domestique. Ces mœurs n'étaient point en Europe particulières à la maison d'Orléans, et les princes de la maison d'Autriche faisaient chaque jour à Vienne, sans y être remarqués le moins du monde, les choses qui, après 1830, causèrent un si prodigieux étonnement à Paris. Depuis le dix-septième siècle, la royauté s'était entourée en France d'une atmosphère tellement artificielle, que les princes avaient cessé d'y vivre comme des hommes. Leur servitude personnelle était devenue la pénible compensation de leur grandeur, et ce fut avec une sorte de stupéfaction qu'on se retrouva tout à coup en contact avec eux. Cet effet, que la royauté nouvelle ne cherchait point, lui valut une popularité de bon aloi au sein de la bourgeoisie, et le souvenir en a survécu à toutes les vicissitudes de la fortune. Chaque matin, les journaux recueillaient, avec des exclamations de surprise, les détails les plus insignifiants touchant la vie privée de la famille royale; et, d'un autre côté, la malveillance s'efforçait de trouver du calcul dans l'usage le plus naturel de la liberté qu'elle entendait se réserver. Un incident caractéristique est demeuré dans ma mémoire, et m'a plus d'une fois donné à réfléchir sur la puissance de ces courants insaisissables auxquels obéit l'opinion parisienne dans sa capricieuse mobilité.

Durant une matinée pluvieuse du mois de septembre 1830, je rencontrai, en traversant la rue Coq-Héron, une sorte de rassemblement où se révélait d'ailleurs une curiosité très-bienveillante. Il avait été provoqué par l'arrivé du roi qui, sorti du Palais-Royal à pied, venait, disait-on, d'entrer chez M. Dupin aîné, un chapeau gris sur la tête et un parapluie sous le bras. Ces détails, passant de bouche en bouche, provoquaient dans la foule le plus extrême étonnement. Le chapeau gris contrastait de la manière la plus heureuse avec le chapeau à plumes blanches que Charles X ne quittait jamais, même à la chasse, au dire d'un homme bien informé. Le parapluie surtout paraissait plein de promesses : un roi assez économe pour épargner une course de trente sous ne pouvait manquer de délivrer le peuple de tous les impôts qui l'accablaient. Ces espérances furent confirmées par un épicier en mesure d'attester *de visu* la simplicité des mœurs de la famille d'Orléans. Ayant été admis à visiter les appartements du Palais-Royal, son guide lui avait montré le lit commun à l'auguste couple, en lui faisant remarquer que le côté réservé au prince était garni d'un seul matelas fort dur, tandis que trois couettes de plumes étaient destinées à la princesse. Ceci parut charmer la plus intéressante portion de l'auditoire : une femme prétendit avoir vu la reine Marie-Amélie à Saint-Roch, à genoux comme une portière sur une chaise de paille; et les voisines, renchérissant sur ses paroles, n'étaient pas éloignées de croire que les filles de la reine, qu'on disait belles comme le jour, lavaient elles-mêmes à Neuilly leur linge dans la Seine, à l'exemple des princesses de l'époque homérique.

Mais ce concert d'éloges ne tarda pas à être interrompu par une malencontreuse intervention. Un jeune homme, à la barbe fauve et à la chevelure irrégulière, fit observer qu'il n'y avait rien de bien méritoire dans tout cela. Si un homme riche à millions va à pied pour économiser une course de fiacre, c'est de la pure avarice, et ce vice n'est pas moins blâmable chez un prince que la prodigalité. Si le roi partage le lit de sa femme et préfère un sommier de crin à un lit de plumes, c'est une affaire qui ne regarde personne, et lorsque la valetaille du palais vient révéler de pareilles choses au public, il est permis de croire qu'elle obéit à une consigne, laquelle n'a pas été donnée sans motif. Il est également à présumer que si Louis-Philippe sort en redingote marron et avec un chapeau gris, c'est afin de se mieux faire remarquer. Lançant alors un regard oblique sur le divulgateur des mystères conjugaux, le *Boussingaut*, c'était le nom donné en ce temps-là aux socialistes de ce temps-ci, insinua que bon nombre de mouchards accompagnaient constamment le chef de l'État, beaucoup moins pour veiller à sa sûreté qui n'était menacée par personne, que pour le désigner au peuple, afin d'en obtenir des applaudissements, ajoutant qu'il n'était pas de la dignité des citoyens de se prêter à une pareille comédie. Le mieux donc était, selon lui, de ne point attendre la sortie du roi, lequel en serait pour sa peine. Ces observations ne furent contredites par personne, l'épicier n'ayant pas la parole aussi facile que le carabin. La foule, passant tout à coup d'une pensée à une autre, sembla partager l'avis de ce dernier, car on suivit son conseil et la rue se dégarnit sensiblement. Comme la pluie augmentait et que je ne m'étais pas muni de la même arme défensive que Sa Majesté, je continuai mon chemin après avoir surpris sur le fait ce singulier travail d'une opinion aussi mobile que les flots, qui passe incessamment d'une note à une autre sans qu'il soit jamais possible, même à l'esprit le plus exercé, de pressentir à quel diapason elle se mettra le lendemain.

En rentrant à Paris, j'avais repris le cours de mes occupations habituelles, et la rédaction du *Correspondant*, engagé dans une polémique de plus en plus vive, m'intéressait chaque jour davantage. Les événements accomplis que, dans nos prévisions douloureuses, nous avions si souvent laissé pressentir à nos lecteurs, avaient donné au modeste organe des idées libérales au sein de la jeunesse religieuse une autorité qui nous imposait de véritables devoirs. Dans cette grave occurrence, il y avait une attitude à prendre et des conseils à donner à un public honorable dont la confiance nous imposait charge d'âmes.

Adversaires résolus de ce pouvoir constituant qui venait d'être si funeste à ses fauteurs, nous n'admettions point qu'il eût été juste et politique de répondre à la violation de la charte par la violation de la loi d'hérédité, et nous regrettions pour la France une situation qui, en la séparant pour longtemps de toutes les monarchies continentales, la plaçait entre les déboires de la faiblesse et les périls de la témérité. Mais en nous reportant à la crise du sein de laquelle était sorti tout à coup l'établissement nouveau, comme une digue formée dans le lit d'un torrent par les débris que son cours accumule, en nous demandant surtout à quelles passions profiterait sa chute, nous n'hésitions ni sur la ligne à suivre, ni sur les conseils à donner. Les traditions domestiques qui rattachaient le plus grand nombre d'entre nous à la maison de Bourbon n'empêchèrent pas le *Correspondant*, alors dans la plénitude de sa courte influence, de donner à la monarchie nouvelle le concours le plus sincère, sous la seule condition que son gouvernement remplirait tous les engagements contractés envers la France.

A titre de catholiques, nous avions accueilli avec joie la solennelle promesse de la liberté de l'enseignement introduite dans le texte même de la charte nouvelle, et nous avions vu supprimer avec plus de confiance que de regret la qualification de religion de l'État attribuée au catholicisme, qualification équivoque sur la portée de laquelle il était facile de contester, et qui, sans avoir plus profité à l'Église sous le régime des arrêts de 1762 que sous celui des ordonnances de 1828, avait été pour elle comme une cédule de servitude. A titre de citoyens, nous entendions faire profiter toutes les opinions indépendantes de l'extension garantie aux libertés publiques; nous entretenions surtout l'espérance de rattacher au gouvernement du pays, par l'application successive du principe électif à toutes les administrations locales, les hommes honorables rejetés, par un scrupule de fidélité, dans une retraite qui était une véritable calamité publique. Plusieurs articles furent consacrés par le *Correspondant* à déterminer les limites exactes dans lesquelles le serment politique engage la conscience de l'homme d'honneur qui se résout à le prêter. Ces travaux, nourris d'une doctrine solide et défiant toute controverse, pesèrent d'un poids décisif auprès de gens de bien dont le concours fut d'autant plus précieux pour le gouvernement nouveau qu'il avait été plus difficile à obtenir. Il n'y a pour bien tenir leurs serments que les honnêtes gens qui regardent longtemps à les prêter. Aussi l'effet principal de cette sorte d'exigence, si heureusement abolie, est-il d'écarter des affaires les hommes mêmes que le pays aurait le plus d'intérêt à y voir rester.

Mais tandis que la jeune école catholique et libérale conseillait le sacrifice des affections de la vie privée aux sévères devoirs de la vie publique, les fonctionnaires novices, dont chaque révolution apporte un complet rechange, rendaient cette tâche fort difficile, et leur ardeur militante précipitait, par des actes déplorables, les écrivains qui prenaient à tâche de l'accomplir dans les voies d'une opposition de plus en plus prononcée. Si entre les opinions honnêtes et le pouvoir l'accord s'opérait sans difficulté sur les questions générales, telles que le maintien de la paix au dehors et de l'ordre au dedans, la plupart des magistrats chargés de diriger l'administration locale semblaient s'attacher à rendre l'entente impossible.

Au dehors, la monarchie nouvelle s'était déclarée résolue à maintenir la foi due aux traités, et à ne point profiter des agitations provoquées dans toute l'Europe par le contre-coup des trois journées. En agissant ainsi, elle se montrait non-seulement économe de l'or et du sang de la France, mais elle servait efficacement les véritables intérêts du pays, partout incompatibles avec ceux de la démocratie cosmopolite, dont le second empire a si tristement poursuivi l'alliance léonine au delà des Alpes comme au delà du Rhin. Mais tandis que M. le comte Molé revendiquait contre MM. Lamarque et Mauguin l'honneur de maintenir nos vieilles traditions diplomatiques éprouvées depuis trois siècles; pendant que Casimir Périer, en occupant Ancône, élevait d'une main forte le drapeau conservateur, les nouveaux magistrats, éclos au soleil de juillet, vieux opposants et administrateurs novices, jetaient leur gourme démocratique dans les hôtels de préfectures et sur les sièges du ministère public. Le meilleur côté des révolutions, c'est qu'elles élargissent l'horizon des hommes nouveaux portés aux affaires, et qu'en leur révélant des difficultés jusqu'alors ignorées, elles les mettent en mesure de voir les personnes et les choses sous un aspect très-différent. Mais ceci ne s'opère pas en un jour, car le nouveau fonctionnaire est plus vite galonné que transformé, et la froide impartialité du magistrat ne triomphe pas sans combat de l'ardeur du journaliste.

Installée au pouvoir en 1830, la bourgeoisie française dut accomplir soudainement une éducation politique des plus laborieuses. Très-libérale par ses idées, elle l'était aussi peu que possible par ses habitudes. Elle avait le cœur moins large que l'esprit, car une sorte de maladie organique, dont la pleine sécurité du triomphe ne l'avait point guérie, l'empêchant de s'élever à la hauteur de sa fortune. Il lui en coûtait singulièrement de laisser au parti dont elle avait triomphé la pleine jouissance du droit commun; les mesures d'exception ne lui répugnaient aucunement, car, après avoir pris à ses adversaires leurs places, elle était très-disposée à confisquer leurs libertés. Si donc le cabinet souhaitait l'apaisement, le plus grand nombre de ses agents aspirait à continuer la lutte. De nombreuses visites domiciliaires étaient opérées sans nul motif sérieux dans les départements de l'Ouest et du Midi, les fonctionnaires y faisant du zèle par passion, chose encore pire que d'en faire par calcul. Insulté chaque jour dans l'éxercice de son ministère et l'usage le plus légitime de sa liberté, le clergé portait, après la révolution de 1830, le poids de la solidarité brisée par un grand coup de la Providence, et ses ennemis lui refusaient jusqu'au droit de s'en dégager lors même qu'il le réclamait avec la plus parfaite sincérité.

D'après ces commentateurs césariens de la charte de 1830, le Français revêtu d'un caractère religieux n'était admis à revendiquer l'usage ni de la liberté individuelle, ni de la liberté d'association; bien moins pouvait-il encore réclamer celui de la liberté de l'enseignement, quoique celle-ci fût promise à bref délai par une disposition spéciale du pacte fondamental. Les catholiques, reconnaissant un chef spirituel placé hors du territoire national, restaient par ce fait seul sous une sorte de suspicion permanente, et le prêtre que son caractère laissait en dehors du droit commun n'était guère, aux yeux de ces étranges libéraux, qu'un appariteur salarié chargé d'introduire après sa mort, dans un édifice public surmonté d'une croix, le libre penseur qui durant sa vie n'avait jamais songé à en franchir le seuil.

Tant que Casimir Périer n'eut point acquis la pleine possession de sa force, l'agitation des esprits et le trouble des consciences survécurent à la tempête qui ne grondait plus. La croix semblait chanceler sur le faîte de tous les temples, depuis que, pour protéger un palais, on avait estimé habile de faire dériver le flot populaire sur Notre-Dame, en se rachetant d'une émeute au prix d'un sacrilège.

Le *Correspondant* dut engager contre ces tristes passions, servies par les défaillances du pouvoir, une polémique dont la modération habituelle de cette feuille fit encore plus ressortir la vivacité. Cette lutte, à laquelle je prenais une part active, me plaçait dans une situation difficile; car j'appartenais à un ministère dont les traditions n'admettaient pas l'attitude d'un publiciste entendant ne servir dans la presse que ses propres opinions, et absolument incapable de penser et d'écrire par ordre. La bienveillance de M. Molé, auquel le nouveau roi avait confié le portefeuille des affaires étrangères, parce que son nom rassurait l'Europe, m'autorisait à espérer une position agréable, si j'exprimais le désir d'entrer dans le service extérieur pour échapper à des embarras que la délicatesse de son esprit était si propre à bien apprécier. Mais quitter la France, c'était déserter le terrain d'un combat où j'avais mis toute mon âme; d'un autre côté, continuer à résider à Paris en m'efforçant d'associer les intérêts de ma carrière à ceux d'une œuvre politique indépendante, c'était manquer à un devoir, ou tout au moins à une convenance de situation que faisait à mes yeux ressortir davantage la réserve qu'on voulait bien garder vis-à-vis de moi. Pour l'homme qui se respecte, les reproches les plus sensibles sont ceux qu'on lui épargne : afin de m'y dérober, je renonçai à la modeste situation que j'occupais au ministère en alléguant des considérations toutes personnelles pour expliquer ma démission, et j'abandonnai une carrière déjà ouverte pour courir les hasards de la vie littéraire, en attendant ceux de la vie politique à laquelle j'aspirais comme toute ma génération. Je pris cette résolution avec un vrai bonheur, mon esprit se dilatant à la pensée d'acquérir une plus entière possession de lui-même. Si mes ressources étaient restreintes, j'avais en réserve l'inépuisable trésor de l'espérance et du travail; je m'avançai donc vers l'avenir avec la confiance de la jeunesse, et je me jetai à corps perdu dans l'étude, la seule jouissance qui tienne toujours pour l'homme tout ce qu'elle lui promet.

CHAPITRE VIII

LES QUESTIONS RELIGIEUSES. — LE CORRESPONDANT
ET L'AVENIR. — FIN DE CES SOUVENIRS.

Le *Correspondant* prit dans ma vie la place assurée aux choses entreprises et poursuivies par conviction, et jamais l'avenir de cette œuvre n'avait paru plus assuré que la veille du jour où elle s'éclipsa tout à coup pour disparaître bientôt après devant une concurrence aussi redoutable qu'inattendue. L'auteur de l'*Essai sur l'indifférence* venait de quitter la retraite dans laquelle il avait groupé autour de lui quelques disciples, et se montrait, après deux ans de silence, sous un aspect tellement nouveau, qu'il aurait été méconnaissable si, en répudiant toutes ses idées, M. de Lamennais n'avait conservé toutes ses passions. Le fougueux apologiste de la théocratie et du pouvoir absolu, qui avait constamment associé l'autel au trône, arrivait à Paris pour y créer un journal quotidien fondé dans la pensée de préparer la séparation radicale de l'Église et de l'État, journal qui ne tarda pas à dépasser les feuilles républicaines par l'impatiente ardeur de ses aspirations démocratiques.

Les esprits sagaces ne s'étaient point trompés sur la portée des idées nouvelles qui agitaient l'abbé de Lamennais depuis l'avénement du ministère Martignac. Son livre sur *les Progrès de la Révolution et de la guerre contre l'Église* avait signalé une rupture, encore latente mais déjà consommée, avec la monarchie qui, repoussant les hardis conseils dont il s'était longtemps montré prodigue, lui paraissait incapable désormais de concourir à la régénération morale des peuples. S'il donna à cet ouvrage, imprégné de théories novatrices contre lesquelles protestait tout son passé, un titre conservateur, ce fut pour imiter les marchands ambulants, qui, afin d'obtenir l'estampille du colportage, revêtent un livre prohibé d'une couverture irréprochable. L'impitoyable logicien, aussi incapable de mesure dans sa seconde manière qu'il l'avait été dans la première, continua de poursuivre, en applaudissant à toutes les révolutions, l'idéal social qu'il avait espéré préparer dix ans plus tôt en provoquant pour la France l'établissement d'une législation orthodoxe : aspirant toujours à soulever le monde, il avait changé de levier et cherchait un autre point d'appui. C'était à la liberté la plus illimitée qu'il allait demander désormais la force si longtemps revendiquée pour la puissance politique mise au service de la vérité religieuse. Et comme il n'existait pour cet esprit excessif aucun milieu entre l'engouement et la haine, et que personne ne possédait au même degré la faculté d'oublier, il brûla, sans pitié comme sans trouble, tout ce qu'il avait adoré la veille. Nulle part plus qu'à la

Chesnaye on n'avait applaudi au renversement de la vieille royauté, en n'y tenant aucun compte de la part qu'on avait pu avoir dans ses fautes.

En voyant l'illustre écrivain entrer avec la passion d'un héros de juillet dans l'arène de la polémique, en pressentant la grande place qu'il ne pouvait manquer d'y prendre, je fus saisi des plus vives appréhensions. Si l'*Avenir* exagérait, en effet, comme cela était à présumer, l'expression des idées politiques que le *Correspondant* défendait alors avec prudence et mesure, il était fort à craindre que le journal de M. de Lamennais ne compromît notre cause, fort loin de la servir, et cependant le grand nom qui allait couvrir de son éclat le nouvel organe catholique nous interdisait de prendre à l'avance des réserves que la malveillance aurait à coup sûr attribuées aux motifs les plus mesquins.

En souhaitant la bienvenue au maître descendu des sommets habités par son génie sur le terrain des luttes quotidiennes auxquelles il consentait à se mêler, je fus donc chargé par la rédaction du *Correspondant* d'une tâche qui n'était pas sans difficulté. Je m'en acquittai dans le numéro du 8 octobre 1830, et je laissai percer à travers de respectueuses félicitations deux pensées assez délicates à exprimer : je dus, en effet, y établir sans ambage que les deux organes de l'opinion libérale au sein du parti religieux suivraient probablement des voies fort différentes en poursuivant un but commun, et je déclarai sans hésitation qu'il nous paraissait moins difficile de réconcilier les vaincus de juillet avec la liberté politique, désormais leur seul refuge, que de réconcilier avec la liberté religieuse les spoliateurs des temples et les profanateurs de la croix.

M. de Lamennais n'avait épargné à notre recueil, depuis le jour de sa fondation, ni les épigrammes ni les dédains, n'ayant jamais compris qu'il ne lui eût pas demandé la permission de naître. Cette disposition malveillante persista jusqu'au moment où le *Correspondant* disparut devant l'*Avenir* comme un esquif perdu dans l'orageux sillage d'un gros vaisseau. Toutefois, les rapports entre les personnes restèrent bons, et l'abbé de Lamennais, qui voyait en moi un compatriote, voulut bien m'accueillir avec autant de politesse qu'un dieu peut en mettre à recevoir un mortel.

Le dieu se montra pour la première fois à mes regards dans un petit salon fumé de la rue Jacob, où se trouvait réunie presque toute la rédaction de l'*Avenir*, dont le premier numéro venait de paraître. Je n'avais jamais été sous le charme de l'auteur de l'*Essai sur l'indifférence*, par la raison que son système du témoignage universel était demeuré lettre close pour mon intelligence, et qu'en matière politique je le savais incapable de mesure et constamment dominé par ses passions. En lisant tant d'imprécations éloquentes contre ses adversaires, d'où semblait suinter le fiel, il m'était arrivé d'entendre, sans en éprouver aucun scandale, répéter devant moi le mot connu : « Le génie de cet homme est dans sa bile ; une bonne médecine l'en purgerait. »

Toutefois, ce fut un jour à noter dans ma vie que celui où j'allai voir le personnage autour duquel il se faisait tant de bruit, et qui fascinait, par l'éclat de son génie, une école jeune et brillante. On peut donc juger de mon étonnement, lorsqu'au lieu du maître auquel je prêtais un front où la piété tempérait l'orgueil, je me trouvai en face d'un petit bourgeois malingre et mal vêtu, dont la face parcheminée rappelait celle d'un ancien procureur aussi poudreux que ses dossiers, et n'ayant jamais écrit que sur du papier timbré. Des traits anguleux et des lèvres plissées semblaient révéler la présence de passions violentes, mais sans grandeur, et l'ensemble de la personne me laissa la plus mesquine impression. La déception fut moins vive, quoique réelle encore, quand j'écoutai la conversation, ou plutôt le long monologue que personne n'interrompit jusqu'à la conclusion définitive. M. de Lamennais, au milieu du plus beau silence, développa, point par point, une série d'idées fort élevées, enchaînées l'une à l'autre dans l'ordre le plus rigoureux. Cette sorte de leçon porta d'abord sur la mission qu'il attribuait à l'*Avenir*, puis sur la situation morale de la France et de l'Europe. Tout cela fut exposé didactiquement, comme ne pouvant comporter aucune contradiction. Je hasardai quelques timides observations, qui ne furent pas même relevées. Toutefois, lorsque l'exposé fait par le maître, d'une voix monotone, lui eut paru complet, mes paroles provoquèrent l'intervention d'un autre personnage dont mon regard ne pouvait se détacher, lors même que je prêtais le plus attentivement l'oreille aux beaux articles que je retrouvai quelques jours après dans les colonnes du journal.

Ce jeune homme, caché dans l'ombre que la présence de M. de Lamennais semblait jeter sur tout ce salon attentif et muet, paraissait seul en éclairer la nuit par le feu de son regard ; il parlait jusque par son silence. C'était l'abbé Henri Lacordaire, que j'avais entrevu quelques années auparavant dans un petit cercle littéraire qui se tenait rue Cassette, et qui fut le germe de la Société des Bonnes Études. Ce jeune avocat avait écrit, en revenant de passer ses vacances en Suisse, une sorte de journal de voyage en prose mêlée de vers. Il y décrivait, entre mille autres choses, dans un chapitre pittoresque, le beau lac de Brientz, près de Berne ; et, faisant intervenir la jolie batelière préposée au passage, il lui prêtait le gracieux appel dont voici la première strophe :

> Le ciel est pur, ô voyageur !
> Élancez-vous dans ma nacelle ;
> Ainsi que moi ma barque est belle,
> Et penche au vent comme une fleur.

Ces vers, dont je révèle peut-être l'existence à M. Foisset, l'exact et savant biographe de son illustre ami, firent sur moi une impression qui ne tenait nullement à leur valeur littéraire : ce fut le résultat instantané et presque indéfinissable de l'effet produit dans tout mon être par une voix à laquelle ne manquait aucune corde, et qui pénétrait au plus profond du cœur comme pour s'en emparer à toujours. Les hasards de ma vie m'ont peu rapproché du P. Lacordaire ; mais chaque fois qu'il m'est arrivé de le rencontrer, chaque fois surtout que j'ai pu l'entendre, cette strophe cadencée m'est revenue à la mémoire ; et l'harmonieux souvenir en demeurait encore vivant pour moi, lors que j'écoutais dans la chaire de Notre-Dame le grand orateur qui l'avait oubliée.

Aumônier de collége démissionnaire, sans fonctions actives en 1830 dans le clergé de Paris, Lacordaire se préparait à passer aux États-Unis la veille du jour où M. de Lamennais s'ouvrit à lui du projet de donner un organe quotidien à la cause de la liberté et de l'Église. Rien n'avait encore attiré sur ce jeune prêtre les regards du public, et pourtant, dans cette réunion de disciples dont la plupart avaient fait leurs preuves, il était déjà le premier par le charme irrésistible de sa physionomie et la native distinction de sa personne. A côté de lui, je reconnus l'abbé Gerbet, l'éloquent auteur des *Considérations sur le dogme générateur de la piété catholique*, sorte de Fénelon en herbe, dont la paresse fit avorter le génie, et dont la molle douceur contrastait étrangement avec l'implacable rudesse du maître. Là se trouvait aussi l'abbé de Salinis, la cheville ouvrière du *Mémorial catholique*, homme d'un esprit délicat, que son tempérament ne prédisposait guère aux grandes luttes, et qui, sur le siège épiscopal d'Amiens, se noya trente ans plus tard dans un parallèle entre l'impératrice Eugénie et la reine Blanche de Castille. Des deux rédacteurs laïques de l'*Avenir*, un seul était présent : c'était M. de Coux, homme instruit, d'un commerce agréable, mais d'un esprit peu sûr, qui prétendait transformer la science économique à l'aide de généralités sans précision. L'autre était M. de Montalembert, la plus belle gerbe prélevée par le décimateur dans le champ de notre rédaction. En nous quittant pour s'attacher à l'*Avenir*, il n'eut plus à se défendre contre les excès de notre prudence *vieillotte*, et put être tout à son aise de son âge et de son généreux tempérament.

En matière d'orthodoxie religieuse, aucune objection ne pouvait s'élever alors contre les doctrines de l'*Avenir*. Exposées d'abord dans le prospectus du journal, ces doctrines théologiques furent reproduites, avec des développements plus complets, en une longue *déclaration de principes* soumise au saint-siége par toute la rédaction, le 2 février 1831. Prenant pour but unique la régénération de l'Europe moderne par la foi, et la formation d'une unité nouvelle constituée sur la seule base inébranlable au sein des vicissitudes humaines, l'*Avenir* se proposait de concourir à cette œuvre en signalant l'accord de plus en plus sensible entre l'ordre scientifique et l'ordre chrétien ; et poursuivant une donnée plus immédiatement applicable, il aspirait à faire profiter l'Église de toutes les libertés légales que le pouvoir et les partis hostiles à l'unité catholique avaient constamment dirigées contre elle. Ce journal considérait l'ensemble de ces libertés proclamées en 1789 comme étant la conséquence nécessaire des faits qui avaient prévalu en Europe depuis le seizième siècle; mais, dans ses déclarations dogmatiques, il ne les présentait encore ni comme un idéal à louer, ni comme un but définitif à poursuivre.

A l'exposé de leurs vues politiques, dont l'ardeur de la lutte ne tarda pas à rendre l'expression plus vive et plus absolue, les rédacteurs de l'*Avenir* joignirent une exposition très-développée de leurs sentiments ultramontains, destinée à ménager à ces écrivains un accueil favorable à Rome, malgré la nouveauté du point de vue auquel ils se plaçaient comme publicistes. Elle venait se résumer dans le plus énergique anathème jeté aux quatre propositions de 1682, entre lesquelles l'*Avenir* n'établissait aucune sorte de distinction, les présentant toutes comme également incompatibles avec les prérogatives du saint-siége et les traditions de l'Église universelle. En même temps qu'ils réservaient aux souverains pontifes une puissance au moins indirecte dans l'ordre temporel, les signataires de cet acte rejetaient, comme hérétique et déjà condamnée, la doctrine qui proclamait la nécessité du consentement tacite de l'épiscopat pour la validité des jugements rendus par le saint-père en matière de doctrine et de discipline; ils rappelaient, en les reproduisant, tous les canons du concile de Florence; ils devançaient, sans admettre sur ce point la possibilité d'aucune controverse, la décision rendue par le concile du Vatican, relativement à l'infaillibilité dogmatique du pape, et donnaient à celle-ci une portée presque indéfinie. Cette déclaration, fort habilement rédigée, était l'expression vraie des sentiments alors professés par tous les écrivains qui l'avaient souscrite; mais le journal avait soin de la reproduire avec un tel éclat et une si visible affectation, elle revêtait dans les commentaires que l'on en donnait chaque jour des formes tellement injurieuses pour les mémoires les plus illustres, que dans ce zèle ultramontain, déployé sans mesure et quelquefois sans convenance, il était difficile, à Rome comme à Paris, de ne point entrevoir un calcul. Or, en pareille matière, les calculs profitent rarement et peuvent, lorsqu'ils sont soupçonnés, provoquer les plus sérieuses compromissions.

La chancellerie romaine n'éprouvait probablement aucun regret en voyant les plus vieilles renommées de l'Église de France immolées sans respect par des prêtres français. Mais lorsqu'à ces bruyants hommages rendus à la suprématie religieuse du saint-siége venaient se joindre des applaudissements plus bruyants encore prodigués à toutes les révolutions contemporaines ; quand Rome entendit célébrer les bienfaits du régime constitutionnel que recommandait assez mal, à ses yeux, le souvenir du schisme de 1790 suivi d'une persécution sanglante, elle hésita singulièrement à partager les espérances auxquelles on la conviait à s'associer. Sa prudence s'inquiéta en se voyant défendue par des armes dont elle ne connaissait point l'usage et dont la portée l'alarmait ; et sans sortir encore de la réserve où elle aimait à demeurer enveloppée, elle répudia pour son organe un journal où les questions religieuses semblaient masquer des intérêts politiques, et qui, après avoir commencé par être bruyant, n'avait pas tardé à se montrer tapageur.

Si le saint-siége avait pu voir disparaître tout à coup les articles organiques contre lesquels Pie VII avait constamment protesté, il en eût éprouvé, à coup sûr, une satisfaction très-véritable ; son bonheur n'eût pas été moindre si nos hommes d'État, revenant à une plus juste appréciation des droits de la liberté religieuse, avaient consenti à renverser les barrières élevées depuis des siècles entre Rome et le clergé français : mais lorsqu'une feuille qui se donnait pour l'organe de celui-ci venait signifier à l'Église que, pour conquérir ces avantages, il fallait commencer par renoncer à une indemnité légalement due pour ses biens confisqués, peut-être même à la propriété des temples d'où ses prières montaient vers le ciel; quand il fut bien établi que tout le plan de l'*Avenir* reposait sur la suppression du budget des cultes et sur la dénonciation du seul acte international qui permît à l'Église d'opposer la stabilité d'un traité à l'instabilité des révolutions, un abîme se creusa immédiatement à Rome entre les plus réservés des diplomates et les plus téméraires des novateurs.

Lorsque les prêtres irlandais, pleurant sur leurs églises profanées, tendent la main pour vivre à un peuple spolié comme eux, les périlleuses conséquences que peut entraîner un tel spectacle retombent de tout leur poids sur la tête de ses impitoyables oppresseurs. Mais cette œuvre patriotique et sainte, poursuivie de chaumière en chaumière, se fût présentée en France sous un aspect tout différent si, dans l'espoir de stimuler des colères trop lentes et de profiter d'un grief afin de soulever le peuple contre le pouvoir, on eût provoqué une ruine qui, laissant la religion sans culte organisé sur une grande partie du territoire, y aurait conduit à remplacer les prêtres par des tribuns. Préparer de sang froid une pareille extrémité, afin d'arriver à s'en faire une arme, était une pensée inqualifiable. Aucun pouvoir régulier, aspirant à s'assurer un avenir, n'imaginera jamais, d'ailleurs, sur le conseil intéressé de ses adversaires, de faire banqueroute à l'Église, à laquelle adhèrent en France trente millions de catholiques, d'une dette reconnue par une loi fondamentale et confirmée par un traité, dette garantie par un intérêt moral du premier ordre. Agir ainsi, ce serait passer à l'instant au rang des pouvoirs révolutionnaires, éphémère comme tous les orages.

De pareilles débauches de logique et de passion seyaient à la nature roide et hautaine de Lamennais. Mais on ne s'explique guère que l'esprit droit et le cœur si chrétien de Lacordaire se soient abusés sur la portée de cette thèse déclamatoire. En admettant, en effet, que le pouvoir demeurât, en France, aux mains d'un gouvernement régulier, le sacrifice du budget des cultes n'était point nécessaire ; en supposant qu'il passât aux mains de la démagogie, ce sacrifice aurait été très-inutile, car un tel abandon n'aurait ni calmé les haines ni désarmé les cupidités. Pour se rendre compte de l'ardeur avec laquelle le jeune écrivain poursuivait, en France, le mirage de l'Irlande, il faudrait apprécier la surexcitation progressive provoquée par un débat quotidien, dans lequel on se voit conduit, afin de conquérir l'opinion et de la conserver après l'avoir conquise, à dépasser chaque jour le point où l'on s'est arrêté la veille; il importerait surtout de bien comprendre la pression exercée par un implacable génie sur un cœur d'or, qui ne sortit d'esclavage, après deux ans de torture, qu'au prix d'une lutte digne de l'admiration des anges [1].

Quoi qu'il en soit, l'abbé Lacordaire, auquel la pureté de son âme rendit promptement toute la lucidité de sa belle intelligence, fut, il faut bien le reconnaître, l'inspirateur et l'acteur principal de la polémique engagée contre le traitement du clergé; et de cette polémique sortirent successivement la plupart des thèses périlleuses qui provoquèrent, à Rome, les manifestations doctrinales sous lesquelles succomba bientôt après l'école de l'*Avenir*. Jamais on n'avait parlé de la dignité du sacerdoce avec un éclat plus magnifique, et de la providence divine avec une confiance plus tendrement filiale. Cette fière et suave parole semblait révéler le ciel à la terre jusque dans ses splendeurs les plus voilées.

Mais un mouvement d'hésitation de plus en plus sensible se produisait dans le monde ecclésiastique, assailli par cette tempête de nouveautés. A mesure que les paroles de l'écrivain s'échappaient plus brûlantes, ses lecteurs se montraient plus réservés; lorsqu'il conviait des prêtres pieux à prendre la besace et à suppporter les dernières extrémités de la misère, ceux-ci s'inquiétaient moins, avec toute raison, de leurs besoins personnels

1. Je n'ai besoin de renvoyer aucun de mes lecteurs à l'*Histoire du Père Lacordaire*, par M. Foisset.

que des tortures morales si légèrement préparées à la plus nombreuse partie de la famille chrétienne. La verve de Lacordaire s'épanchait donc inutile au milieu de ces anxiétés et de ces froideurs toujours croissantes : on eût dit un torrent de lave coulant des flancs du Vésuve pour se perdre, au pied de la montagne, dans la mer qu'il fait à peine bouillonner.

Il serait difficile de comprendre aujourd'hui l'étonnement agité que provoquait, en 1831, sur tous les points de l'horizon catholique, la comète qui s'y montrait, aux uns comme une promesse, aux autres comme une menace. L'*Avenir* était un journal révolutionnaire par essence, car il unissait l'action à la parole. Son comité de rédaction organisait, dans toute la France, des associations locales ; il se donnait des correspondants, fondait une caisse alimentée par des souscriptions, intentait des procès, prenant à partie tantôt les feuilles adverses, tantôt le pouvoir. Une grande agence spéciale, présidée par M. de Lamennais, pour la défense de la liberté religieuse, avait emprunté aux comités démocratiques leurs procédés habituels les plus bruyants. L'*Avenir* ne se bornait pas à défendre en théorie la liberté de l'enseignement promise par l'article 69 de la charte nouvelle ; il entendait la conquérir de haute lutte, à l'exemple d'O'Connell, dont le rôle restait, pour plusieurs, une perpétuelle tentation. Cette feuille ouvrait des écoles sans autorisation ; on y attendait d'arrache-pied le commissaire de police, avec l'espérance de s'y faire *empoigner*. De la chaire de l'instituteur, ses rédacteurs passaient tantôt devant la cour des pairs avec M. de Montalembert, tantôt devant le jury avec M. de Lamennais ; il fut enfin décidé que l'abbé Lacordaire, pourvu d'un diplôme de licencié en droit, passerait sur sa soutane une robe d'avocat, afin d'opérer au barreau le mariage complet du prêtre et du citoyen, préliminaire du divorce définitif à prononcer entre l'Église et l'État.

La fièvre était partout, et dans les rangs divers de la hiérarchie sacerdotale les dissidences se révélaient de plus en plus profondes. Dans la plupart des séminaires, on aurait brûlé avec joie tous les théologiens gallicans, depuis le grand Bossuet jusqu'à l'honnête Bailly; dans la plupart des évêchés, où l'on n'aspirait guère qu'à voir reprendre, par la branche cadette, la politique de la branche aînée, on aurait en revanche brûlé vifs tous les docteurs ultramontains, en réservant sur le bûcher la place d'honneur pour l'auteur de l'*Essai sur l'indifférence*; à Rome enfin, on ne savait auquel entendre, car les plaintes en sens contraire y allaient grossissant chaque jour, pour former comme une immense clameur dans le calme de ses ruines.

Grégoire XVI venait de ceindre la tiare au sortir d'un cloître, à la veille d'une formidable insurrection. Durant cet indescriptible tumulte, et dans l'espérance de l'apaiser, tous les agents diplomatiques insistaient près du saint-siége pour qu'il fît entendre sa voix. Mais Rome, trouvant que si la parole est d'argent le silence est d'or, demeurait fidèle à ses habitudes séculaires de procrastination, habitudes qu'elle n'aurait pas désertées si *les pèlerins de Dieu et de la liberté*, titre que s'attribuaient M. de

Lamennais et ses compagnons de voyage, n'étaient venus porter en personne leur profession de foi aux marches de la confession de Saint-Pierre, afin de placer, par une mise en demeure, le souverain pontife dans la stricte obligation de s'expliquer.

L'atmosphère embrasée où vivait depuis un an le public religieux avait exercé sur la situation matérielle et morale du *Correspondant*, si prospère au lendemain de la révolution de juillet, la plus désastreuse influence. Depuis la fondation de l'*Avenir*, notre recueil avait à lutter contre deux courants, dirigés en sens contraire, mais dont l'action, également préjudiciable, était simultanée. On lui reprochait une pâleur que faisait ressortir davantage la physionomie enflammée du journal nouveau ; et c'était du fond des séminaires, où il avait d'abord été jugé si hardi, que partait l'anathème prononcée par l'Écriture contre les tièdes, car les théologiens sont portés à se griser de logique, à quelque *majeure* qu'ils sacrifient. D'un autre côté, il se rencontrait, pour le *Correspondant*, une difficulté plus grave encore que cet assaut de syllogismes. Les hommes religieux, ralliés par ses efforts sur le terrain des idées libérales et des intérêts nouveaux, éprouvaient un certain embarras à bien préciser les points sur lesquels les doctrines de ce journal différaient de celles de l'*Avenir*. Sommé chaque jour, avec l'âpreté habituelle dans ces sortes de controverses, d'avoir à suivre dans ses dangereuses doctrines un homme illustre dont les tendances l'alarmaient, ou de se séparer résolûment de l'école qui soulevait tant de colères ; mis en mesure d'aller, avec les disciples de l'*Avenir*, jusqu'à la république et à la séparation radicale de l'Église et de l'État, ou d'adhérer au vieux symbole monarchique, auquel la presse légitimiste venait de faire l'addition de la réforme électorale, il ne resta plus à notre cher recueil qu'un parti à prendre, celui d'abandonner une position déjà fort difficile, et que des actes trop aisés à prévoir allaient bientôt rendre périlleuse. Après de longs efforts dont les résultats plus solides qu'éclatants avaient laissé des traces durables, il adressa, à la fin d'août 1831, à ses lecteurs fort éclaircis, des adieux auxquels correspondirent des regrets sincères.

Chargé de cette mission, M. de Cazalès exposa les difficultés contre lesquelles le *Correspondant* avait dû lutter pour s'établir et pour se faire accepter d'un public dont il contrariait les habitudes d'esprit; il rappela les obstacles qui l'avaient assailli pendant cette période agitée de trente mois, durant laquelle aucune de nos plus douloureuses prévisions n'avait été trompée; il laissa comprendre enfin, avec la réserve que comportait la situation, les dangers qui se préparaient dans un prochain avenir.

En prenant congé d'amis sympathiques à leur pensée, les écrivains du *Correspondant* firent connaître au public que, plus unis par le sacrifice même qu'ils s'imposaient, ils s'étaient déterminés à substituer une revue mensuelle à la feuille dont la publication bi-hebdomadaire les aurait engagés dans une polémique en dehors de laquelle il leur convenait de demeurer. Le mois suivant parut la *Revue européenne*, où je dus préciser, dans une introduction de quelque étendue, la pensée politique et religieuse qui se déroulerait dans ce cadre nouveau sous des formes plus générales comme avec des allures plus libres : transformation opportune, qui nous dégagea des embarras inséparables des résolutions qui se préparaient à Rome et dont le contre-coup à la Chesnaie était déjà trop facile à pressentir, car l'état d'esprit de M. de Lamennais n'était plus un mystère pour qui l'observait de très-près.

Mais cette revue, épave de notre naufrage, fut plutôt un magasin pour nos travaux qu'une patrie commune pour notre intelligence. Nous écrivions bien encore l'un à côté de l'autre, mais nous ne pensions plus ensemble et l'un par l'autre, chacun travaillant de son mieux pour accomplir l'œuvre de tous. Vivant à Paris, au milieu des distractions du monde, j'étais parfois tenté de m'écrier : *Væ soli!* J'avais, en effet, contracté, sans le soupçonner, l'habitude, pour ne pas dire le besoin de la presse périodique, et j'aimais cette vie disciplinée qui rappelle celle du soldat. Mais il ne se rencontrait plus aucune feuille où je pusse consigner la double pensée à laquelle j'avais conçu l'espoir de dévouer mon existence. Les journaux, anciens défenseurs du pouvoir constituant sous M. de Polignac, s'étaient donné pour tâche unique de désintéresser la partie la plus élevée de la société française de tout devoir envers le pays, tant que celui-ci n'aurait pas répudié le principe qui avait prévalu en juillet. Passés sans transition de la théorie du droit divin à celle du suffrage universel, ces journaux subordonnaient le salut de la France à une condition préalable, le triomphe de l'hérédité monarchique, tenant qu'en politique, comme en médecine, mieux vaut laisser mourir un malade que le sauver contre les règles. Le parti légitimiste estimait que la nation avait commis une grande faute en terminant par une révolution dynastique le conflit parlementaire de juillet. En ceci il avait parfaitement raison ; mais ce parti avait grand tort de ne tenir aucun compte de la pression terrible exercée par les événements sur les volontés ; il oubliait qu'un préjudice, si grave qu'il soit, porté au droit d'une famille souveraine, n'autorise ni n'excuse une attitude dangereuse pour le repos de toute une nation, et que d'ailleurs, dans la déplorable lutte engagée à la suite des ordonnances de juillet, la charte avait disparu avant la couronne, de telle sorte qu'il n'y avait, au fond, d'innocent que le pays. En appeler aux orages afin de rasséréner le ciel ; se dégager de toutes les responsabilités de l'avenir parce que celui-ci se dessine autrement qu'on le souhaite, porter une inflexibilité dogmatique dans le domaine des faits transitoires, en transformant la politique en religion, dicter enfin des conditions à la Providence en face des périls publics : c'est là une attitude que les meilleures intentions ne sauraient excuser. J'en jugeai ainsi le lendemain du 9 août 1830 ; et de ce jour-là, tout en conservant au sein de l'opinion légitimiste toutes mes relations d'amitié, je m'en trouvai profondément séparé, car rien ne sépare autant les cœurs honnêtes que l'idée du devoir diversement comprise.

La presse libérale ne m'attirait pas davantage. Celle qui servait les intérêts de la gauche démocratique s'efforçait alors de pousser la monarchie nouvelle dans des voies où la France aurait inévitablement rencontré la guerre révolutionnaire et concouru à la désorganisation de l'Europe. J'ai à peine besoin d'ajouter qu'au lendemain du jour où je venais de quitter une carrière commencée pour conserver mon humble indépendance, je ne pouvais aspirer à un surnumérariat d'écrivain ministériel dans les feuilles dont les bureaux formaient l'antichambre du conseil d'État.

Je m'ingéniai de mon mieux pour remplir utilement une existence à laquelle venaient de manquer tout à coup les devoirs réguliers dont elle avait été remplie jusqu'alors. Je songeai un moment à me faire inscrire au tableau des avocats, afin de pouvoir prendre part aux affaires politiques, très-fréquentes à cette époque devant le jury. Cette idée me vint d'une façon trop soudaine pour qu'on pût en inférer une vocation bien sérieuse. Durant les tristes jours qui, en février 1831, suivirent le sac de l'église de Saint-Germain-l'Auxerrois et la démolition de l'archevêché, les journaux annoncèrent qu'un ouvrier allait être traduit en justice pour avoir tiré un coup de fusil sur un prêtre dans un faubourg, sans l'atteindre. Je conçus, sur cette simple annonce, une pensée singulière, à laquelle je m'empressai de donner suite. Courir au greffe de la Cour royale, y réclamer, en vertu d'une inscription au tableau des avocats demeurée depuis six ans vierge de tout effet, un laissez-passer pour la Conciergerie, y voir le prévenu tout récemment écroué, en obtenir la promesse de m'agréer pour son défenseur, tout cela fut l'affaire d'une heure. Je me proposais d'expliquer l'attentat, que l'accusé ne songeait ni à nier ni à excuser, par les excitations odieuses auxquelles se trouvait soumise alors la population ouvrière, excitations dont la véritable responsabilité incombait à la presse révolutionnaire, que l'attitude du pouvoir semblait trop souvent encourager. J'aurais fait intervenir tour à tour et les journalistes, signalant tous les jours les prêtres aux aveugles fureurs de la foule, et certains hauts fonctionnaires prosternés devant la borne, tremblant d'avoir à protéger une église, à prévenir un sacrilége, et réclamant, à travers mille hypocrisies de langage, le *respect dû aux monuments publics;* je les aurais montrés annonçant par des affiches officielles la comparution en justice de l'archevêque de Paris au moment où la Seine charriait les débris de sa demeure ; j'aurais donc sommé le ministère public d'agrandir le banc où mon client se trouvait seul, afin d'y faire asseoir à ses côtés, comme le requéraient le droit et l'équité, les auteurs principaux du crime dont l'accusé n'avait été que l'aveugle instrument.

Ce début au barreau me plaisait beaucoup, car une pareille thèse avait le mérite d'être vraie et l'avantage d'être imprévue. J'attendais donc, avec quelque impatience, l'ouverture de la session d'assises où cette affaire serait appelée, lorsque, sur une nouvelle demande adressée au parquet pour être admis près de l'accusé, je fus informé que celui-ci venait de faire choix d'un autre avocat. Cet homme avait-il soupçonné mon inexpérience, ou le plan de ma défense fut-il éventé au Palais par quelque imprudence de conversation? Je l'ignore absolument. Ce qui me fit pencher, non sans quelque vraisemblance, vers la seconde hypothèse, c'est qu'en compensation de la cause retentissante qui m'échappait, je fus chargé, d'office et coup sur coup, sans l'avoir nullement sollicité, de la défense de bon nombre de fripons dont le contact me disposa peu favorablement pour la profession de Cicéron et d'Hortensius. Mais je fus surtout dégoûté du barreau par l'unique succès qu'il m'ait valu : voici comment je l'obtins.

Le président d'assises m'envoya d'office une assez grosse affaire criminelle. C'était un vol domestique commis dans une maison riche, habitée par de nombreux serviteurs. L'un de ceux-ci fut arrêté sous les présomptions les plus graves, diverses pièces d'argenterie ayant été découvertes dans le sommier de son lit. Mais, par un fatal concours de circonstances, un de ses compagnons vint à mourir entre le moment du vol et la découverte qui en fut faite; et le prévenu, avec un sang-froid imperturbable, prétendit que les objets trouvés cachés dans son lit y avaient été méchamment placés par le défunt, qui lui portait une haine implacable. Cette hostilité paraissait en effet bien établie, mais sans que cette circonstance eût en rien infirmé la conviction laissée chez le magistrat instructeur par d'autres indices de la nature la plus sérieuse. Aux débats, l'attitude de l'accusé fut très-habile; elle m'impressionna profondément; et, sous l'empire des souvenirs de la *Pie Voleuse*, je finis par croire à son innocence. Dominé par une émotion forte, et dès lors contagieuse, je fis partager ma conviction aux jurés, qui déclarèrent l'accusé non coupable. J'étais tout heureux et un peu fier de mon triomphe. Aussi m'empressai-je de me rendre à la Conciergerie où je trouvai mon client, préparant déjà sa malle et en voie de faire radier son écrou. Il me reçut avec un sourire assez équivoque, et, sitôt que le gardien fut sorti, il me dit d'un air d'intelligence : « Ma foi, monsieur, vous avez parlé comme un prédicateur ; vous les avez tous *mis dedans :* vous étiez sûr à votre air, et c'était bien facile à voir, que François ne reviendrait pas pour vous démentir. » Le drôle me faisait l'honneur de croire que je n'avais pas été sa dupe.

Honteux comme le renard pris par la poule, je renonçai pour jamais à défendre la veuve et l'orphelin, et je réservai mes frais d'éloquence pour la tribune qui se rencontrait alors à l'arrière-plan de tous les projets et de tous les rêves. La Chambre, depuis la fixation de l'éligibilité à trente ans, était l'ambition de toute la jeunesse française, ambition salutaire, puisqu'il n'y a que les désirs légitimes pour détourner des aspirations malsaines, et que le goût des affaires amortit seul celui des plaisirs. Ce goût, je l'éprouvais dans toute sa vivacité, encore qu'il ne se présentât alors devant moi aucune chance vraisemblable pour une prochaine entrée dans la carrière parlementaire. Mais la question des voies et moyens ne se pose guère au début de la vie, tant la foi dans l'avenir est alors profonde. Du sommet de la montagne dont il n'a pas encore descendu les pentes abruptes, le jeune homme ne discerne guère les obstacles obstruant la route qui serpente à ses pieds dans les vapeurs de l'horizon.

Le rôle d'observateur politique m'allait assez bien d'ailleurs, à défaut d'un rôle plus actif. L'absence de tout esprit de parti, l'impossibilité de me passionner, lors même que j'en pouvais avoir la volonté, me laissaient pour les personnes et pour les choses une entière liberté d'appréciation, dans un moment où presque tout le monde éprouvait ou les ambitions des vainqueurs ou les rancunes des vaincus.

Le champ d'observation était vaste et le spectacle plein d'intérêt. L'année écoulée à partir du 13 mars 1831 pourrait porter dans notre histoire parlementaire le nom d'*année Casimir Périer*. Jamais un simple citoyen, qui ne fut ni un grand général, ni un grand homme d'État, ni un grand orateur, n'a laissé sur une époque l'empreinte d'une personnalité plus puissante; jamais, au milieu d'hésitations générales, un ministre ne perçut plus distinctement le but qu'il voulait atteindre, et n'y marcha d'un pas plus héroïque. Afin d'être en mesure d'opposer toujours aux factions la force rehaussée par le droit, Casimir Périer, disciple convaincu de l'autorité parlementaire, entendait ne gouverner qu'en accord patent avec celle-ci. Faire sortir de la crise de juillet, provoquée par une violation de la charte, la résolution invariable d'observer la charte tout entière et de n'admettre rien en dehors d'elle, maintenir la paix par le respect des traités, et servir en Europe la cause de la liberté par l'éclat seul de nos exemples, telle fut l'œuvre qui dévora sa vie durant treize mois de luttes et de souffrances.

Que ce ministre était beau à la tribune, pâli par la fièvre et la colère, menaçant ses adversaires de sa main nerveuse et crispée! Qu'il était formidable lorsque, rejetant le manuscrit où la prudence diplomatique avait d'abord circonscrit sa parole, et bondissant sous une interruption, il assénait tout à coup une foudroyante apostrophe à quelque Tamerlan révolutionnaire, et qu'il revendiquait pour la France seule la propriété du sang français ! Ce fut à la fois la gloire et l'épreuve de sa vie d'avoir à conquérir par la force la paix et la liberté. La paix, il la souhaitait en effet avec passion, comme la source de tous les biens, et se vit contraint d'y travailler en faisant entrer une armée en Belgique contre la Prusse, et en occupant en Italie Ancône contre l'Autriche. Président de la chambre des députés, il entendit ne gouverner qu'avec l'éclatant concours de celle-ci ; mais il se trouva que les élections générales amenèrent des résultats dans lesquels venaient se refléter toutes les incertitudes provoquées par une révolution, dont le véritable caractère demeurait encore mal défini. Si aux élections de 1834 le nouveau corps électoral, formé par les censitaires à 200 francs, avait donné une exclusion manifeste et aux amis de la branche aînée et aux partisans du régime républicain, il semblait avoir pris à tâche, dans la formation de l'assemblée nouvelle, de tenir la balance égale entre les deux fractions qui, depuis l'établissement du gouvernement de juillet, s'y disputaient la prépondérance, en se déclarant l'une et l'autre également devouées à la dynastie d'Orléans. Au début de la session, la majorité manquait à Casimir Périer, encore que, par une disposition trop habituelle dans les Chambres qui s'ignorent elles-mêmes, les adversaires de ce ministre ne pussent pas s'en prévaloir plus que lui. L'appel adressé à la France eût donc été stérile et le malaise aurait continué dans les intérêts comme dans les esprits, si le président du conseil n'eût mis chaque jour la Chambre en demeure d'accomplir son devoir en choisissant résolûment entre le cabinet et l'opposition ; le pays aurait balancé longtemps entre le centre et la gauche, si Casimir Périer, dont la fière raison atteignait à l'éloquence, n'avait démasqué chaque jour par la précision de sa parole le vide d'une politique déclamatoire qui tendait, sans bien s'en rendre compte, à dénaturer le sens d'une révolution légale pour en faire le premier acte d'une révolution cosmopolite.

Les deux partis qui aspiraient à la possession du pouvoir avaient pris pour mots d'ordre, l'un le *mouvement*, l'autre la *résistance*. La théorie du mouvement semblait se résumer dans une sorte de disposition instinctive à considérer les stipulations écrites, qu'elles fussent ou constitutionnelles ou internationales, comme toujours primées par les aspirations de l'opinion publique, l'école démocratique se préoccupant beaucoup plus de savoir si une mesure est populaire que de rechercher si elle est conforme à l'intérêt vrai du pays, et ses organes se plaçant à la suite de l'opinion comme des laquais derrière un maître. Cette école avait pour disciples les diplomates fantaisistes qui, par la voix des Mauguin et des Lamarque, sommaient le pouvoir de protéger l'Italie contre l'Autriche en vertu du principe de non-intervention, en même temps qu'ils lui demandaient de déclarer la guerre à la Russie dans l'intérêt de la Pologne. A cette école se rattachaient les emphatiques rédacteurs du compte rendu, qui recommandaient à la tribune les gros armements et les réductions budgétaires, l'extension de toutes les libertés et la pratique des visites domiciliaires chez les carlistes. Esprits violents et faibles, incapables de dominer le mouvement qu'ils avaient provoqué, et qui, dénués d'idées pour leur propre compte, cherchaient l'expression suprême de la pensée nationale dans celle manifestée par la bruyante tourbe parisienne qui s'en était, depuis 1789, attribué le désastreux monopole.

Établie aux abords de l'Hôtel de Ville, comme la plèbe romaine à l'ombre du Capitole, croyant posséder pour dominer la France une sorte de droit divin, cette tourbe inquiète, toujours agitée et toujours flattée depuis les journées de juillet, voyait l'opposition parlementaire et ses organes dans la presse accueillir, avec les plus extrêmes ménagements, l'informe mélange de souvenirs bonapartistes et jacobins qui constituait le triste fond de sa politique. Avant le 13 mars, M. Laffitte affectait de ne point entendre les clameurs des faubourgs pour ne point avoir à les réprimer. Casimir Périer eut l'oreille plus fine parce qu'il avait le cœur plus haut et la main plus prompte. Ni la menace ni l'émeute ne se produisirent désormais impunément; la lie révolutionnaire, pétrie tour à tour par l'anarchie et par le despotisme, rencontra pour la première fois en face d'elle un gouvernement qui sut la mépriser et la contenir; et, déjà descendu dans la tombe, le courageux ministre remportait encore par la terreur de son nom et de son souvenir une dernière victoire dans Paris aux journées des 5 et 6 juin 1832.

Lorsque mourut Casimir Périer, son œuvre était accomplie. Le cabinet du 11 octobre 1832 reçut la mission, très-difficile encore, mais d'un succès déjà certain, de la développer au dedans comme au dehors, en complétant les promesses de la charte et en faisant recueillir à la France, en Europe, le prix d'une attitude modérée mais résolue. Trois hommes accomplirent cette tâche : le duc de Broglie dont le nom était un gage; M. Guizot qui avait osé, au lendemain d'une révolution, classer à la tribune l'impopularité parmi les conditions nécessaires à l'homme d'État; M. Thiers moins promptement accepté par le pays, et qui, pour triompher de l'opinion prévenue, dut déployer laborieusement les dons les plus rares, comme pour donner au grand orateur la gloire de les conquérir sur la nature elle-même.

Si le parti du mouvement poursuivait de périlleux mirages, en se plaçant à la remorque des passions démagogiques que ses chefs courtisaient sans avoir même l'excuse de les partager, le parti de la résistance dans la Chambre manquait de plusieurs qualités qui lui auraient été nécessaires, afin de rendre sa victoire féconde et définitive. Il avait une sorte d'étroitesse native d'esprit et de cœur, une manière de sentir jalouse et mesquine qu'un très-long usage du pouvoir aurait pu seul modifier, et c'est ce long usage de la puissance qui a manqué à ce grand parti aussi malheureusement pour la France que pour lui-même. Ce n'est pas dix-huit ans de domination, c'est tout au moins un demi-siècle qu'il aurait fallu à la bourgeoisie française pour remplir le rôle politique que lui avait assigné la charte de 1830. Le bourgeois de juillet entendait s'installer dans la monarchie nouvelle comme dans son propre fief; il prétendait ne rien concéder au delà de l'indispensable aux opinions dont il avait triomphé, lors même que ces concessions touchant au domaine de la conscience ne pouvaient être pour lui l'occasion d'aucun péril. Redoutant, même contre l'éventualité d'un danger commun, le concours des anciennes classes privilégiées, il préférait au fond une puissance incertaine à une puissance partagée, comme si les instincts de l'affranchi avaient dominé au sein des classes moyennes les instincts du citoyen.

Pendant que le parti de la résistance refusait à la conscience des catholiques la liberté de l'enseignement formellement inscrite dans la charte, en prenant à son compte le plus révoltant abus du despotisme impérial, il affectait vis-à-vis des classes populaires une attitude qui révélait une déplorable imprévoyance. Au lieu d'initier le peuple à la vie publique dans la sphère où l'exercice des droits constitutionnels aurait été pour lui légitime et naturel, ce parti l'en écartait avec un soin jaloux. La loi municipale, votée en 1831, admettait à peine un dixième des citoyens à donner leurs suffrages pour la nomination des conseils municipaux. Quelques semaines plus tard, lors du vote de la loi électorale, bien loin de saisir aux cheveux l'occasion de mettre en relief le droit des capacités, afin de l'opposer énergiquement au droit du nombre, prétexte déjà certain des périlleuses revendications que préparait l'avenir, on vit les plus mesquines rivalités travailler à l'envi à gâter cette loi fondamentale en l'altérant dans son esprit primitif par des exclusions injustifiables. Puis, comme s'il n'avait pas suffi de la faute commise à l'origine en faussant l'idée mère de la monarchie nouvelle, on vit celle-ci, prenant violemment parti pour la doctrine exclusive du cens contre celle de la capacité, compromettre par pur entêtement son avenir tout entier, afin d'empêcher le triomphe du seul principe que la logique permît d'opposer au suffrage universel : en 1848, la seconde liste du jury ouvrit la brèche par laquelle passa le torrent.

Une loi électorale admettant au droit de suffrage les diverses catégories de capacités n'aurait peut-être pas sauvé une monarchie dont la bourgeoisie française entendait faire sa propriété, quoiqu'elle ne sût ni n'osât la défendre; mais cette loi en aurait tout au moins ajourné la chute. Or, pour le gouvernement de 1830, gagner du temps, c'était probablement échapper au péril. Conquise à peu près tout entière au régime représentatif à la veille de la révolution de juillet, l'Europe ne disputait plus à la France la grande situation extérieure que lui avait assurée l'usage de la liberté régulière ; et lorsque la monarchie de juillet disparut en 1848 dans une sorte de syncope, elle avait à peu près dépouillé le passé pour se préparer un tout autre avenir. Peut-être un pareil progrès aurait-il élevé le cœur des classes gouvernantes à la hauteur de leur véritable mission politique ; peut-être aurait-il épargné à la civilisation l'épreuve à laquelle elle reste soumise, depuis qu'au 24 février le droit suprême du nombre a été proclamé à Paris sur le Sinaï des révolutions. On peut en douter cependant, à voir la promptitude avec laquelle les anciens privilégiés censitaires ont laissé sortir de leurs mains, en renonçant à le défendre, le pouvoir qu'ils n'ont pas plus disputé à l'anarchie qu'à la dictature, ayant des *oui* préparés pour tous les plébiscites, et des fonctionnaires disponibles pour tous les régimes.

Les orateurs illustres, dont le nom demeure indissolublement associé au souvenir de la monarchie consentie, croyaient avoir fondé sur la suprématie politique des classes moyennes, ou pour parler plus exactement sur l'aristocratie mobile de l'influence et du talent, une sorte d'ère nouvelle ; ils pensaient avoir placé, pour plusieurs générations du moins, au-dessus de toute atteinte, le droit de l'intelligence et du travail à la direction des affaires publiques. Cette illusion, je l'entretenais moi-même comme la plupart de mes contemporains. La trace s'en retrouve dans tous mes écrits; je l'ai conservée jusqu'au jour où les événements, trompant mes prévisions et soufflant sur mes espérances, m'ont laissé comprendre que la bourgeoisie française prend plus de souci pour se garer contre les fantômes du passé que pour écarter les périls de l'avenir, et qu'elle n'est guère plus une force pour les gouvernements qu'elle aime sans les soutenir, qu'un obstacle pour les factions qu'elle redoute sans les attaquer. Dénuée d'initiative et jamais prête pour l'action, elle s'agite dans le calme pour s'effacer dans la tempête, assistant impassible aux événements qu'une intervention opportune la mettrait en mesure de prévenir. Masquée par le merveilleux talent de ses chefs parlementaires, cette faiblesse organique ne se révélait encore à personne; et tant que la monarchie de 1830 fut debout, aucun regard ne pénétrait au fond des cercles hideux dont nous descendons aujourd'hui la sombre spirale. Je suivais donc, le cœur plein d'un sympathique espoir, l'expérience qui s'accomplissait alors par les hommes les plus éminents du pays, après une révolution dont je n'avais pas approuvé toutes les suites, mais que ma conscience absolvait au moins dans sa cause. Lorsque le ministère du 11 octobre 1832 eut pris en main les affaires, je ne doutais plus de la possibilité de concilier le maintien de la forme monarchique, dans laquelle s'était encadrée notre vieille société française, avec le droit désormais conquis par la nation de disposer souverainement de ses propres destinées.

Le triomphe du principe de liberté sur le principe

d'autorité, dans l'ordre constitutionnel, avait eu dans le monde intellectuel des résultats considérables, et ceux-ci n'avaient pas toujours été rassurants. La victoire des idées dites libérales provoqua certaines conséquences qui n'en découlaient aucunement, mais que des passions en éveil et des ressentiments implacables travaillèrent très-activement à en faire sortir. De ce que la charte de 1830 n'attribuait plus au catholicisme le caractère d'une vérité dogmatique reconnue par l'État, les hommes sans croyances avaient conclu que l'Église, incapable de supporter une épreuve aussi nouvelle, succomberait promptement sous la liberté, pour la conquête de laquelle elle ne ferait aucun effort sérieux : prévision fort heureusement trompée. Pendant que le rationalisme, installé dans les hôtels ministériels, et monté lui-même au rang de doctrine d'État, ne tardait pas à révéler sa propre stérilité, l'Église conquérait, sous la monarchie de 1830, une forte situation qui la trempait pour toutes les épreuves. Essentiellement contraire à la nature de l'homme, parce qu'elle n'en embrasse qu'un seul élément, la doctrine rationaliste sembla se survivre et s'épuiser dans son triomphe. Ne continuant plus la lutte théorique que ses adversaires se montraient disposés à accepter, il ne resta guère aux représentants de la philosophie officielle d'autre rôle que celui de dispenser à autrui la liberté d'une main parcimonieuse, et d'assister, impuissants et impassibles, à l'invasion du matérialisme dont ils avaient préparé l'avénement en tarissant dans l'âme humaine toutes les sources de la foi.

Une décadence déterminée par les mêmes causes, une sénilité provoquée par les mêmes excès, se révélèrent bientôt dans le domaine des lettres. Les romantiques avaient triomphé même avant les hommes de juillet, et leur victoire avait été bien plus complète. Les disciples d'Aristote et de Boileau invoquaient, en effet, des titres moins sérieux pour se défendre contre les exigences d'un public ennuyé, que les doctrines sur lesquelles s'appuyaient les héritiers d'une tradition monarchique dix fois séculaire pour réclamer un droit réputé supérieur à tous les arrêts rendus par la volonté nationale. Mais l'éclat de la victoire remportée par les novateurs littéraires ne l'avait pas empêchée de demeurer à peu près stérile. Jusqu'à la révolution de juillet, le chef de l'école nouvelle expliquait par une seule cause le retard qu'elle apportait à doter la France de chefs-d'œuvre dramatiques. Cette stérilité, d'après les manifestes de M. Victor Hugo, n'était imputable qu'à la censure, celle-ci empêchant seule les poëtes d'inonder la scène d'un flot de lumières. Or il arriva que la liberté du théâtre, conquise, comme on le pense bien, sur les barricades de juillet, n'eut pour résultat qu'un dévergondage sans idée, aussi humiliant pour l'esprit français que périlleux pour les mœurs publiques. La première victime de cette conquête si bruyamment poursuivie fut donc M. Hugo lui-même, auquel on demandait ce qu'il faudrait réclamer de tous les novateurs, de prouver le mouvement en marchant.

La liberté du théâtre fit à M. Hugo une blessure

profonde que son tempérament ne pouvait manquer d'aggraver. Sa gloire succomba sous son orgueil; il arpenta l'espace comme l'archange précipité de l'empirée dans les insondables profondeurs du vide, et ce puissant esprit compta désormais ses années, non pas sans doute par le nombre de ses chutes, mais par celui de ses attentats contre le bon sens et l'honnêteté publique. Des hauteurs déjà glissantes de *Hernani*, il descendit dans le bourbier du *Roi s'amuse*, comme un aérolithe, détaché des sphères lumineuses, qui vient s'engloutir dans un marais. La postérité n'arrivera pas à comprendre, sans la plus sérieuse étude du milieu dans lequel vécut ce grand esprit malade, comment l'auteur des *Odes* et l'artiste ciseleur de *Notre-Dame de Paris* a pu descendre au langage d'halluciné de la *Légende des siècles* et à la prose avinée de l'*Homme qui rit*. Sous l'atteinte d'une fièvre de vanité à traiter dans un cabanon, il voulut suppléer par toutes les audaces de la forme à la vie dont les sources s'étaient taries dans son cœur. Trop faible pour boire impunément à la coupe de la popularité que ses fanatiques admirateurs remplissaient à pleins bords, il remplaça par des conceptions plus audacieuses qu'originales le génie qui semblait fuir, comme l'ange gardien après les fautes irrémissibles, et jeta des défis au sens commun en croyant les jeter à la routine. Il réclama, pour masquer la pauvreté de ces conceptions, le secours des décors et des costumes, qui entraîna celui des machinistes et des claqueurs, de telle sorte que dans ses drames l'accessoire ne tarda pas à remplacer le principal. Puis, lorsque les événements l'eurent placé en face d'une révolution, et qu'il rencontra sur sa route un club au lieu d'un parterre, il mendia les applaudissements dont il avait contracté le besoin, jusqu'en ces tristes enceintes où se formaient, dans l'ombre, à la haine de la patrie, les destructeurs de la colonne chantée aux jours d'une gloire qu'il fallait se faire pardonner. M. Hugo, quittant après 1848, l'habit de pair pour revêtir la carmagnole, cessa d'être un écrivain qu'on discute, pour passer au rang des monomanes qu'on plaint et qu'on surveille.

La théorie de *l'art pour l'art*, dans laquelle vint se résumer toute l'esthétique après 1830, fit contraster la hauteur des ambitions avec la mesquinerie des résultats. Ce n'est pas impunément que l'on remplace le but par le moyen, et qu'on aspire à établir entre tous les éléments du monde moral une sorte de fantastique égalité. Il n'existe d'ailleurs aucun procédé, si habile que soit l'opérateur, ni pour faire enfanter les femmes stériles, ni pour rajeunir les vieillards. L'école qui s'était engagée avec tant de confiance, aux dernières années de la restauration, à retremper la langue française à ses sources primordiales, et qui promettait à la pensée humaine des horizons plus vastes que ceux du christianisme, avait vu toutes les cordes de la lyre se rompre sous ses doigts, et la plupart de leurs couronnes se faner sur le front de ses brillants disciples. Les rameaux sortis du tronc de l'ancienne pléiade, dont M. Sainte-Beuve avait été le centre, n'eurent désormais qu'un rapport commun, l'épuisement à peu près général dont chacun avait pleine conscience. Aussi les écrivains s'attachèrent-ils à éveiller la curiosité faute de pouvoir susciter l'émotion, et ne tardèrent-ils pas à substituer une sorte de mercantilisme littéraire au culte du beau, qui manqua bientôt de prêtres comme de fidèles. Alors les romanciers succédèrent aux poëtes; toutes les curiosités malsaines furent éveillées, et dans un temps où s'abaissaient toutes les grandes ambitions de l'esprit, le réalisme devint la forme naturelle de l'art. Ainsi s'acheva dans le capharnaüm du roman-feuilleton et dans les scandales lucratifs de la petite presse l'une des générations littéraires les mieux douées qu'ait jamais possédée la France.

La vie de cette génération se divise en trois époques, correspondant par une coïncidence singulière à trois gouvernements différents. Je viens de la montrer naissant en 1814 à l'heure même où la monarchie représentative succédait au despotisme militaire; si j'avais à continuer aujourd'hui ce travail au delà du terme où je me propose de le suspendre, j'aurais à suivre ce mouvement intellectuel, si riche encore sous le gouvernement de 1830, mais en y signalant les traces d'un déclin déjà sensible; je devrais enfin le faire voir expirant sous le second empire, qui a vu finir tant de choses et si activement concouru à tant de ruines. Son origine fut splendide, ses développements furent riches mais déréglés, sa chute fut honteuse, comme le sont toujours les avortements et les suicides. Ainsi des profondeurs de l'Océan et sous l'action de forces latentes, une vague de fond s'élève comme une montagne, et son front couronné de lumière semble d'abord toucher au ciel; puis elle s'abaisse en se dilatant à perte de vue, jusqu'à ce qu'elle aille mourir sur le sable en y jetant l'écume de ses flots.

J'avais durant dix ans suivi pied à pied, dans les affaires et dans le monde de la pensée, le double travail auquel je fus appelé à participer plus tard à titre d'homme politique et d'homme de lettres. Mais entre ces deux périodes, un grand changement opéré dans mon existence me conduisit à passer loin de Paris quelques bonnes années dont le doux rayonnement éclaire encore ma vie à l'heure où elle s'achève dans l'amertume des dernières séparations.

Depuis que j'avais renoncé aux perspectives un peu vagabondes de la carrière diplomatique, et que dégagé des soucis d'un avenir à préparer, je sentais peser sur moi seul toute la responsabilité de mon sort, le démon du mariage m'avait saisi à la gorge en attendant qu'il me prît au cœur. Ce démon-là, c'est le bon ange des jeunes gens, et je plains ceux qu'il ne visite point. Il les soutient dans leurs combats, les relève dans leurs chutes, et fait briller à leurs regards, jusque dans la fougue des passions, un idéal de pureté dont les cœurs honnêtes ne se déprennent jamais. Ce bon ange les détourne surtout de la sacrilége pensée que le mariage est une *fin à faire* pour échanger contre du bien-être les dernières pulsations d'un cœur atrophié. Visité par ce génie tutélaire, lors même que je le méritais le moins, j'avais toujours regardé avec madame de Staël l'amour dans le mariage comme le plus grand bonheur qui puisse être conçu sur la terre, parce qu'il s'appuie sur la possession consacrée que n'accompagne aucun trouble, et qui n'a pour terme que la mort.

Je désirais donc me marier, et mes vieux parents le souhaitaient encore plus ardemment que moi. Mais ce vœu n'était pas d'un accomplissement facile pour un jeune homme sans position et à peu près sans fortune. Toutefois, il s'ouvrit des perspectives que la modestie de ma situation ne paraissait pas comporter. Des amitiés actives voulurent bien concevoir et poursuivre des projets dans lesquels la question d'argent occupait, selon l'usage, la place d'honneur. Mais ici encore se révéla une fois de plus à mes regards la force latente qui préside à la conduite de notre vie, intervention manifeste surtout dans le grand acte par lequel se décide le sort des générations dont un père est responsable, et sur laquelle est fondé ce proverbe chrétien, que les mariages sont écrits dans le ciel.

Durant un court séjour en Bretagne, je rencontrai une jeune fille qui me causa la plus vive impression, car j'éprouvai en la voyant comme une sorte de remords de chercher au loin, au milieu des enivrements de la fortune et du monde, la douce fleur que le ciel avait fait éclore à côté de mon berceau. Fille de l'un des membres les plus intelligents et les plus respectés de la Chambre élective, mademoiselle du Marhallach n'avait vu Paris qu'en passant ; elle le connaissait tout juste assez pour y avoir contracté le goût des plaisirs délicats, sans éprouver le besoin d'y vivre. De nos principaux écrivains contemporains, elle connaissait à peu près tout ce dont la bienséance permettait la lecture à une jeune personne, et le cours d'un assez long entretien l'amena à me parler du *Correspondant* comme de l'une de ses lectures de prédilection. La route de l'amour-propre mène facilement au cœur, et le mien ne demandait qu'à être pris. Mon père adressa donc à son compagnon de jeunesse et d'émigration une demande qui aurait pu provoquer de la part de celui-ci des objections sérieuses. Mais cette ouverture rencontra une adhésion empressée dans laquelle, à raison même de ce qu'elle avait d'imprévu, des parents chrétiens ne pouvaient manquer de trouver l'expression de la volonté divine et le gage d'un bonheur assuré.

En échappant aux troubles et aux incertitudes de ma destinée par l'accomplissement de mon vœu le plus cher, mon cœur se dilata comme si Dieu était venu le visiter, et je rassemblai dans une effusion de reconnaissance envers le ciel, qui me ménageait un avenir de paix, toutes les circonstances par lesquelles il semblait l'avoir préparé.

La vieille habitation où s'était écoulée mon enfance et vers laquelle, dans mes courses lointaines, ma pensée revenait chaque jour, s'appelait le Marhallach : sortie au seizième siècle de la famille de ce nom par un mariage, elle allait y rentrer par un autre, et je replacerais la compagne de ma vie sous le toit même de ses ancêtres. C'était de là que Jean du Marhallach était parti, en 1248, pour aller s'embarquer à Nantes, en compagnie d'Olivier de Carné, sur la semonce du duc Pierre de Bretagne, afin de se réunir, en Chypre, aux croisés du roi saint Louis. Durant quatre siècles, nos deux familles, fixées sur le même sol, avaient répandu leur sang pour leurs ducs ; elles avaient continué, après la réunion, à le répandre pour la France sans aller en quêter le prix dans les antichambres de Versailles, et la royauté, dont elles ne s'étaient point approchées dans les pompes de la cour, les avait trouvées fidèles dans les épreuves de l'exil. La plus entière conformité de goûts et d'idées m'unissait d'avance à l'homme vénéré qui voulait bien m'appeler son fils ; un tel patronage m'ouvrait un accès facile à la vie politique, rêve assidu de ma jeunesse, qui s'effaça d'ailleurs dans cette heure d'enchantement où je ne souhaitais rien et n'aspirais qu'à vivre. Ce mariage me donna toutes les joies que j'en avais attendues, et trente années d'une union sans nuages sont une assez belle part en ce monde pour qu'on en rende grâce au ciel, lors même qu'il ne reste aux êtres séparés par la mort que l'espérance de se rejoindre.

En quittant Paris, aux derniers jours de 1831, je me confinai dans une retraite où me suivit un seul regret, celui d'avoir vu échouer, sous le coup d'exagérations qui ne pouvaient manquer d'en provoquer d'autres, la première tentative faite pour associer la cause du catholicisme à celle de la liberté loyalement pratiquée. Dans ce repos, qui me laissait encore intacte toute ma confiance en l'avenir, je goûtai les joies fortifiantes de la famille et de l'étude sur une belle côte abritée, où l'orageuse mer d'Armorique vient mourir, tranquille et domptée, à l'ombre de chênes centenaires. Avant que le mandat législatif m'ouvrît l'accès de la vie politique, avec ses émotions et ses amertumes, six années s'écoulèrent, durant lesquelles chaque jour se levait semblable au jour qui l'avait précédé, comme il arrive pour les peuples heureux qui n'ont point d'histoire.

Le mariage n'est point le tombeau de l'amour, comme l'a dit quelqu'un qui n'avait point aimé ; mais à quelque âge qu'on le contracte, il marque certainement le terme de la jeunesse, tant les horizons diffèrent des deux côtés de cette borne par laquelle se partage notre vie morale. Dans ce petit travail d'observation psychologique, je ne me propose pas de dépasser la limite au delà de laquelle tout change en nous parce que tout change autour de nous. Après le mariage, en effet, l'homme, engagé dans les liens forts et doux de la solidarité domestique, appartient moins à lui-même qu'à sa famille, à ses idées qu'à ses devoirs.

Ce grand changement d'état coïncida pour moi avec la transformation générale introduite dans la société française par la fondation de la monarchie nouvelle. En France, chaque révolution, lors même qu'elle modifie peu le cours des choses, amène un rechange à peu près complet de tout le personnel gouvernemental, à ce point que les derniers figurants, après avoir revêtu dans les coulisses un autre costume, affichent, pour la plupart, la prétention d'être des hommes de la veille. Si je continuais, au delà du terme où je suis arrivé cette revue rétrospective, je me rencontrerais donc en face d'acteurs nouveaux que l'heure n'est pas venue de juger. Il me faudrait substituer, à l'œuvre non suspecte d'un observateur manifestement désintéressé, celle d'un écrivain exposant des événements dans lesquels il s'est trouvé lui-même engagé : c'est une tâche pour laquelle je n'ai aucun goût, si assuré que je me sentisse, en l'entreprenant, de la liberté de mes appréciations.

En concentrant, d'ailleurs, cette étude dans la période close par l'établissement du gouvernement de 1830, j'ai pu esquisser le tableau d'une époque dont le caractère spécial se dessinera plus distinctement chaque jour dans nos annales intellectuelles. La Restauration, que ses ennemis renversèrent sans l'avoir jamais méprisée, fut une ère originale et puissante où l'on vit se heurter, avec un grand éclat de talent, des doctrines auxquelles l'avenir allait manquer, et des espérances qu'on dirait, à cette heure, passées dans le domaine des songes. Durant ces luttes, où la bonne foi autorisait la passion, on sentait circuler, sur le sol d'une patrie alors réputée inviolable, le souffle d'une vie puissante, influence vraiment salubre, aujourd'hui remplacée par les spasmes de l'atonie ou par les accès de la fièvre. Toutes les préoccupations de l'esprit public trouvaient une expression élevée dans le domaine des lettres, étroitement enlacées aux affaires. Les professeurs avaient pour auditoire la France ; les poëtes aspiraient à élargir tous les horizons de la pensée humaine ; l'écho de la tribune se répercutait dans tous les salons, et les sceptiques cachaient leurs plaies avec autant de soin qu'ils en ont pris depuis pour les étaler : lumineux souvenir qui scintille au milieu de nos ténèbres, comme une étoile dans la nuit !

Durant des jours de deuil où tout autre labeur m'avait été rendu impossible, j'ai tracé de mémoire ces imparfaites esquisses de tant de chères figures disparues ; et j'ai trouvé, dans le glanage opéré sans suite en un champ déjà fort exploré, une distraction passagère aux plus cuisantes douleurs de ma vie. Écrit pour moi seul, le travail que je me suis déterminé à publier sur l'insistance d'amis qui ne l'ont pas jugé inutile, a concouru à me faire traverser, sans succomber sous le fardeau, l'année durant laquelle toutes les épreuves se sont accumulées sur mon pays : temps fatal, auquel on pourrait appliquer les paroles du grand historien de la décadence romaine décrivant l'époque qui vit Rome nageant dans le sang, dévorée par l'incendie, et les frontières de l'empire entamées par les barbares, extrémités terribles à la suite desquelles les malheurs de la paix vinrent mettre le comble à ceux de la guerre : *Tempus opimum variis casibus, atrox præliis, discors seditionibus, ipsâ etiam pace sævum* [1].

1. Tacite, *Hist.*, lib. I.

ANNEXES

ANNEXES

Les deux morceaux suivants, mentionnés à la page 262 de ces *Souvenirs*, en forment le complément naturel. Les *Adieux du Correspondant* font connaître les phases diverses par lesquelles passa, de 1829 à 1831, le recueil dont la fondation est exposée dans le récit qu'on vient de lire. L'*Introduction à la Revue européenne* révèle les espérances d'une partie de la jeunesse, alors tout entière à la pensée d'opérer, sur la base de l'orthodoxie, l'accord de la vérité révélée avec la science contemporaine, et des institutions nouvelles avec les principes permanents de l'ordre social.

LES ADIEUX DU CORRESPONDANT

(31 août 1831).

Le *Correspondant* cesse de paraître, ou plutôt il se transforme en revue mensuelle. Ce mode de publication, en laissant plus de développement à notre pensée, nous permettra d'exposer avec plus de clarté, d'appliquer avec plus de méthode des doctrines auxquelles nous croyons que l'avenir appartient, mais il nous éloignera de l'arène politique et des combats de chaque jour. Peut-être pourrons-nous plaire davantage aux esprits méditatifs, aux âmes impatientes du présent, qui veulent vivre par la pensée dans cette société renouvelée que l'œil de l'espérance aperçoit par delà les épreuves que la Providence nous réserve encore; mais il nous faudra renoncer à cette action plus générale et plus rapide que donne la part qu'on prend aux querelles du moment, à cette influence qui résulte de l'habitude, qui naît de conseils plus fréquents et d'exhortations plus répétées.

En entrant dans une nouvelle carrière, nous devons à ceux dont la bienveillance nous a longtemps soutenus dans nos travaux l'explication des motifs qui nous y déterminent. Qu'ils nous permettent aussi de jeter un regard sur le passé, de leur rappeler comment le *Correspondant* s'est comporté parmi les étranges vicissitudes des trois dernières années, de mettre en regard nos doctrines et nos prévisions avec les événements qui les ont si tristement confirmées. Si notre langage n'a jamais varié, si nos convictions n'ont jamais fléchi au milieu de fortunes si diverses, c'est que nous avons une boussole qui n'égare pas, un *criterium* qui ne trompe pas, la loi chrétienne. La vérité est d'un facile accès pour ceux qui la cherchent de bonne foi : les passions seules peuvent obscurcir sa divine lumière, et nous avions pris à tâche de les bannir de nos cœurs comme de nos paroles.

Le *Correspondant* est né sous le ministère de M. de Martignac, à l'apogée de ce mouvement intellectuel qui signala les dernières années de la Restauration. La longue alliance de la paix et de la liberté avait produit dans l'esprit français comme une exubérance d'activité qui se portait partout à la fois avec une ardeur incroyable. Politique, philosophie, littérature, beaux-arts, industrie, tout était en mouvement, tout marchait dans des voies nouvelles. C'était le beau temps de l'école doctrinaire ; elle avait remué toutes les idées, soulevé toutes les questions, éveillé sur tous les points l'esprit de la jeunesse. On se pressait aux cours de ses professeurs ; on lisait avidement ses journaux et ses livres : ici les éclectiques, là les romantiques creusaient la nature humaine pour trouver de nouvelles sources du vrai et du beau ; des communications s'établissaient entre tous les pays; les idées, les sciences de l'Allemagne et de l'Angleterre se mêlaient avec nos sciences et avec nos idées; tous les esprits étaient en travail, et il semblait que de ce travail dût sortir un monde nouveau. La monarchie et la liberté semblaient s'être embrassées sur les débris du ministère Villèle; les notabilités libérales avaient pénétré dans les affaires, et promettaient d'appliquer bientôt leurs séduisantes théories. Les vieux partis, disait-on, allaient s'effacer; les enfants de la France ne disputeraient plus désormais que pour savoir qui marcherait le plus vite dans la carrière des améliorations. C'était un mouvement universel de poésie, d'imagination, de discussions, de science, de plaisirs. Pourtant au milieu de cette ivresse, une voix prophétique fit entendre du fond de la solitude de sinistres paroles[1], comme cet aigle que saint Jean vit voler au milieu du ciel en criant trois fois : *Malheur*[2]! Ces mâles accents troublèrent un moment quelques âmes ; puis le monde reprit son train : on se remit à rêver de progrès, de bonheur et de liberté.

Et nous aussi nous aimions la science, la liberté et le progrès ; mais nourris à l'école des La Mennais, des De Maistre, des d'Eckstein, nous étions convaincus que ce vieux catholicisme qui avait tant fait pour nos pères renfermait encore dans son sein fécond de quoi satisfaire à tous les besoins, à tous les vœux, à tous les soupirs de l'humanité, et que de lui seul jaillirait cette nouvelle explosion de lumière que le monde semblait attendre. Mais nous voyions l'élite de la jeunesse aller aux enseignements de l'éclectisme : riche en talents, en science, en caractères honorables, il attirait à lui les esprits curieux et les âmes élevées qu'eût repoussés la platitude du vieux libéralisme et la grossièreté de la philosophie voltairienne. Or, eni-

1. *Des Progrès de la révolution*, par M. de La Mennais.
2. Et vidi et audivi vocem unius aquilæ volantis per medium cœli, dicentis voce magna : « Væ! væ! væ! habitantibus in terra. » *Apoc.*, VIII, 13.

vrée de ses triomphes, cette école criait que les vieilles idées religieuses avaient fait leur temps; elle proclamait la mort du catholicisme et annonçait avec une merveilleuse assurance l'avénement d'un nouveau dogme. Jeunes comme les rédacteurs du *Globe*, aussi amis de la science et *des lumières* qu'ils pouvaient l'être, familiarisés avec toutes les idées de notre siècle, et spécialement avec celles qui leur servaient de point de départ, mais persuadés que tout ce mouvement irait aboutir tôt ou tard à une science catholique, à une philosophie, à une poésie, à un art catholiques, nous souffrions de laisser sans contradicteurs ces assertions téméraires ; nous brûlions de nous élancer dans la lice, de montrer à la France que de jeunes catholiques avaient supporté sans éblouissement l'éclat de toutes les lumières du siècle, qu'ils ne craignaient pour leur foi aucune pierre de touche, qu'ils provoquaient la discussion sur elle comme aussi sur les doctrines superbes auxquelles on adjugeait si lestement son héritage.

Nous aspirions à faire tomber les préventions qui se figuraient les catholiques comme ennemis de toute liberté, de tout progrès social, et à présenter pour la première fois des idées politiques fondées uniquement sur le christianisme. Attachés à la dynastie régnante, nos opinions n'avaient pourtant pas d'organe, et nous ne les trouvions pas représentées par ces journaux auxquels nous reprochions dans notre prospectus, « que la religion y apparaissait trop « souvent comme un accessoire plus ou moins impor- « tant, comme moyen et appui d'autres doctrines, plutôt « que comme principe et fondement de toute vérité. » Toutefois notre but était plus philosophique que politique : nous voulions surtout annoncer, sinon préparer la restauration catholique des sciences morales et historiques, de la littérature et des arts. C'était une grande tâche que nous entreprenions : mais personne ne se présentait pour nous disputer cet honneur. Jeunes, obscurs, inexpérimentés, nous nous dîmes que si nous étions faibles, la vérité était forte, et nous commençâmes.

Nous trouvâmes dès l'abord une singulière consolation dans la communauté de nos travaux et de nos efforts. Inconnus les uns aux autres la veille, nous nous reconnûmes le lendemain pour frères. Nous avions pour la plupart commencé par le scepticisme, et nous n'étions revenus à la foi qu'après avoir parcouru ces voies stériles et douloureuses où tant de nos compagnons restaient engagés : aussi nos sympathies, nos vœux, nos espérances étaient-elles les mêmes. Pleins d'amour et de reconnaissance pour cette religion où nous avions rencontré la fin de nos angoisses, nous désirions ardemment de faire partager notre bonheur et notre paix à ceux-là surtout qui s'agitaient encore dans les ténèbres du doute. Comme nous comprenions toutes les erreurs, toutes les déviations du cœur et de l'intelligence, nous ressentions pour eux cette tendre compassion qu'inspirent les maux dont on a souffert; la tolérance et la charité nous étaient faciles envers ceux que nous avions à combattre. Nous promîmes à nous-mêmes et au public « d'apporter dans la carrière où nous « entrions un esprit où n'avait point fermenté le vieux « levain des haines de parti, de rester toujours étrangers « à cette polémique qui s'alimente de passions et qui ne « parle que par noms propres[1]. »

Nos lecteurs peuvent dire si nous avons tenu parole. Nos doctrines politiques n'étaient peut-être pas alors bien

1. Prospectus du *Correspondant*.

formulées : nous ne savions qu'une chose, c'était que nous aimions la royauté comme nos pères, et la liberté comme nos contemporains. L'étude, la discussion, l'amour de la vérité et du bien public, surtout l'application consciencieuse des vrais principes catholiques firent le reste ; nos idées furent bientôt arrêtées sur les partis, les systèmes, les opinions qui se partageaient la France. La conformité la plus parfaite de cœur et d'esprit s'établit bien vite entre nous, et il nous semble que si le *Correspondant* a eu un mérite, ce fut cette harmonie, cette identité de pensées et de sentiments qui auraient pu faire croire qu'une seule plume l'écrivait : ses rédacteurs se sont éprouvés dans les circonstances les plus diverses, et toujours ils ont jugé et senti de même. Qu'on nous pardonne de parler d'une union qui fait le bonheur et la consolation de notre vie, et qui ne cessera point, nous osons le dire, parce qu'elle a une source plus relevée que des sympathies passagères ou une alliance d'ambitions et d'intérêts humains. D'ailleurs, cette unité dans une école où il n'y a pas de maître, n'est-elle pas un témoignage éclatant de la force de ce lien religieux qui, au milieu des dissensions et de l'anarchie du siècle, fait que les catholiques s'entendent tout de suite, par cela seul qu'ils sont catholiques, et fondent, non sur des haines et des passions communes, mais sur un amour commun de la justice et de la vérité, une société où nulle dissidence ne pénètre.

Lorsque nous élevâmes la voix, la cause catholique était bien loin d'être populaire, et d'imprudents amis l'avaient compromise. Une conversion de la France avait été tentée sous le ministère Villèle ; mais au lieu d'attaquer corps à corps l'esprit du siècle et de le terrasser à la face des peuples, on avait trouvé plus court de faire alliance avec le pouvoir, et de faire servir aux intérêts de la religion les moyens d'influence qu'il avait entre les mains : c'est ce qu'on appela dans le temps *congréganisme* et *jésuitisme*. On sait comment toutes ces intrigues, aussi innocentes que maladroites pour la plupart, devinrent, sous la plume de M. de Montlosier, une abominable conspiration pour asservir la France aux jésuites, et comment la Presse éveilla partout des terreurs et des haines qui ne sont pas encore effacées. La chute de M. de Villèle amena naturellement une réaction contre le clergé : les ordonnances du 16 juin fermèrent les petits séminaires et les colléges de jésuites, auxquels leurs protecteurs n'avaient pas même su donner une existence légale, ce qui commença à faire comprendre aux hommes religieux qu'il valait mieux chercher ses garanties dans les lois que dans les hommes. Ces établissements ayant été fermés en vertu du monopole universitaire, les catholiques réclamaient vivement la liberté d'éducation. Ce fut aussi le cri que nous poussâmes en naissant ; mais, portant nos regards plus loin que la plupart de ceux qui le répétaient, nous demandâmes d'emblée l'indépendance de l'Église et sa séparation d'avec l'État.

Qu'on nous excuse si nous nous étendons un peu sur ce temps ; mais ce n'est pas sans quelque orgueil que nous nous voyons, dès les premières pages de ce recueil, réclamant, sous un roi pieux, sous une dynastie connue par son attachement à la religion, dans un moment où nos amis, après tout, avaient encore une part considérable dans le gouvernement, tout ce que nous demandons à la révolution de juillet et à la monarchie qui en est sortie. C'est qu'alors comme aujourd'hui la société nous préoccupait plus que le pouvoir. Frappés de l'anarchie incurable qui régnait dans les esprits, frappés aussi de l'impuissance du pouvoir pour les ramener à des croyances communes, nous en avions conclu que le remède était ailleurs. « La « question du moment, disions-nous, c'est la régénération « catholique, qui ne peut se faire que par l'intelligence, « et par conséquent par le combat, c'est-à-dire par la « liberté[1]. »

Aussi la liberté avait-elle dès lors tout notre amour : nous demandions, non pour nous seulement, mais pour tout le monde, liberté de conscience, liberté de la presse, liberté d'enseignement, liberté d'association[2]. Nous nous unissions de cœur aux luttes que soutenaient nos frères de Belgique et d'Irlande[3]. L'histoire nous montrait la société chrétienne formée lentement au milieu des luttes et des traverses par l'action spontanée de convictions individuelles, par les travaux infatigables d'un prosélytisme ardent; elle était née de la foi et du zèle de quelques fidèles, non issue d'un décret impérial. Nous croyions qu'elle ne pouvait se régénérer que par les moyens qui l'avaient établie. Citons quelques phrases de nos premiers articles : peut-être ces idées sont-elles devenues *lieux communs;* mais leur mérite est dans leur date : « La « Charte proclame de la manière la moins équivoque, non « pas l'indifférence, mais l'incompétence de l'État en « matière de doctrines.... Elle a dû se borner à régulari- « ser la lutte, laissant le reste au temps et à la Providence. « L'avenir de la religion n'appartient qu'à Dieu et au « sacerdoce...[4]. »

1. *Correspondant*, t. I, p. 179.
2. Tome I, p. 180.
3. Tome I, p. 12, 342, 374.
4. Tome I, p. 26.

Et ailleurs : « Ce qu'il y a de vital dans la Charte con-
« siste moins dans les formes politiques déterminées que
« dans les principes de liberté religieuse et de liberté indi-
« viduelle... La liberté ne peut profiter qu'à nous, puis-
« que seuls nous avons quelque chose à fonder, quelques
« doctrines à faire prévaloir... Essayons donc de la liberté,
« non plus comme d'un principe de dissolution sociale et
« intellectuelle, mais comme d'un moyen de reconstituer
« par la force vitale de la religion et de la vérité une so-
« ciété où, pendant la durée de l'état actuel des choses, la
« mission du pouvoir ne peut être qu'une mission de po-
« lice, etc. [1]. » Ces principes, que méconnaissaient et le
pouvoir et le libéralisme d'alors, nous sommes encore
obligés de les crier, et de les crier en vain, aux gouvernants d'aujourd'hui : peut-être qu'à force de changer, il
se trouvera enfin quelqu'un qui les comprenne.

Tout en demandant l'affranchissement de la religion et
de l'intelligence, nous suivions avec un soin scrupuleux
le mouvement philosophique et littéraire ; nous exami-
nions, nous combattions sans relâche tous les systèmes de
l'école doctrinaire. Tantôt un savant magistrat, unissant
ses efforts aux nôtres, en rassemblait en un faisceau les
axiomes métaphysiques pour les détruire par ce seul rap-
prochement[2]; tantôt nous nous mesurions avec un célèbre
historien, et nous forcions ses savantes recherches et
son analyse si judicieuse à rendre un témoignage involontaire en faveur des doctrines catholiques [3].

Tel était en effet le caractère de l'école éclectique, qu'elle
fournissait à ses adversaires presque toutes leurs armes.

---

1. *Correspondant*, tome I, p. 167.
2. *Des Doctrines du Globe*, t. I, p. 13, 34, 70, 104, etc.
3. *Du Cours de M. Guizot*, t, I, p. 3, 42, 85, etc.

Après avoir abjuré les doctrines du dix-huitième siècle, son matérialisme, sa haine aveugle du passé, ses fureurs irreligieuses, elle ne voulait pourtant pas pousser jusqu'au christianisme, et s'arrêtait dans un juste milieu sans couleur, dans un spiritualisme vague et indécis au bout duquel se trouvait le doute. Son mérite principal était la critique, et, sous ce rapport, elle a rendu de vrais services en soumettant à une révision sévère les décisions du siècle dernier : mais elle a été impuissante jusqu'au ridicule toutes les fois qu'elle a voulu fonder, créer, dogmatiser. Et pourtant elle avait un symbole auquel elle promettait l'avenir, elle croyait porter dans son sein une religion nouvelle. Où est aujourd'hui son symbole, où est sa religion, où est sa philosophie? Tout s'est évanoui, tout s'est dissipé, tout est tombé dans un oubli profond : ce catholicisme, qu'ils disaient mort, a vu passer ceux-là comme tous les autres, et il est resté debout ; il a même donné, ce nous semble, quelques signes de vie, ne fût-ce qu'en Belgique et en Pologne.

Mais ce n'était pas assez pour nous de combattre l'éclectisme : il fallait nous jeter dans le mouvement général pour seconder sa gravitation vers le catholicisme, essayer de retrouver dans toutes les sciences nos titres perdus, et de disposer les immenses matériaux que l'érudition moderne avait accumulés de toutes parts, sans savoir au profit de qui elle travaillait. Encouragés par la bienveillance qui avait accueilli nos premiers efforts, nous nous préparions à des travaux plus importants par des études plus sérieuses et plus profondes, nous espérions forcer le siècle à faire quelque attention à nous, lorsque l'ordonnance du 8 août 1829 éclata comme un coup de tonnerre, et appela tout le monde au combat. Il s'agissait bien désormais de philosophie et d'histoire quand la monarchie mettait sa fortune et celle de la France sur un seul enjeu, quand les partis commençaient une lutte qui ne pouvait être longue et au bout de laquelle était un bouleversement social. La politique, qui jusque là n'avait été pour nous qu'un objet secondaire, dut prendre la première place dans notre recueil comme partout.

Or, l'avénement de M. de Polignac au pouvoir nous avait consternés : nous avions reconnu en lui le précurseur et l'instrument d'une révolution inévitable. La monarchie se trouvait forcée de rompre tôt ou tard avec la liberté, et nous savions bien que la liberté était la plus forte. D'ailleurs, la mission des Bourbons nous paraissait être, non pas de ressusciter le pouvoir absolu, mais au contraire, de restaurer sous une forme nouvelle les vieilles franchises nationales, de modérer et de régulariser le mouvement qui s'en allait détruisant pièce à pièce un mécanisme gouvernemental créé et perfectionné par tous les despotismes : nous les voyions avec terreur méconnaître cette mission. Nous connaissions trop bien le libéralisme pour attendre de lui la liberté : c'était du vieux parti monarchique, mieux éclairé sur les véritables intérêts du pays que nous espérions l'obtenir ; et, sous ce rapport, le ministère de M. de Martignac dont nous prisions peu les vertus politiques, et dont nous attaquions souvent les actes, nous avait donné de l'espérance, parce que, d'une part, les révolutionnaires s'étaient divisés, et que, d'autre part, les royalistes étaient revenus à des idées de liberté soutenues par eux en 1815, mais que sept années de pouvoir leur avaient fait oublier.

A la fin de la session de 1829, nous avions signalé avec joie et la décomposition du parti libéral, et le mouvement qui s'opérait sur les bancs de la droite dans le sens de nos doctrines. Mais le ministère du 8 août ralliait tous les libéraux, en même temps qu'il mettait la dissension parmi les royalistes, et arrêtant une tendance encore faible et incertaine, forçait la plupart d'entre eux à se rejeter à la suite du monarque dans les voies de l'absolutisme et des coups d'État. Tant il est vrai que la Providence ne permet que bien rarement cette transition douce et insensible d'un ordre social à un autre ordre social que rêvait notre espoir; tant il semble que ces sortes de transformations ne puissent s'accomplir qu'au milieu des bouleversements et des tempêtes !

Notre position était bien pénible et notre langage bien difficile : il ne nous appartenait pas de nous unir aux perfides et violentes attaques dirigées contre le choix du roi, et, d'un autre côté, nous étions bien loin de partager l'aveugle confiance de quelques-uns de nos amis. Il ne nous restait qu'à proclamer de nouveau les principes de liberté que nous avions mis en avant à une autre époque, au risque d'être traités de niais et de défectionnaires; puis, lorsque les terribles questions du pouvoir constituant et de l'article 14 furent abordées, à signaler au pouvoir avec franchise et mesure les dangers qui étaient devant lui et les moyens de les conjurer. Les conseils que nous seuls adressions à tout le monde au milieu du bruit que faisait la presse eurent le sort des prédictions de Cassandre : mais enfin ils sont là pour constater que nous avions bien jugé et les dispositions de la France et la force respective des partis. Citons quelques passages d'un article où nous traitions la question publiquement soulevée de l'opportunité d'un changement de dynastie. A ceux qui nous proposaient pour modèle la révolution aristocratique de 1688, **nous demandions où ils voyaient en France quelque chose** de semblable « à ce corps de noblesse, propriétaire à peu près de tout le pays, qui dirigeait et maîtrisait à son gré les mouvements populaires. Il ferait beau voir nos chambres entreprendre cette tâche. Si les prédictions des écrivains du *National* s'accomplissaient, sans doute que leur Guillaume, quel qu'il fût, de quelque part qu'il vînt, inscrirait aussi sur son étendard : *Je maintiendrai*, mais pourrait-il maintenir? Où serait pour cela son point d'appui. Roi de la démocratie, il lui faudrait obéir à tous ses commandements; et la démocratie souveraine, c'est une force capricieuse et changeante, c'est une volonté aveugle et passionnée essentiellement incapable de suite et de consistance; c'est un enfant mutin à qui il faut chaque jour de nouveaux jouets à briser. »

« Vous promettez de conserver une chambre des pairs, vous nous avez dit pourquoi vous laisseriez une place à l'aristocratie : mais qui êtes-vous pour faire entendre raison à votre parti, pour calmer ses haines, ses passions, ses jalousies? Prend-il la peine de cacher son aversion pour toute supériorité, tout privilége? n'a-t-il pas eu soin de nous dire plus d'une fois qu'une chambre haute était un hors-d'œuvre, une anomalie dans notre état social? Et vous croyez que votre logique triompherait de ses répugnances?... Une chambre unique, voilà ce qu'il réclamerait et ce qu'il obtiendrait bientôt. Or, parmi vos tribuns, il y en aurait que le nom de roi choquerait, il y en aurait d'autres qu'exalterait l'idée d'attirer sur leur patrie toutes les armées de l'Europe dans la folle confiance où ils seraient de voir recommencer les triomphes de 1793. Dans les temps de révolution, ce sont les violents, les exagérés, les niveleurs auxquels reste la victoire, cela s'est toujours vu et se verra toujours. La force des choses, celle des mœurs, celle des passions nous mènerait donc à la république, puis à la guerre contre l'Europe, puis à la domination étrangère et au démembrement en cas de revers, ou au despotisme militaire en cas de triomphe. »

« Il est possible, ajoutions-nous, qu'il n'y ait pas chez nous assez d'enthousiasme, assez d'énergie pour fournir à une guerre civile : mais pour des complots, des trames, des essais de soulèvement, il y en aurait sans cesse. Le nouveau gouvernement serait forcé, quoi qu'il en eût, d'entrer dans la carrière des persécutions et de livrer ses ennemis à la tyrannie du parti vainqueur. Qui peut douter qu'un querelle religieuse ne vînt bientôt compliquer la querelle politique..... On peut être sûr qu'il y aurait des essais tentés pour constituer je ne sais quelle église nationale, séparée du centre de l'unité, humble esclave du pouvoir, mais sans influence sur l'esprit des peuples. La ruse, la violence seraient employées tour à tour contre les catholiques. Si ceux-ci ne se sentaient pas assez forts, assez compactes pour renverser à eux tout seuls un gouvernement illégitime et tyrannique, ils s'uniraient pour cela aux républicains purs ; et que pourrait un roi de la veille appuyé sur quelques ambitieux et sur quelques légistes contre le dévouement royaliste et l'amour de l'anarchie, l'enthousiasme religieux et l'exaltation démocratique, contre toutes les doctrines opposées, contre toutes les passions contraires ? S'il y a une chose évidente pour quiconque connaît l'état de ce pays, c'est qu'un usurpateur serait usé en bien peu d'années, peut-être même en quelques mois, et alors commencerait une tempête comme celle que Dante a décrite, etc. [1].

Au ministère, nous disions que la France voulait à la

1. Tome I, n. 51.

fois et la monarchie légitime et les libertés consacrées par la Charte, que ses ennemis n'auraient aucune prise sur la nation s'ils ne lui persuadaient que la Charte était menacée. « Retranché dans la légalité comme dans une position inattaquable, qu'il essuie les attaques de la presse et de la tribune avec ce courage calme et impassible, avec ce sang-froid qui est la première qualité de l'homme d'État, et tout se bornera à des paroles. Si l'on osait aller plus loin, tous les avantages seraient de son côté; il aurait pour lui la France entière. Alors seulement il pourrait employer la force pour se défendre : dans tout autre cas, elle pourrait maintenir un ordre passager, mais elle ne tiendrait pas longtemps contre le torrent des mœurs et des opinions. C'est de la conduite des ministres, c'est de celle des royalistes que dépend aujourd'hui l'avenir de la France. »

Et ailleurs : « Si ce qu'à Dieu ne plaise, un combat est inévitable, l'essentiel est d'avoir la nation pour soi, et pour cela il ne faut pas être l'agresseur. Sans doute que le salut du peuple est la loi suprême, sans doute, qu'il justifie toutes les mesures, mais encore faut-il être sûr de son fait. Si l'on se trompe, si, au lieu de prévenir une révolution, on en donne en quelque sorte le signal, etc. »

Enfin, aux centres qui formaient la majorité de la chambre des députés, nous demandions de prendre garde « que leurs coups ne portassent plus loin que le ministère, de ne pas servir de marchepied aux hommes de la gauche, d'abjurer leurs ressentiments, de renoncer à leurs prétentions actuelles au pouvoir, de se ranger parmi les défenseurs non du ministère, mais de la royauté, puisque l'audace des factions s'attaquait à elle. »

Mais à mesure que les choses marchaient, nous perdions tout espoir de conciliation. L'idée d'une fatalité invincible nous obsédait par moments : « Malgré la tendance « des esprits au repos, disons-nous, on dirait que la « France est emportée violemment et comme par une vo- « lonté plus puissante que la sienne vers une carrière de « révolutions : on dirait un abîme que chacun entrevoit « et voudrait éviter, et il semble entendre une voix qui « dit à la France : *Marche! marche* [1] ! » Nous prenions encore quelquefois la parole pour repousser des conseils insensés, pour gémir sur cette adresse, votée par tant d'amis de la dynastie, et où la susceptibilité du roi était si imprudemment heurtée, pour adjurer les électeurs des centres d'envoyer une majorité royaliste et de prévenir à tout prix une collision fatale, pour supplier les évêques de France de ne pas lier les destinées de la religion à celles d'un ministère ; mais le plus souvent nous nous taisions.

Nous revenions à nos études, nous parlions de philosophie et d'histoire ; nous écoutions les hymnes mélodieux de Lamartine, ou les accents mélancoliques de l'auteur des *Consolations;* surtout nous cherchions un refuge dans la primitive Église : nous admirions les merveilles de la naissance du christianisme ; puis, nous lançant dans un avenir lointain, nous assistions, par la pensée, au grand spectacle de sa régénération. Mais nous portions dans tous ces travaux un esprit abattu et un cœur oppressé : la catastrophe qui s'approchait pesait sur nous de tout son poids. Nous nous sentions dans cette atmosphère lourde, étouffante qui précède

1. Tome II, p. 49.
2. Tome II, n. 3.

un orage, jusqu'au moment où la nue se déchire et laisse passage à la foudre.

Enfin, le jour des tempêtes se leva : l'élément populaire fut déchaîné, et notre vieille monarchie brisée en un instant. Force nous fut de voir que le doigt de Dieu était là ; pourtant de cruelles angoisses, d'étranges perplexités nous saisirent. Où étaient nos devoirs? Qu'avions-nous à faire? Certes, si un appel eût été fait à notre fidélité, il ne nous eût pas trouvé sourds ; si, lorsque les vainqueurs eurent repoussé le gage de paix et d'union que leur apportait un enfant, une Vendée nouvelle se fût levée pour protester, elle aussi, en faveur des lois, nous n'eussions pas été les derniers à nous ranger sous ses étendards; mais un vertige surnaturel s'était emparé des chefs; une morne stupeur avait glacé les soldats. Tout courbait la tête comme sous un jugement d'en haut, et l'on vit trois générations de rois traverser à pas lents la France atterrée, et gagner à petites journées la terre de l'exil, sans que rien se fût ému sur leur passage, sans qu'une seule voix leur eût crié : Venez combattre et mourir avec nous.

Nous nous demandâmes s'il n'y avait pas en effet jugement de Dieu, et si nous ne pouvions pas accepter le *fait*, plier sous la loi des circonstances en conservant intacte la virginité de notre âme; si, nous ne pouvions voir dans la force des choses un arrêt du ciel qui substituait de nouveaux devoirs à nos anciennes obligations. Certes, nous ne songions pas à faire alliance avec le parti vainqueur : nous n'aimions pas ses hommes, et nous savions tout ce qu'il y avait de funeste et d'insensé dans ses doctrines. Si l'œuvre de destruction était de Dieu, le reste était de l'homme, le reste était faux, illégitime, misérable.

Nous méditâmes longtemps devant Dieu sur toutes ces choses, et il nous souvint d'une belle allégorie antique, d'Énée au milieu du sac de Troie, ne demandant dans son désespoir qu'à mourir sur un monceau d'ennemis immolés ; mais sa mère lui apparaît brillante de clartés, et vient rendre le calme et la résignation à son âme, en lui montrant les dieux là où il croyait voir les hommes : « N'accuse ni Pâris ni la funeste beauté d'Hélène, lui dit-elle, les dieux ont tout fait. »

> Divûm, inclementia divûm
> Has evertit opes, sternitque a culmine Trojam.

Le voile qui couvrait ses yeux est levé : il aperçoit Neptune sapant les murailles de son trident, Junon excitant les Grecs au carnage du haut de la porte Scée, Pallas versant la terreur de son égide sur les Troyens, Jupiter lui-même animant l'ardeur, réparant les forces des destructeurs d'Ilion.

> Apparent diræ facies, inimicaque Trojæ
> Numina.

Et nous aussi, nous vîmes que c'en était fait, et que, comme le fils d'Anchise, nous n'avions plus qu'à sauver les dieux de nos ancêtres et le feu éternel de Vesta, qu'à préserver le catholicisme, base nécessaire de la société à venir comme de le société antique. Les derniers débris de l'ordre politique de nos pères venaient de tomber en poussière ; l'ordre nouveau, improvisé sans que le ciel eût été appelé au conseil, était visiblement frappé d'impuissance et de stérilité : la France nous apparut comme un temple vide d'où les dieux se sont retirés. Mais nous avions appris à considérer au flambeau de la foi les choses de la terre, à ne pas concentrer nos affections dans des institutions qui naissent et qui meurent ; à rester attachés uniquement à la vérité, à la justice, lois éternelles que le flot du temps ne peut emporter. S'il était permis d'espérer que le lys exilé serait un jour rappelé par les peuples pour briller, comme un pieux souvenir des ancêtres, sur le fronton de l'édifice de l'avenir, il fallait auparavant bâtir cet édifice, dont les fondements n'étaient pas même creusés : œuvre longue, lente, difficile, cimentée de nos sueurs, de nos larmes, peut-être de notre sang.

Le ciel s'étant déclaré, comme parle Bossuet, nous donnâmes de pieuses larmes à d'augustes infortunes ; puis nous nous rappelâmes une phrase de l'Évangile qui résume dans sa simplicité profonde toutes les lois de l'ordre social, et hors de laquelle les peuples s'agiteront en vain pour trouver dans des combinaisons infinies la stabilité et le bonheur : *Cherchez premièrement le royaume de Dieu et la justice ; le reste vous sera donné par surcroît.* Nous prîmes position comme *catholiques*, rien que catholiques : nous jurâmes de sacrifier aux intérêts de la religion, seul espoir de la patrie et de l'humanité, affections, préjugés, antipathies, ressentiments.

Notre profession de foi fut courte et claire ; elle parut avant la Charte de 1830, lorsqu'il n'y avait encore de loi que la victoire, lorsque personne ne savait encore ce qu'il devait vouloir et demander : « Du gouvernement quel qu'il soit, disions-nous, nous exigerons strictement, tant comme Français que comme catholiques, toutes les garanties qui nous sont nécessaires, et spécialement la liberté des cultes, celle de l'enseignement et celle de la presse.

Notre première bien, ce sont nos croyances religieuses, et la religion vit de liberté. Le temps du triomphe de nos doctrines est encore éloigné : nous entrons dans la carrière des expériences; elles seront longues et probablement dures, mais il en faut pour tout le monde, pour nos anciens amis comme pour nos anciens adversaires... Si un ordre permanent doit s'établir, il sortira de l'alliance définitive de la religion et de la liberté. Travaillons donc avec courage, dussent nos intentions être méconnues et nos pensées mal comprises : travaillons dans ce chaos à séparer la lumière des ténèbres, quand nos neveux seuls devraient profiter de nos efforts, etc [1]. » Dès le numéro suivant, traçant avec plus de détail notre plan de campagne, nous demandions l'abolition du concordat, l'élection des évêques, la libre communication avec Rome, l'émancipation de la discipline et de l'enseignement ecclésiastique, tout ce que réclament aujourd'hui partout les catholiques.

Comprenant notre mission comme une mission d'avenir, non de présent, nous n'avons pris pour appui aucun parti, aucun système déjà existant : car ce qui fait que la société s'en va, c'est que ces systèmes sont usés, c'est que ces partis sont sans force. Nous avons travaillé et nous travaillerons, tant qu'il nous restera une voix pour parler et une plume pour écrire, à la formation d'un parti catholique; mais nous avons cru en trouver plus spécialement les éléments dans l'ancien parti royaliste qui forme, après tout, ce qu'il y a de plus moral, de plus honorable et de plus éclairé dans la nation. C'est pour cela que nous lui avons beaucoup parlé pour le prier de substituer à un

---

1. Tome III, p. 338, numéro du 6 août.

dévouement monarchique, qui, selon nous, ne peut avoir d'objet actuel, le dévouement aux intérêts de la religion inséparables de ceux du pays. C'est surtout pour arracher toutes ces libertés positives qu'il faut à l'Église, que nous les avons si souvent suppliés de ne pas reculer devant un serment, qui n'engageait à rien à quoi un homme sage et un chrétien ne dût se tenir pour engagé sans lui, c'est-à-dire au respect de l'ordre extérieur, à une soumission conditionnelle aux pouvoirs de fait [1].

Plus jaloux de leur être utile que de leur plaire, nous avons combattu des espérances qui nous semblaient mal fondées et par conséquent dangereuses ; nous avons essayé de leur prouver que la légitimité leur fût-elle rendue aujourd'hui, la position ne serait pas tenable pour elle; qu'une restauration sociale devait précéder la restauration politique pour rendre celle-ci efficace et durable; enfin, que pour ramener à eux les esprits, il fallait qu'ils abjurassent généreusement tout intérêt de parti ou de classe pour prendre en main les intérêts généraux, ceux de l'ordre contre les anarchistes, ceux de la liberté contre le pouvoir, ceux de la France contre l'étranger, ceux de la religion contre tout le monde. « Faites-vous les hommes du pays, leur avons-nous dit, avec le même dévouement que vous étiez les hommes du pouvoir : que tous les faibles, tous les opprimés trouvent en vous des défenseurs. Combattez pour affranchir l'Église et pour émanciper les communes, pour la presse comme pour l'enseignement, pour dégrever l'agriculture comme pour soulager l'industrie, etc. [2]. » Et ailleurs : « Ceci n'est pas de conseil seu-

---

1. Voir tome II, p. 404 et *passim*.
2. Tome III, p. 154.

lement, c'est de devoir. Le chrétien n'est pas un être inactif, étranger à la société au milieu de laquelle la main de Dieu l'a placé... Le Seigneur a préservé des villes coupables en vue d'un petit nombre de justes : qu'eût-il fait s'ils en étaient sortis? Il faut souffrir, il faut agir, il faut veiller pour la société et avec elle.... [1]. »

Nous aurions vivement désiré que ces considérations déterminassent les anciens royalistes à se rendre aux élections, à envoyer à la chambre quelques-uns des leurs pour sommer le libéralisme de tenir ses promesses, et proclamer à une tribune d'où la voix retentit dans toute la France les idées généreuses et patriotiques auxquelles tous se rallient successivement. Quelques discours auraient fait sur le pays un bien autre effet que des articles de journaux, qui ne sont guère lus par le parti contraire, et dont les rédacteurs anonymes ou inconnus ne peuvent pas communiquer beaucoup d'autorité à leurs paroles. Nous pouvons voir aujourd'hui quelle position noble et désintéressée nos amis auraient pu prendre au milieu de ces vides et interminables querelles du juste milieu et de l'extrême gauche : leur présence eût-elle, comme on l'a dit, rallié tous les hommes de la révolution, il eût été beau de leur faire renier, à la face de la France, cette liberté, objet de leur culte hypocrite, et de détromper solennellement le pays sur eux et sur soi. Tel n'est pas le parti qu'on a pris ; on a pensé qu'en laissant aux prises les hommes de la résistance et ceux du mouvement, leurs dissensions et leur incapacité frapperaient tellement la nation qu'elle se repentirait de ce qu'elle a fait ou laissé faire, et, fatigué de ses gouvernants et de ses tribuns, irait

---

[1]. Tome III, p. 42.

se mettre à la discrétion des royalistes. Pour nous, nous ne croyons pas qu'on en soit là à beaucoup près, et nous craignons que la faiblesse du gouvernement ne trompe sur la force de la révolution qui en a encore assez pour fournir une longue carrière. Nous voudrions nous tromper : mais déjà une fois l'on a cru à un revirement de l'opinion en faveur de la légitimité, et le lendemain du jour où nous avertissions les royalistes de ne pas se fier à des apparences trompeuses, où nous leur disions qu'une tentative de leur part « mettrait à l'instant le pouvoir et la force « entre les mains des démagogues et de la populace, et « amènerait une dictature révolutionnaire qui les écra- « serait facilement, qu'une espèce de rage s'emparerait « du peuple, etc. [1], » une simple imprudence appelait sur Germain-l'Auxerrois et sur l'archevêché les fureurs sacriléges de la multitude, et provoquait la destruction des croix, à cause de je ne sais quelle apparence de fleurs de lys dont une haine aveugle avait cru les voir surmontées. Aujourd'hui, comme alors, nous pensons que « rien n'est encore prêt pour un retour à l'ordre, « et que, quelque illusion que puissent faire la vitesse « des événements et la promptitude des esprits, il n'y « a rien à attendre que de l'action lente, mais sûre, du « temps. »

Si notre franchise a déplu aux royalistes, si quelquefois nous avons cru devoir leur dire des vérités un peu dures dans la confiance où nous étions que l'accent d'une voix amie ne pouvait être méconnaissable, ils ont pu voir qu'au moins nous ne les avons pas reniés pour frères lorsqu'ils ont été opprimés. Personne n'a flétri avec plus

---

1. Tome III, p. 370.

d'indignation que nous d'ignobles persécutions, personne n'a exhorté plus vivement à la résistance légale contre toute mesure arbitraire. Une explosion de colère à l'occasion des visites domiciliaires nous a presque appelés sur les bancs de la cour d'assises. Des magistrats éclairés ont compris combien il serait honteux de nous traîner devant un jury pour avoir protesté au nom des lois violées, de la liberté outragée, de tous les droits de citoyens foulés aux pieds; mais s'ils nous ont épargné un procès dont nous eussions été glorieux, au moins avons-nous montré qu'il n'y avait dans notre modération habituelle ni crainte ni faiblesse.

Hors l'action que nous avons cherché à exercer sur les hommes religieux et le clergé, notre politique dut se borner à être purement critique; non que nous nous désintéressions facilement des destinées de la patrie; mais parce que nous n'aurions eu aucune chance pour nous faire écouter par les hommes du pouvoir, quand nous eussions indiqué les meilleurs remèdes aux maux du pays. Placés en dehors des systèmes qui se disputent la direction des affaires, nous avons essayé d'en tirer, pour nous et nos lecteurs, des enseignements utiles sur l'état réel de la France, sur ses besoins véritables, sur les causes qui empêchent la société de se rasseoir et sur les moyens à prendre pour le rétablissement de l'ordre dans telle ou telle position donnée. Il n'est pas une question que nous n'ayons étudiée avec autant de conscience, discutée avec autant d'impartialité que si nous eussions été chargés de la résoudre, et il nous semble que le *Correspondant* a offert depuis un an un tableau assez fidèle et assez complet de la politique intérieure et extérieure.

Si l'on a trouvé souvent dans nos paroles quelque chose de mélancolique et d'abattu, c'est que nous nous sentions poursuivis par l'idée que tout ce qu'on fait n'est que provisoire, qu'il n'y a là ni vie ni avenir, que toute cette législation sera refaite cent fois avant d'être bien faite. Puis nous n'avons jamais vu dans la paix, toute désirée qu'elle soit par tous les cabinets, parce que tous y sont intéressés, qu'une trêve plus ou moins longue ; nous avons toujours cru que les journées de juillet avaient été le signal d'une révolution, non plus française seulement, mais européenne, que, malgré tous les plans des habiles et tous leurs efforts pour retarder une fatale explosion, l'anarchie et la guerre feraient de nouveau tourbillonner les peuples comme la poussière qu'emporte un vent d'orage : dût-on nous traiter de rêveurs mystiques, il nous a semblé reconnaître à des signes certains que nous avançons vers cette ère de l'unité religieuse que le comte de Maistre saluait de loin, et qu'une grande expiation préalable entrait dans le plan de la Providence. Mais nous avons dit, nous dirons encore aux chrétiens d'espérer : « car de plus grands spectacles nous attendent. Le « chaos s'avance; mais c'est le chaos « qui précède la création. Votre âme est triste jusqu'à la « mort. Mais n'est-il pas écrit qu'il fallait que le fils « de l'homme souffrît pour que le monde fût sauvé ?... « Et d'ailleurs, ne faut-il pas que notre égoïsme soit « châtié, que notre mollesse soit broyée par les évé- « nements jusqu'à ce que le courage et le dévoue- « ment nous reviennent ? Ne nous abandonnons pas « nous-mêmes. Sachons vivre pour préparer l'avenir. « Mourons, s'il le faut, pour le mériter à d'autres. « Mais surtout ne désespérons pas de Dieu : car tout

« ce qui nous afflige et nous épouvante passera : *Aliquis
« providet* [1]. »

Et maintenant que nous avons rendu compte de ce que nous avons fait, il faut dire ce que nous nous proposons de faire. Depuis longtemps nous étions frappés des inconvénients de notre mode de publication. Comme journal religieux et philosophique, nous paraissions trop souvent pour pouvoir étudier et traiter à fond de vastes questions qu'il fallait nous contenter d'effleurer : comme journal politique, nous revenions trop rarement pour satisfaire à cette curiosité impatiente, si naturelle dans des temps où tout est en suspens. Le public veut avant tout des nouvelles fraîches; il lui faut chaque matin des lettres de Pologne, de Belgique, d'Angleterre, d'Italie, des arrestations, des procès, des émeutes, le tout assaisonné d'une polémique vive, mordante, passionnée. Mais de graves réflexions, des jugements tranquilles et impartiaux sur ce qui s'est fait la veille, des vues providentielles sur la société, tout cela est bon dans un temps de calme et de paix, mais bien froid et bien pâle au milieu de l'émotion universelle. On le supporterait dans un livre qu'on n'ouvre qu'à tête reposée, lorsqu'on se sent capable d'attention et de réflexion, mais d'une feuille on attend toute autre chose. Le public nous a signifié ce qu'il y avait de faux dans ce *juste-milieu* entre un journal et un livre. Depuis quelque temps nous avons perdu beaucoup d'abonnés : si nous attribuons leur retraite à la forme du *Correspondant*, c'est que, d'une part, il n'y a eu aucune altération dans nos doctrines et notre langage, et que d'autre part, la rédaction, nous l'avouerons tout naï-

1. Tome IV, p. 36.

vement, nous semble avoir plutôt gagné que perdu. D'ailleurs des représentations fréquentes nous étaient adressées sur notre genre de périodicité : on nous pressait de faire de notre recueil ou un journal quotidien ou une Revue : nous avons cru devoir prendre ce dernier parti.

Que nous eussions rendu le *Correspondant* quotidien dans les premiers jours de la révolution, alors que les doctrines de la liberté civile et religieuse que nous prêchions n'avaient pas d'autre organe, il y aurait eu pour nous des chances de réussir et d'être utiles. Aussi l'eussions-nous fait à cette époque si nous avions pu suffire aux frais énormes que nécessite une pareille entreprise. Bientôt une voix éloquente vint défendre avec l'autorité du génie cette sainte cause du catholicisme dont nous étions les champions zélés, mais faibles et obscurs. L'*Avenir* parut et nous saluâmes sa naissance d'un cri de joie. Toutefois nous vîmes bientôt qu'il pouvait nous rester une place à côté de lui. Notre but était le même, l'émancipation de l'Église et la régénération de l'humanité : mais nos voies étaient différentes ; nous ne nous adressions pas au même public : d'accord sur le fond des choses, nous avions d'autres antécédents, d'autres sympathies, d'autres répugnances. L'illustre écrivain qui, à toutes les époques, avait si énergiquement signalé les fausses routes où s'engageait la restauration, avait sans doute le droit d'être sévère pour ceux qui avaient fermé l'oreille à ses avertissements : nous n'avions pas ce droit, nous dont tout le mérite était peut-être d'avoir écouté à temps et médité ses fortes paroles. Comme nous l'avons dit plus haut, nous ne pouvions croire que le parti royaliste fût déshérité à jamais de sa part d'influence sur les destinées de la France, et notre but politique actuel était de le réconcilier, non avec le parti libéral où presque personne n'avait la tolérance et la justice ailleurs que sur les lèvres, mais avec les idées de liberté politique et religieuse, considérées comme base de la société future, et abstraction faite de ceux qui, les mettant en tête de leurs œuvres, ne cessaient de les défigurer ou de les faire mentir. Cette noble tâche, la presse royaliste l'a aujourd'hui acceptée, et des progrès immenses ont eu lieu depuis un an parmi nos anciens amis. Il n'est pas aujourd'hui un journal légitimiste, soit à Paris, soit dans les provinces, qui ne se soit placé sur le terrain de la liberté.

L'extension des droits électoraux à tout ce qui fait partie de la garde nationale, l'émancipation complète et la libre élection des administrations locales, l'affranchissement de l'éducation et du culte sont aujourd'hui des thèses populaires parmi ceux qu'on appelle encore *Carlistes*. La *Gazette de France* les soutient tous les jours avec un incontestable talent. Si la *Quotidienne* marche plus lentement dans cette voie, elle aussi repousse avec énergie, au nom des amis de Henri V comme au nom de sa mère, toute idée de restauration par une invasion étrangère. Partout le parti royaliste se pose comme vraiment *libéral*, vraiment *national*. *Tout pour la France, rien pour l'étranger et par l'étranger*[1], telle est la devise qu'il a choisie. Si ses principaux organes se trompent encore, selon nous, sur le moment où la France reviendra à eux, si des espérances trop précoces sur la conversion du pays les ont portés à éloigner encore ceux qu'ils dirigent des colléges électoraux, au moins sont-ils tous entrés dans ces voies nouvelles où nous les voulions, et où ils con-

---

1. *Quotidienne* du 27 août.

querront avec le temps une honorable popularité, surtout lorsqu'ils proclameront à la tribune, avec franchise et persévérance, les doctrines nouvelles que le malheur leur a faites. En tête de ce mouvement est aujourd'hui le *Courrier de l'Europe*, qui seul avec quelques feuilles de province a persisté courageusement à pousser les royalistes aux élections. Nous serions ingrats de ne pas parler d'un journal qui nous a toujours donné les marques d'une sympathie toute fraternelle ; qui, d'ailleurs, comprend comme nous le rôle du catholicisme dans ce qui se prépare, et perçoit plus distinctement que les autres la nécessité de donner une base religieuse à la régénération politique. En exposant ce grand mouvement qui s'opère parmi les honnêtes gens sur tous les points du royaume, nous avons assez dit qu'un journal quotidien de plus, un intermédiaire entre le *Courrier de l'Europe* et l'*Avenir*, serait à peu près inutile aujourd'hui.

Il n'en est pas de même d'une Revue : ce genre de publication si important en Angleterre, où la *Revue d'Édimbourg*, celle de *Westminster,* etc., etc, ont une bien autre prépondérance que celle des feuilles quotidiennes, n'existe pas en France, où les recueils, souvent fort instructifs, qui portent ce nom, ne sont la plupart du temps que des mosaïques, des collections des matériaux hétérogènes, qu'aucune pensée une, qu'aucune vue, qu'aucun but ne lie et n'amalgame.

Le plan et l'idée dominante de la *Revue européenne* seront exposés dans le prospectus et dans un article qui servira d'introduction : qu'il nous suffise de dire ici qu'elle réfléchira, autant que nos forces pourront y suffire, cette marche solennelle, non de la France seulement, mais de la chrétienté tout entière, vers des

destinées nouvelles. « S'il ne se fait pas une révolution
« morale en Europe, disait en 1796 M. de Maistre, si l'esprit
« religieux n'est pas renforcé dans cette partie du monde,
« le lien social est dissous. On ne peut rien deviner, et il
« faut s'attendre à tout. Mais s'il se fait un changement
« heureux sur ce point, où il n'y a plus d'analogie, plus
« d'induction, plus d'art de conjecturer, ou c'est la France
« qui est appelée à le produire. » Pénétrés de cette haute
mission des catholiques français, pénétrés aussi de cette
belle pensée de M. de La Mennais « qu'ils forment l'avant-
garde de l'humanité marchant à la conquête de l'avenir, »
nous voulons saluer de loin, et montrer à nos frères, pour
fortifier leur courage dans leur marche à travers les déserts qui leur restent encore à traverser, cette terre promise, cette Jérusalem nouvelle qu'ont pressentie d'avance
les grands esprits de cet âge, comme ces sommets neigeux
qu'illuminent déjà les rayons du soleil, lorsque des ténèbres profondes couvrent encore les vallées. *Italiam! Italiam!* crierons-nous sans cesse. « Espérons, disions-nous
« il y a deux ans, quand même nous verrions encore no-
« tre patrie livrée aux tempêtes. Ce ne serait qu'un orage
« passager, un moyen de la Providence pour amener plus
« tôt la grande ère de l'unité religieuse. [1] » L'orage est
venu, il commence à peine ; il sera long et terrible ; mais
pour qui sait regarder, il ne fera que balayer tout ce qui
ferait obstacle à la reconstruction de l'*édifice auguste dont
les plans sont visiblement arrêtés* [2]. Ces plans merveilleux
que peut déjà apercevoir l'œil éclairé par la foi, nous es-
sayerons de les décrire selon la mesure de nos forces. En

1. Tome II, n. 3.
2. De Maistre.

France, en Allemagne, en Angleterre, partout se fait
un travail intérieur, partout s'opère dans les esprits élevés cette alliance de la science et de la foi, de l'ordre et de
la liberté qui se consommera plus tard dans la société
sous les auspices de la mère des Églises. Le protestantisme est mort, le matérialisme est mort, l'éclectisme
s'est évaporé, le vieux libéralisme se meurt, le royalisme
se transforme; le catholicisme seul, aussi vivant, aussi immuable, aussi fécond qu'aux jours de sa jeunesse, s'apprête à recueillir dans son sein les peuples, son héritage.
C'est cette magnifique préparation que nous voulons suivre
et montrer dans la philosophie, dans la politique, dans les
sciences, dans les arts, pour animer par ce spectacle ces
catholiques et ce clergé français que Dieu appelle à de
si hautes destinées, et dont les travaux, les vertus, les
souffrances peuvent hâter beaucoup la régénération sociale.

En renonçant à ces discussions, à cette polémique qu'amenait chaque pas du gouvernement ou des chambres,
chaque mouvement des partis, nous n'abjurons point la
vie politique. Toutes les grandes questions constitutionnelles et sociales seront traitées par nous avec l'étendue
et les développements que la forme du *Correspondant* interdisait. Trois ans de controverse au milieu de tant de
vicissitudes, nous ont donné quelque connaissance des
partis, quelque expérience des hommes et des choses :
nous nous efforcerons de suppléer à ce qui nous manque
par l'étude et la méditation. Quelques-uns d'entre nous
seront peut-être un jour appelés à la tribune nationale :
ils sentent le besoin de se préparer par des travaux sérieux
à représenter dignement leur cause en face de la France ;
ils ont l'ambition, pourquoi la cacheraient-ils, d'apporter
aussi leur pierre à l'édifice.

Nous parlions, il y a quelque temps, de ce bataillon de méthodistes appelé *parti des saints,* qui se rangeait à côté de Wilberforce dans le parlement britannique, également libre de toute opposition systématique et de toute approbation obligée ; dont la conscience décidait le vote, presque toujours connu d'avance, parce que, s'ils n'avaient point d'ambition, ils avaient des principes invariables comme la morale chrétienne[1]. Tel est le modèle que nous présentons à nos frères, et si nous osons nous-mêmes aspirer à prendre place parmi les mandataires de la cause catholique, le Ciel nous est témoin que ce n'est point par un vain désir de gloire humaine, mais uniquement pour que le spectacle de chrétiens, fidèles aux devoirs que ce grand nom leur impose, contraigne le siècle à rendre hommage à cette foi divine, lumière des simples et force des faibles.

Et maintenant il faut dire un dernier adieu, clore la dernière feuille de ce *Correspondant,* si longtemps confident de nos pensées et nos émotions, lien précieux entre nous et tant d'hommes de bien dont le cœur battait à tout ce qui faisait battre le nôtre. Quoique entrant dans une nouvelle carrière où nous espérons que leurs encouragements nous suivront, nous ne nous séparons pas sans douleur de cette œuvre de trois ans, espèce d'être moral en qui se résumaient et s'unissaient tous les sentiments qui remplissaient nos âmes : nous disons tristement comme le Tasse dans lord Byron :

> My pleasant task is done,
> My long-sustaining friend of many years,

nous repassons ces années souvent si pleines d'amertume et d'angoisses, mais soutenues, consolées par le travail et

---

1. Tome IV, p. 162,

l'amitié, et ce souvenir nous est doux. Puisse-t-il l'être aussi pour ceux dont la bienveillance a encouragé nos efforts, et puisse le nom du *Correspondant* s'unir dans leur esprit sinon à l'idée de talent et d'éloquence, au moins à celles de conscience, de sincérité et d'amour du bien.

INTRODUCTION

A LA

REVUE EUROPÉENNE

(15 septembre 1831.)

Une des plus belles allégories de l'antiquité est la lutte que les chefs des peuples et les interprètes des dieux, héros et poëtes, étaient contraints de livrer à ce sphynx, jaloux dépositaire des lois primordiales de l'humanité et du mystère de ses destinées futures. Ne semble-t-il pas que cet être, dont l'image est restée aux déserts de Thèbes et de Memphis, comme un dernier symbole de toute cette civilisation ignorée, soit revenu s'asseoir sur les débris de nos sociétés croulantes pour en interroger les chefs et les guides? L'énigme de l'avenir devient chaque jour plus obscure et plus redoutable : et pourtant force est à tous de l'interpréter ; car avant de parler aux nations qu'épouvante la profonde obscurité de leurs destinées, il faut que l'homme d'État s'écrie, comme les initiateurs antiques : « J'ai dompté le monstre, j'ai la parole de vérité et « d'avenir. »

Au sein de cette décomposition universelle, qui broie et transforme les vainqueurs et les vaincus, au milieu de cette Europe qui refait à la fois et ses institutions et ses frontières, et ses croyances et ses mœurs, on éprouve comme un vertige. Malheur à celui qui regarde et se trompe : si son œil ne sonde la profondeur de l'abîme, il y tombe, comme les téméraires interrogateurs roulaient du haut du rocher où, suivant le mythe grec, le sphynx avait placé son inaccessible demeure.

Quelle énigme en effet que celle du *dix-neuvième siècle!* quel mystère que celui qui enveloppe le sort des nations modernes! Jamais mouvement intellectuel et politique n'eut un caractère en même temps aussi universel et aussi vague, aussi insaisissable dans ses résultats définitifs. L'Europe entière est brisée par la même tempête; mais qui peut assigner encore le but vers lequel cette tempête la poussera? Il suffit de la contempler pour voir que son état actuel n'a aucune condition de dureté, et que de fondamentales altérations s'opéreront avant peu dans son droit public, dans son droit intérieur et dans tous les rapports des peuples et des hommes entre eux. L'édifice préparé à la paix de Westphalie, replâtré en 1815, sous les influences si peu morales et si peu prévoyantes qui dominèrent ce qu'on est convenu d'appeler la restauration européenne, cet édifice de convenances égoïstes, trop souvent oppressives, entamé déjà par sa base, lézardé de tous côtés, n'a plus que des étais provisoires. Parcourez cette Europe, où l'on ne saurait faire un pas sans trembler de voir s'ouvrir un cratère, et dites si l'on peut espérer de reculer bien longtemps une débâcle toujours imminente. Ici vous trouvez des peuples à la gêne sous des frontières artificielles; là des institutions qui survivent à leur principe, et d'où s'est retiré l'esprit qui les vivifiait dans un autre âge. Et pour n'apporter en exemple qu'un seul des grands intérêts de l'humanité, un intérêt qui, même dans nos jours d'indifférence, décide encore souverainement du sort des nations, ne se prépare-t-il pas une réforme universelle et prochaine, non dans les vérités religieuses elles-mêmes, mais dans leurs rapports avec la société civile?

Déjà cette réforme s'opère au milieu de nous par la liberté, et peut-être la persécution viendra-t-elle la hâter encore. Pensez-vous que le vieux système de *state and church* ne soit pas partout menacé de modifications analogues? Ce n'est pas dans la protestante Angleterre seulement qu'il succombe sous le bill de réforme et les scandales d'une Église qui, interrogée sur ses dogmes et ses fidèles, ne sait répondre qu'en énumérant ses dignitaires et en montrant la feuille de ses bénéfices. L'union de l'Église et de l'État ne peut se prolonger bien longtemps ni dans l'Allemagne protestante ni dans l'Allemagne catholique. La pureté de la foi y est trop menacée; déjà des cris d'effroi montent de toutes parts vers le centre de l'unité religieuse, contre l'intolérance des sectaires et les tentatives non moins mortelles d'un despotisme de bureau et de chancellerie.

Dans les deux péninsules méridionales catholiques, une réforme sociale est également nécessaire, et, nous l'espérons, également prochaine. Le sens de l'harmonique constitution du moyen âge est altéré; la routine, l'ignorance, trop souvent la corruption ont déposé leur rouille sur ces siéges d'où la vie chrétienne exhala pendant tant de siècles ses ardentes et populaires inspirations. Les autres institutions fondamentales y sont dans un même état de dépérissement et de décrépitude. L'aristocratie, sans droits et sans devoirs, n'y conserve que des priviléges de mollesse et d'oisiveté ; ce qui reste de libertés locales ne se rattache plus à un système général, et ne présente aucune défense sérieuse contre l'invasion du jacobinisme, ni contre les tentatives d'un ministérialisme à la française. La royauté elle-même, dernier legs des ancêtres, isolée comme une colonne dans un désert, disparaîtrait sans retour devant les événements qui se préparent, si elle ne profitait de ce qui lui reste de puissance et de popularité pour devenir la base d'un édifice dont le plan, encore obscur à nos yeux, est arrêté par la Providence.

L'Europe s'avance donc de concert vers d'immenses changements ; elle marche vers une constitution dont l'indépendance individuelle sera le principe générateur, comme elle marchait au dixième siècle vers l'organisation hiérarchique de la féodalité. Chaque peuple, des extrémités de la Péninsule scandinave à celle de l'Europe méridionale, venait alors se jeter naturellement dans ce moule commun. Quelque chose d'analogue se passe sous nos yeux : mais ce travail est si peu avancé, les matériaux gisent encore dans une telle confusion, que les espérances les plus incohérentes, les vœux les plus contradictoires s'exhalent à l'aspect de tant de ruines. Le présent est tellement provisoire que tous les partis, toutes les sectes, toutes les écoles n'en tiennent compte, et vont de prime abord s'établir au delà. L'avenir est une proie et comme une conquête que chacun aspire à faire ; tous l'hypothèquent d'avance à leur profit et en déshéritent leurs adversaires.

Au premier rang de ceux qui se donnent comme seuls divinateurs de la grande énigme du dix-neuvième siècle, se montre une secte ardente, fanatique, impitoyable. Elle croit que les peuples se laisseront fouler sous les pieds d'un futur Mahomet républicain, qui leur portera pour compensation de leur nationalité perdue, la déclaration des droits de l'homme : le drapeau rouge est pour elle comme le *sanjiack-sheriff* du prophète, et les ignobles scélérats de la Convention sont devenus à ses yeux des êtres mythologiques. Elle trouve un redoutable point d'appui dans les passions déréglées, dans l'amour du sang et de l'or. Mais elle se trompe, cette secte de jeunes fanatiques sans expérience, quand elle espère donner à tout cela de l'unité et de l'énergie, organiser enfin, autrement que pour quelques journées de massacres partiels, ce culte systématique de la destruction. Elle ne voit pas que la mollesse de nos mœurs lui est un obstacle plus invincible peut-être que ne serait leur pureté même, et qu'elle doit triompher à la fois et de notre corruption et de ce qui nous reste de vertu.

Aussi sentez-vous s'affaisser l'énergie révolutionnaire, et baisser graduellement le brûlant thermomètre de juillet dans la tiède atmosphère de nos boutiques. L'avenir, j'entends un avenir permanent, non l'éphémère succès d'une échauffourée, n'est point réservé au républicanisme dogmatique et aux disciples de l'*école conventionnelle;* on peut en croire l'effroi qu'ils inspirent à la France et à l'Europe, et l'immense ridicule dont leurs atroces plagiats les ont couverts. Cette fièvre froide ne gagnera plus : ce mouvement avortera, l'on peut l'espérer en ce moment, comme avorta le *teutonisme* des universités allemandes, et les guenilles sanglantes de Robespierre iront rejoindre la défroque d'Arminius. De cette fermentation peuvent sortir de grands crimes, elle rendra probablement pour longtemps impossible tout retour à l'ordre, tarira les sources de la prospérité publique, mais là s'arrête la puissance du génie démagogique et de l'esprit de conquête.

Une autre école s'élève en face de celle-là, et se proclame, comme elle, seule héritière légitime de la dernière révolution. Tout aurait été fait pour elle et à son profit : suivant elle, de la fermentation présente doit sortir un grand fait européen, la destruction de toute aristocratie historique et la domination paisible de la classe moyenne. Celle-ci aurait la surveillance de ceux qu'elle est appelée à supplanter, elle tiendrait en tutelle les classes inférieures, et ne dispenserait la liberté que dans les bornes les plus étroites de la légalité constitutionnelle. Les idées et les intérêts de ce juste milieu intellectuel et social, deviendraient la mesure obligée, le lit de Procuste de toute civilisation. Et remarquez que ce parti ne prend de la classe moyenne ni ses mœurs de famille, ni ses habitudes religieuses et régulières, ni les vertus du foyer domestique ; son type n'est point cette bourgeoisie provinciale si puissante et si nombreuse dans toute l'Europe, mais celle de Paris et de quelques cités commerçantes.

Ainsi, ce serait pour assurer la prépondérance sociale des banquiers de la Chaussée-d'Antin, celle des Juifs d'Allemagne et de Pologne; en Angleterre, pour la substitution des gros marchands de la cité aux vieilles influences nationales, que l'Europe aurait perdu des millions d'hommes dans une lutte séculaire. Tel est le but *providentiel* de ce qui s'est passé et de ce qui se prépare. Entrez donc dans les voies du progrès, peuples incertains de vos destinées; concentrez toutes vos pensées sur la vapeur, l'importation et l'exportation, ne faites plus des méditations religieuses, des arts et des lettres que l'ornement et le délassement de la vie ; que les basiliques tombent devant les bourses, que les colléges où se dispensait gratuitement la connaissance des vérités divines et des lettres humaines, payent patente et prennent rang au nombre des établissements industriels. Voici venir le siècle de la *mobilisation* universelle. Pour couronner tout cela, vous aurez une souveraineté, exercée collectivement par un roi des marchands, cent cinquante mille électeurs marchands, et trois cents pairs industriels, ayant leur majorat assis sur des tontines[1]. Ce magnifique ordre de choses, si moral, si grandiose, si propre à rétablir entre les êtres le lien sympathique rompu, sera consolidé par une puissante organisation administrative dont nous possédons déjà les éléments et qu'il ne s'agit que de perfectionner. C'est pour préparer l'application de ces combinaisons que l'Europe est ébranlée des bords de la Néva à ceux du Tage, et qu'une force secrète fera tomber tous les vieux trônes en poudre.

On ne peut taxer d'exagération ce résumé des doctrines d'une portion très-importante de cette école. Tel ne serait pas sans doute le véritable *parti bourgeois* s'il parvenait à se constituer sur une base moins exclusive et plus morale, s'il avait plus de générosité dans la pensée, plus de disposition à respecter les influences naturelles, quel qu'en soit le principe, plus de respect aussi et de sympathie pour le peuple, qui ne se compose pas seulement de manœuvres, mais d'hommes ayant l'image de Dieu gravée au front. Mais jusqu'à présent, fier, et avide surtout de régner sans partage, aspire-t-il à autre chose qu'à exagérer à son profit les abus contre lesquels il s'est escrimé quinze ans? Lui aussi ne ferait-il pas ses *ordonnances* de

---

[1]. Journal *le Temps*, 31 août, 3 septembre 1831.

juillet, n'était la peur? Si dans les rangs de ce parti, il y a une foule d'honorables caractères et quelques talents élevés, ont-ils une perception plus distincte des besoins universels de la société, des conditions de son existence future, et ne se laissent-ils pas traîner à la remorque de toutes les petites vues et de toutes les jalousies? Voyez les doctrinaires fléchissant sur la plus vitale des questions d'après leurs théories, celle de la pairie héréditaire. Leurs notabilités n'ont pu depuis un an faire prévaloir une seule idée qui leur soit propre, et sont contraintes, pour n'être pas complétement annulées, de s'effacer derrière les hommes d'argent, comme les rares disciples de l'école américaine cachent leurs utopies philanthropiques et leur impuissance dans les rangs des révolutionnaires conventionnels.

Aussi, le crédit éphémère de la *doctrine* est-il manifestement anéanti; et rien à coup sûr n'est moins contagieux pour l'Europe que ces ingénieuses théories d'organisme par poids et contre-poids, après leur impuissance radicale pour contenir le mouvement désordonné des ambitions personnelles. Croit-on que si désormais l'Europe entre en révolution, ce soit pour échanger sa situation actuelle, quels qu'en puissent être les vices, contre nos disputes, nos misères, nos terreurs et nos inconséquences législatives? Mieux vaut encore pour l'Autriche la domination paternelle, quoique absolue, de ses souverains; pour la Prusse son équitable et sévère administration; pour l'Angleterre même son vieux patronage, malgré ce qu'il présente d'oppressif, qu'un état de choses semblable au nôtre, acheté au prix qu'il nous a coûté.

Si la crise actuelle a pour les nations étrangères une issue violente, elles s'élanceront de prime abord vers une liberté plus féconde que notre constitutionalisme caduc. Il y a sans doute, dans ce gros nuage noir qui les couvre de son ombre, un ordre de choses plus naturel, plus en rapport avec tous les droits, toutes les lumières, avec les traditions et les besoins nationaux ; celui-là ne détruira pas, par des classifications arbitraires, les influences légitimes d'un pays ; il ne condamnera pas la masse de ses populations a l'ilotisme, et ne rompra pas vaniteusement avec tout le passé, pour mieux assurer à une seule classe d'hommes le monopole du présent. Cet ordre nouveau ne sera ni le jacobinisme avec son nivellement révolutionnaire, ni le bonapartisme, brutale apothéose d'un sabre, ni le constitutionalisme du juste milieu, plaisante divinité qu'on se représente, malgré soi, trônant sur un comptoir en acajou, une aune à la main en guise de sceptre.

Mais quel sera cet ordre nouveau qui donnera son nom au dix-neuvième siècle, anonyme jusqu'aujourd'hui? Sans prétendre donner ici la réponse à cette question, nous croyons pouvoir espérer que la solution en sortira de l'ensemble des travaux auxquels est consacré ce recueil. C'est parce que nous pensons avoir dans nos doctrines des éléments suffisants pour la préparer dans ses applications pratiques au mouvement de l'Europe moderne, que nous osons entreprendre un travail auquel sa forme et sa gravité même ne peuvent promettre une bien grande popularité. Nous croyons de toutes les puissances de notre âme qu'il est une doctrine, une seule, s'appliquant à la fois à tous les faits de l'activité humaine, à toutes les phases du grand travail contemporain. Indiquons rapidement comment nous envisageons ce mouvement, et quelle nous paraît être cette doctrine.

Au milieu des travaux des diverses écoles philosophiques qui, d'un bout de l'Europe à l'autre, mêlent et confondent incessamment leurs résultats si divers, un seul fait ressort jusqu'ici clair et patent, c'est l'abandon du froid dogmatisme et de l'aveugle analyse du dernier siècle. Ce fait sans doute est loin d'exclure les exceptions; mais il offre un caractère général qui témoigne suffisamment de la tendance et du génie de l'époque. La pensée ne se complaît plus à s'isoler au milieu de la création, et à s'épuiser dans un commerce stérile. Le monde, au contraire, est de toutes parts emporté vers les investigations historiques; on retrempe dans ces sources fécondes le génie d'un siècle usé; on aime à retrouver les naïves inspirations et les formes symboliques des existences primitives; on ne se concentre plus dans sa dédaigneuse civilisation, comme le baron du dixième siècle, qui, de la plate-forme de son donjon, pensait découvrir les limites du monde habitable. Une curiosité puissante et régénératrice entraîne l'homme hors de lui-même; de toutes parts son génie se remet en harmonie avec la nature et avec l'histoire. Si cette disposition d'esprit est chez nous parfois marquée au coin de la frivolité, si notre affectation de pittoresque et de coloris local peut prêter à rire, elle devient caractéristique dans un ordre plus élevé.

L'histoire proprement dite, dont on avait fait un répertoire d'anecdotes sans liaison, qu'on avait isolée de la nature en plaçant chaque siècle sous une sorte de machine pneumatique, reprend son autorité originelle, en retrouvant un principe de vie. Ce n'est plus cette laborieuse recherche d'anomalies, cette philosophie toute fondée sur des exceptions, dont Voltaire a laissé le modèle dans une œuvre désormais décréditée. On essaye de reconstruire l'horizon moral, de respirer dans l'atmosphère même où l'on place son action, de comprendre à la fois et les mobiles de la vie générale de l'humanité, et ceux de la vie spéciale, et en quelque sorte personnelle des sociétés humaines. Les lois de l'histoire deviennent l'idée fixe, le problème qui tourmente toutes les intelligences. La réalité n'en est pas plus contestée que celle des lois de Newton ou de Kepler. Or, qui dit philosophie de l'histoire dit nécessairement christianisme; car lui seul embrasse l'humanité dans ses faits universels, celui de sa chute, qui explique le monde antique, et celui de la réhabilitation, qui explique le nouveau, et prépare un état définitif.

C'est en exposant pour la première fois, dans un enseignement public français, les données fondamentales de Herder, de Vico, de Hegel et de quelques esprits éminents de l'Allemagne contemporaine, que M. Cousin a obtenu un succès véritablement populaire : ce succès, qui ne pouvait manquer à son talent, eût manqué pourtant aux idées qu'il avait jusque-là développées, tant leur impuissance est constatée. C'est à peine si l'on ose, en effet, nommer encore l'éclectisme, comme si ce souvenir était une injure pour les ingénieux écrivains qui, pendant quelques années, se sont évertués à allier les deux tendances opposées de l'esprit humain, et qui, dans tout ce qu'ils ont dit de vrai n'ont fait que répéter leurs devanciers, tandis qu'ils n'ont même pu arriver à formuler scientifiquement leurs erreurs. Sous ce rapport, la France est fort avancée en philosophie, non par ce qu'elle a découvert, mais parce qu'elle a détruit et répudié : c'est la table rase. Le dix-huitième siècle est venu s'éteindre d'une part dans Condorcet et Volney, de l'autre dans la physiologie bestiale de l'auteur de l'*Irritation*, dont la donnée fondamentale suppose précisément un problème insoluble pour lui. Voici cependant que, sur ce sol déblayé, s'élève lentement, il est vrai, mais par des développements progressifs et de jour en jour plus féconds, l'édifice d'une philosophie catholique pressentie tout entière par M. de Maistre, logiquement formulée par M. de La Mennais, et que M. d'Eckstein s'est efforcé d'agrandir et de vivifier, en arrivant, sans l'intermédiaire d'aucune idée abstraite, jusqu'aux réalités même de la nature et de l'histoire. Cette voie est aussi celle dans laquelle entre de plus en plus M. de La Mennais, à chaque pas de sa carrière. La France attend bientôt une œuvre qui résumera sous ce point de vue toutes ses méditations, lumineux miroir où se concentreront les rayons épars de la science catholique.

En Allemagne, centre aujourd'hui du mouvement intellectuel, comme la France l'est du mouvement social, le dix-huitième siècle est détruit en ce qu'il eut de rationnel, comme chez nous en ce qu'il eut de matérialiste. La philosophie de Kant, successivement modifiée et transformée par ses disciples, vient se perdre dans une tendance entièrement opposée. L'Allemagne, répudiant l'abstraction sous toutes ses formes, entre de plus en plus dans les voies d'une large philosophie de la nature. Étudier tous les phénomènes, non plus dans l'idée qui les représente, mais en eux-mêmes, dans l'intimité de leur existence; connaître à fond l'histoire, pour n'avoir qu'à y lire, pour ainsi dire, naturellement des lois devenues visibles et palpables; pénétrer dans l'œuvre de la création, en aspirer l'âme et la vie; retrouver, par la contemplation de ses forces cachées, le secret perdu de ces mystérieuses harmonies, dont la philologie et l'archéologie poursuivent en même temps les traces dans tous les monuments des civilisations antiques : tel est aujourd'hui le but de ces travaux auxquels il faudra bien que notre légèreté s'accoutume.

On a compris dans ce pays, où des guides éclairés feront souvent pénétrer nos lecteurs, que toute science suppose un objet certain, que la foi et le raisonnement, points de vue divers de la vérité, soit qu'on les sépare, soit qu'on les unisse, reposent sur une base expérimentale, qui comprend d'une part les faits intellectuels, de l'autre les faits physiques, c'est-à-dire l'histoire du genre humain et celle du monde organique. Si cette histoire se reflétait en quelque sorte transparente dans la foi pure, dans le génie naïf des premiers âges, alors que la pensée divine se jouait dans son ouvrage et qu'il restait au milieu des hommes de récents souvenirs des merveilleux entretiens de l'Eden, c'est aujourd'hui par la science seule que nous pouvons élever l'édifice de la foi nouvelle, d'une foi en quelque sorte visible.

Or, les éléments de cette philosophie sont pour nous déposés dans les monuments de la nature, et surtout dans les langues, éternels monuments, débris vivants des peuples qui ne sont plus. Les langues ne sont-elles pas la révélation même de la nature originelle du genre humain, dans ses rapports avec la nature physique et le monde intellectuel? La philosophie du langage précède nécessairement celle des idées; c'est un fait, non une abstraction. On remonte par leur filiation jusqu'à la révélation primitive, dont les titres perdus se retrouvent au berceau des peuples : gigantesques matériaux qui s'accumulent de toutes parts, et recevront la plénitude de la vie, quand la parole qui féconda le chaos se sera reposée sur eux.

C'est dans ce sens traditionnel qu'il faut entendre le système du *sens commun*, défiguré par l'ignorance et la mauvaise foi. Se développant de plus en plus, il sera complet par la manifestation du catholicisme originel, accompli dans la loi de grâce, et par l'absorption dans la sphère chrétienne de toutes les vérités scientifiques, historiques, physiques et morales. Alors le christianisme, né dans la foi, sera achevé dans la science, et le Christ sera compris dans sa révélation totale. C'est vers cet océan de lumière et d'amour que nous portera ce fleuve des traditions, qui recommence à couler majestueusement. L'accord suprême de ce concert, dont les notes isolées retentissent à travers les âges, le dernier mot de ce symbole, que la science évoque pièce à pièce du fond des hypogées de l'Égypte, et lit sur le front de l'Himalaya et des Cordilières, ne sera donc que le catholicisme : religion qui domine les temps, parce qu'elle n'en sort pas, et confond son présent, son passé, son avenir, dans l'idée de l'éternité divine. En suivant avec attention, et avec une foi docile et soumise aux enseignements de l'Église, cette disposition de jour en jour plus visible, il nous sera peut-être donné de pressentir avec nos maîtres quelque chose de cette *glorification* de la nature et de l'histoire, qui a trouvé, en Allemagne, de si beaux et de si pieux génies pour interprêtes.

Mais si l'on ne saurait nier que les intelligences ne gravitent en ce siècle vers le christianisme, pensez-vous, hommes de peu de foi, que son action sur les cœurs soit impuissante, parce qu'elle vous paraît encore suspendue? attendez seulement que l'effervescence de vaines disputes soit passée, et que des calamités peut-être prochaines vous appellent à méditer sur vous-mêmes : vienne vous surprendre, au milieu de vos préoccupations actuelles, l'ange exterminateur qui jalonne aujourd'hui sa route de l'Asie vers l'Europe par cinquante millions de cadavres, et vous nous direz alors si la foi est éteinte, si la présence d'un prêtre auprès d'un lit abandonné n'est pas considéré comme le plus signalé bienfait du ciel, même dans cette ville que l'on vit applaudir à la chute d'une croix, comme les Juifs à l'érection de celle qui s'éleva sur le Calvaire. Nous vous attendons là pour savoir si la religion est morte.

Mais que dire de l'existence même de l'école bizarre qui aspire à la remplacer ? N'est-elle pas la preuve éclatante de cette impossibilité où nous sommes de vivre au milieu de nos semblables, sans qu'aucun lien sympathique nous y rattache, de nous sentir suspendus, comme un atome, entre deux abîmes, sans croire à quelque chose qui ne soit pas cette inexorable fatalité dont la seule pensée étouffe comme un cauchemar ? Si cette prétendue foi, cette hiérarchie et cette organisation basée sur une falsification évidente de l'histoire, sont au nombre des plus plaisantes inventions de ce siècle, et ne paraissent pas destinées à exercer grande influence sur son cours, tous ces symptômes ne témoignent-ils pas des indomptables besoins du cœur et du travail des intelligences ?

N'y a-t-il pas aussi comme une révélation de l'état présent de l'humanité, avec ses angoisses et le vague de ses espérances, dans ce chaos vivant où s'agite le génie littéraire de l'époque ? Aux efforts inouïs qui se font pour produire quelque chose, à l'impuissance radicale dont ces efforts sont frappées, on sent que la société n'est pas morte comme au dernier siècle, qu'elle ne dort plus mollement dans son doute comme sur l'édredon d'une courtisane, et que pourtant son avenir n'est pas encore conquis. Aussi rien de grand, rien de vrai surtout pour le présent; partout du placage, de la bouffissure, de la religiosité vague, de la naïveté prétentieuse. Pourtant il a été donné à quelques hommes de devancer leur âge : prophètes de paix et de foi, leur bouche s'est ouverte pour bénir; ils ont trouvé des cantiques d'amour ; une auréole de christianisme couronne la tête des poëtes du dix-neuvième siècle. Les *Méditations* et les *Harmonies* sont venues au milieu de nos tempêtes, comme ces belles nuits que le ciel envoie pour rafraîchir la terre au milieu d'un ardent été. L'auteur du *Génie du Christianisme* a révélé avec la pénétration divine du poëte et la profondeur du moraliste le principe et le remède des maux qui nous font pâlir.

Faut-il enfin signaler par des faits, par le réveil de nationalités qui semblaient éteintes, cette renaissance de la foi chrétienne qui seule les a préservées ? Pendant qu'en France, la religion résistait sans alarmes pour elle-même à la grande épreuve naguère signalée par les écrivains du défunt éclectisme comme devant amener sa chute, et poussait un cri d'éternelle espérance du milieu d'une perturbation sociale qui allait changer toutes ses conditions d'existence, les catholiques d'Irlande mourant de faim étaient consolés par leurs prêtres et secourus par le pain de notre charité fraternelle; les Belges réalisaient, au milieu des intrigues et des dégoûts de tous genres, ces complètes promesses de liberté loyale que leur foi et leur probité leur avaient inspirées ; la Pologne enfin renouvelait, pendant un martyre de huit mois, l'antique alliance entre la sainteté et la gloire, au prix du plus héroïque sang de l'univers. Noble et catholique Pologne, quelles que soient désormais tes destinées, quelque tache que des mains impures aient imprimée sur ton chaste front, tes vœux sont exaucés, et ta gloire est désormais associée au nom du Sauveur et à celui de sa mère. Et toi, pauvre Grèce, qui te débats aujourd'hui sous les plus ignobles cupidités, ta foi te fit grande aussi dans d'autres jours. Ce fut quand il n'y avait encore sur tes bords ni administrateurs, ni diplomates, ni députés, ni codes, ni journaux, mais de vieux évêques pour prêcher du pied d'une croix avant la bataille, et de pauvres pêcheurs, pour aller sur des coques de noix brûler les flottes ennemies, puis recevoir au retour le pain eucharistique pour prix de victoires qui ressuscitaient la patrie.

S'il est dans les six dernières années un seul grand spectacle où la religion ne soit pas, qu'on le cite, et peut-être consentirons-nous à confesser alors que le christianisme se meurt, que son alliance est impossible avec les nouveaux besoins des sociétés. Mais jusque-là voici comment l'histoire fera les parts entre vous et nous : à nous la Grèce de Canaris et de Germanos; à vous diplomates à protocoles, journalistes bavards, intarissable orateurs, la Grèce actuelle, avec ses factions politiques et militaires ; à nous encore l'élan populaire de la Belgique et l'honnêteté politique de cette révolution ; à vous diplomates, à vous orateurs à faconde et quiétistes du milieu, son impuissance et sa honte récente ; à nous les saintes souffrances et les nationales résistances de l'Irlande; à nous la Pologne de Shrynecky, à nous toute cette part de gloire conquise sous le drapeau de la Vierge entre les assassinats de novembre et les égorgements d'août ; le reste aux francs-maçons, aux clubistes, aux sectaires, avec l'invasion sans résistance de l'Italie et le sang des malheureux qu'ils viennent d'envoyer périr aux deux bouts de l'Espagne. Y a-t-il dans cette dispensation l'exagération la plus légère, n'est-ce pas de la statistique toute pure ?

On le voit : c'est la religion seule qui a fait, même dans ce siècle, tout ce qui doit durer ; c'est elle qui prépare une nouvelle division de l'Europe fondée sur des affinités plus intimes, car elle seule conserve dans les peuples le souvenir des origines communes et des antipathies historiques. Il est donc faux que le génie du mouvement actuel soit anticatholique, et que le dix-neuvième siècle soit marqué du sceau de l'apostasie. Ne cherchez rien qui puisse imprimer caractère à notre temps dans la fange de votre civilisation, fardée comme une courtisane, dont l'impure stérilité n'engendrera pas. Bien au contraire, c'est précisément contre cette *civilisation* et les villes qui en sont le centre que le grand mouvement de l'époque s'opère.

Entendez-vous ce cri d'indépendance locale poussé d'un bout de la France à l'autre ? Là est l'avenir de notre patrie et plus tard en surgira celui de l'Europe. De ce sentiment, d'abord instinctif et vague, commencent à sortir déjà des vues pratiques plus précises, nécessairement destinées à aller au delà du but où l'on les circonscrit encore. Application du système électif aux fonctions municipales ; gouvernement des capacités et des influences dans la sphère où elles s'exercent légitimement ; indépendance pleine et entière de l'individu, de la famille, de la commune et de toutes les circonscriptions formées ou préparées par une agglomération d'intérêts communs ; substitution de l'égalité avec le simple lien fédéral à la dépendance hiérarchique centrale ; abdication, au profit des consciences et des associations religieuses, morales et industrielles, de la plupart des fonctions gouvernementales et des fictions constitutionnelles ; gouvernement à bon marché, république pour les uns, monarchie héréditaire pour les autres, suivant les souvenirs et le génie des peuples, avec un même droit public et des conséquences pratiques à peu près semblables : telles sont les pensées fécondes qui germent et mûriront au soleil des révolutions.

Un parti, écrasé sous bien des fautes, condamné dans un dogme que ses théoriciens et ses flatteurs avaient faussé, a reçu dans son malheur le pressentiment et comme la révélation d'un avenir que la France lui devra. C'est par la diffusion de ces idées qu'il est appelé à reparaître avec honneur sur la scène du monde. Dépositaire spécial des mœurs et des croyances religieuses, de vieux et respectables souvenirs de patronage, il trouvera plus de facilité que ne soupçonnent ses ennemis pour opérer sa réconciliation avec les masses, et recevoir de nouveau le baptême populaire. Par ses soins, les populations s'élèveront graduellement dans la sphère du bien être matériel et de la liberté politique : il moralisera l'industrie, comme le clergé sanctifiera les lumières.

De ce mouvement datera l'établissement d'un état de choses auquel la Providence paraît appeler le genre humain, pour faire épreuve de sa virilité, et pour en consacrer la plénitude : état nouveau où la conscience privée aura sa sphère indépendante de toute action du pouvoir public, et où les lois tendront à abdiquer leur caractère comminatoire devant une opinion assez forte pour se faire respecter et pour se défendre elle-même. Si la fédération de l'Amérique du Nord réalise matériellement plusieurs des conditions de cette société future, le génie moral qui seul peut la vivifier, sortira de la régénération religieuse préparée par la liberté et par la science.

Que de cet état de choses, destiné à concilier les tendances jusqu'ici opposées de la société, doive sortir l'ère d'une unité nouvelle, c'est ce qu'il n'est pas interdit d'espérer; car cette organisation libérale de tous les intérêts, dans la sphère de leur activité naturelle, ouvrira un plus libre champ à la pensée humaine; et la loi d'égalité chrétienne, combinée avec l'introduction du génie chrétien dans les arts et l'industrie, peut produire des résultats dont nous ne saurions encore mesurer toute la portée. La force gouvernementale ne pesant plus sur les peuples, aux inspirations jalouses d'une nationalité factice sera substitué quelque chose de semblable aux sentiments de famille, qui se concilient avec des affections plus générales et des sympathies plus universelles. Si la science de la politique disparaît, pour ainsi dire, du sein des sociétés dont les rapports seront réglés de la manière la plus simple et la moins artificielle, le droit public changera nécessairement, et peut-être verra-t-on luire le jour où une sublime misanthropie ne pourra plus se plaindre de voir un méridien décider du sort de cette « plaisante justice qu'une rivière ou une montagne borne. »

A Dieu seul le soin de préparer cet avenir, sur les limites duquel on tremble et l'on hésite, comme les mariniers de Colomb, prêts à reculer au moment de voir sortir du sein des eaux les vertes collines des Antilles : nul peuple jusqu'ici n'a marché dans les voies où nous nous précipitons; chrétiens, qu'importe si Dieu est avec nous !

C'est à éclairer graduellement les principales conditions de la société nouvelle que nous consacrerons des efforts dont personne mieux que nous ne connaît la faiblesse. Pourtant nous estimons qu'un peu d'indulgence nous est dû ; car, en faisant succéder la *Revue européenne* au *Correspondant*, nous n'avons d'autre but que d'ouvrir à la vérité catholique une plus large voie, et de donner aux doctrines de liberté religieuse et politique un organe périodique qui leur manque.

DISCOURS
DE RÉCEPTION

A L'ACADÉMIE FRANÇAISE

DISCOURS
DE RÉCEPTION

A L'ACADÉMIE FRANÇAISE

PRONONCÉ LE 4 FÉVRIER 1864

MESSIEURS,

Les écrivains honorés de vos suffrages n'ont pas à se défendre de l'émotion qu'ils éprouvent en venant s'asseoir au milieu de vous. Cette adoption impose des devoirs au-dessous desquels les plus confiants pourraient craindre de demeurer. Cependant, lors même que votre choix est inspiré, comme aujourd'hui, par une bienveillance indulgente, il ne demeure pas sans profit pour les lettres : vous les servez en effet, d'une manière digne d'elles et digne de vous, en accordant quelquefois à la persévérance dans les mêmes travaux, et surtout à la fidélité aux mêmes pensées, le prix que vous ne refusez jamais à des qualités plus éminentes. Par une exception bien rare, cette noble récompense semble plus précieuse encore après avoir été obtenue, car les jouissances qu'elle apporte, supérieures aux passagères satisfactions de la vanité, s'appliquent à la vie tout entière. Entrer avec ses maîtres dans un commerce assidu où la familiarité n'ôte rien au respect, devenir le confrère de ceux dont on fut le disciple, quel stimulant plus vif pour l'intelligence, quelle joie plus durable pour le cœur!

De l'égalité solennellement proclamée entre l'éclat du talent et celui de la naissance sortit, un siècle et demi avant notre grande transformation politique, la seule institution qui ait triomphé de nos orages révolutionnaires, et qui, relevée par sa propre force, ait dominé toutes nos ruines. L'Académie française a conquis une influence toujours croissante, non qu'elle l'ait préparée par aucun effort, mais parce que l'œuvre de Richelieu, expression anticipée des temps nouveaux, participa dès l'origine à leur invincible puissance. Issue d'une heureuse inspiration du pouvoir illuminé par le génie, elle a reçu successivement, et comme par surcroît, des attributions qu'elle n'avait ni prévues ni souhaitées. De généreux donateurs l'ont mise en mesure d'étendre ses encouragements à toutes les parties de l'art d'écrire; d'autres ont voulu que les appréciateurs du beau pussent être aussi les rémunérateurs du bien, et l'on a vu les dévouements modestes partager ici les récompenses si longtemps réservées aux talents les plus applaudis. L'Académie a pu exercer une sorte de ministère public, sans rien perdre de son caractère littéraire, ni de l'indépendance qui fait sa force et son honneur.

Quel spectacle ne présente pas cette assemblée, où l'esprit contemporain se retrempe aux sources des plus fortifiantes traditions! Au palais de l'Institut que vous ouvrit l'empereur Napoléon, vous êtes demeurés ce que vos prédécesseurs furent au Louvre lorsque Louis XIV les y installa pour faire cortége à sa gloire. Dans ce pays où chaque génération vit pour elle-même et ne compte plus avec aucune autre, vous seuls avez encore des ancêtres et vous inclinez librement devant des règles que vous n'avez point faites. Pourtant, je puis le dire sans redouter aucune contradiction, jamais on ne s'est assimilé avec autant de bonheur les idées qui sont la vie de la France moderne, et les hommes qui en sont la gloire; jamais le culte du passé ne s'est plus étroitement associé à l'intuition de l'avenir!

Personne n'a représenté cette intelligence de notre époque unie au respect des temps qui ne sont plus, d'une manière plus élevée que le savant illustre dont vous m'avez remis le soin de rappeler les travaux éclatants et la vie modeste. Peu d'années se sont écoulées, depuis que l'éloquent orateur assis à mes côtés esquissait à grands traits la carrière de M. Biot, et déposait en votre nom une dernière couronne sur sa tête octogénaire. Ce souvenir toutefois me rassure plus encore qu'il ne m'inquiète; car, s'il me laisse tout à craindre pour moi-même, il suffira pour protéger la mémoire de mon prédécesseur contre la faiblesse de mes paroles.

M. Biot s'est trouvé placé sur la limite de deux mondes. Il avait vu tomber la société de nos pères, en conservant de ses mœurs les plus vivants souvenirs; il fut plus tard, dans la plénitude de sa force intellectuelle, associé, pour la réorganisation de l'enseignement public en France, à la mission dont la Providence avait investi un grand homme. Du passé qui lui apparaissait à travers le prisme de la jeunesse, il avait retenu la religion du respect et cet enjouement ironique toujours tempéré par la bienveillance; à notre temps, il avait emprunté l'ardeur d'investigations qu'il porta dans le champ de toutes les connaissances humaines, et la puissance simultanée de généralisation et d'analyse qui a, durant plus d'un demi-siècle, attaché son nom à toutes les conquêtes d'une grande ère scientifique.

M. Biot fit au collége Louis-le-Grand des études excellentes pour les lettres, plus faibles pour les sciences; non que son aptitude spéciale ne se fût dès lors révélée, mais parce qu'ainsi qu'il l'a dit lui même, l'ancienne Université de Paris, restée péripatéticienne après Descartes, persistait, en physique, à demeurer cartésienne après Newton. Il ne tarda pas pourtant à trouver ses voies véritables, car il n'est guère plus facile d'en détourner un mathématicien qu'un poëte. D'ailleurs, les hommes supérieurs font leurs destinée, et la fortune fléchit presque toujours sous le génie.

Ses parents l'envoyèrent au Havre apprendre le commerce en tenant des livres et en copiant des factures; mais, avant de quitter Paris, ce jeune homme avait entendu le canon de la Bastille et la voix de Mirabeau. Un pareil bruit contrastait trop avec le silence d'un comptoir pour n'y pas susciter des distractions fréquentes. Bientôt l'étranger menaça nos frontières, et la grandeur des périls fit oublier celle des crimes. En septembre 1792, le jeune Biot contracta un engagement volontaire. Tout joyeux de faire à la patrie le sacrifice de son Barême, il partit comme canonnier pour l'armée du Nord, emportant les œuvres de Bezout dans son sac ; et peut-être en aurait-il fait sortir un jour le bâton de maréchal si, après la bataille d'Hondschoottc, il n'était tombé dangereusement malade.

Rentré dans sa famille, il suivit avec ardeur toutes les phases de la crise durant laquelle chaque attentat des factions enfantait pour la France un danger nouveau. Dans l'écrit le plus coloré qui nous soit resté de sa jeunesse, M. Biot a constaté la part décisive que les maîtres de la science prirent durant trois ans à la défense du territoire, en créant des ressources aussi précieuses qu'imprévues. Aux mécaniciens et aux fondeurs, la physique suggéra des procédés pour décupler en quelques mois le matériel des arsenaux; la chimie alla chercher le salpêtre, que l'Inde ne nous fournissait plus depuis la guerre maritime, dans les étables incendiées de la Vendée, et sous les ruines d'une grande cité démolie par le marteau révolutionnaire. L'artilleur convalescent notait avec autant d'exactitude que d'émotion tous les incidents de la lutte où le savoir assistait efficacement le courage, œuvre héroïque à laquelle concoururent Lavoisier et Bailly, jusqu'au jour où, pour prix de leurs services, une ingratitude sauvage les envoyait à l'échafaud.

Lorsque la France eut secoué ce sanglant cauchemar, la Convention voulut, pour expier tant d'attentats contre l'intelligence, signaler son premier retour aux idées sociales par la reconstitution de l'enseignement, dont les débris avaient disparu dans la tempête. Elle décréta donc, avant de se séparer, l'érection d'une École polytechnique et d'une École normale, en donnant pour couronnement à cet édifice un Institut national, appelé à concentrer dans trois classes distinctes la représentation de toutes les connaissances humaines. Mais de telles mains n'étaient pas assez pures pour arracher la France à l'abîme où elles l'avaient précipitée. Il était écrit que cette œuvre réparatrice appartiendrait au glorieux jeune homme qui, en faisant perdre à la Convention expirante jusqu'à l'honneur de ses dernières conceptions, leur imprima le sceau de son génie, en attendant l'heure de les transformer en instruments de sa puissance.

M. Biot fut admis comme chef de brigade à l'École polytechnique lors de sa création. Il rappelait toujours avec une vive émotion ces premiers temps qui virent se nouer ses plus chères amitiés; c'était avec une reconnaissance filiale qu'il évoquait surtout la mémoire de Monge, fondateur de la grande École où sa bonté ne laissa pas des traces moins profondes que son enseignement. Nommé bientôt après professeur à l'École centrale de Beauvais, il consacra les longs loisirs que lui laissaient ses fonctions aux parties les plus élevées des mathématiques.

Des circonstances heureuses le mirent en mesure d'établir, avec M. de Laplace, qui l'avait remarqué à l'École polytechnique, ces premières relations dont il a écrit l'histoire avec un goût si délicat. Il avait beaucoup médité, c'est lui-même qui nous l'apprend, sur une classe de questions géométriques qu'Euler avait traitées par des méthodes indirectes, parce que les éléments de leur solution étaient d'ordre dissemblable. Se sentant maître de la matière, le jeune professeur eut la pensée de les résoudre à l'aide d'un mode particulier d'équation, exprimant l'ensemble des conditions auxquelles il fallait satisfaire. M. Biot réussit. Encouragé par le grand astronome qui déjà l'autorisait à recevoir en épreuves les feuilles du traité, encore inédit, de *la Mécanique céleste* pour en revoir les calculs, et presque devenu, au fond d'une province, le Cotes du nouveau Newton, il vint à Paris présenter son premier Mémoire avec l'émotion d'un poëte qui apporterait sa première tragédie. M. Biot a raconté lui-même à l'Académie française l'histoire de cette communication, d'où la générosité de M. de Laplace fit sortir la fortune d'un professeur obscur. Discuté devant la classe des sciences, le Mémoire fut renvoyé à l'examen d'une commission dans laquelle siégeait le général Bonaparte, membre de l'Institut pour la section de mécanique, juge bienveillant, mais redoutable, dont le front réfléchissait alors les gloires de l'Italie et de l'Égypte, en s'éclairant des gloires prochaines du consulat.

Vous vous souvenez de la scène charmante du lendemain, lorsqu'après un déjeuner où tous les convives félicitèrent à l'envi le jeune géomètre, M. de Laplace, conduisant celui-ci dans son cabinet, prit sous une liasse de vieux papiers un cahier de sa main dont l'écriture était jaunie par le temps; vous savez que M. Biot y trouva le problème d'Euler résolu par la méthode qu'il croyait avoir découverte, et dont l'honneur lui fut d'ailleurs scrupuleusement maintenu. Noble désintéressement du génie, assez sûr de ses forces pour semer dans l'intérêt de la science, sans s'inquiéter de recueillir dans celui de sa vanité!

Sous un tel patronage tout réussit à M. Biot, demeuré jusqu'à son dernier jour le plus respectueux comme le plus reconnaissant des disciples. Il fut nommé examinateur à l'École polytechnique, professeur au Collège de France, associé de l'Institut, dont il devint, avant l'âge de vingt-neuf ans, membre titulaire pour la section de géométrie. Chaque faveur était d'ailleurs précédée par un service rendu à la science, et, dès son début, cette carrière fut signalée par une inépuisable fécondité. En 1805, M. Biot avait déjà publié l'*Essai sur l'histoire des sciences durant la Révolution française*, un *Essai de géométrie analytique*, un *Traité élémentaire d'astronomie*, et fait passer dans notre langue, en l'éclairant par un commentaire, la *Physique mécanique de Fischer*.

A l'ouverture du nouveau siècle, la France brillait d'un éclat égal dans les sciences et dans la guerre; mais, par un étrange contraste, lorsque la gloire de ses armes semblait se personnifier dans un seul homme, tant il avait dépassé ses rivaux, les forces intellectuelles, qui justifiaient notre suprématie en Europe, avaient des représentants nombreux, et leur union au sein de l'Institut accomplissait déjà pour ce grand corps la pensée qui avait présidé à sa fondation. La France pouvait nommer Laplace et Lagrange, Monge et Delambre, Berthollet et Gay-Lussac, Ampère et Cuvier. Ami ou disciple de ces hommes illustres, devenu bientôt leur associé pour être plus tard leur égal, M. Biot embrassait tous les horizons ouverts par leurs travaux, joignant une puissance d'étude, que rien ne lassait, à une lucidité qui rendait son enseignement aussi attrayant que profitable. Prompt à comprendre, heureusement doué pour exposer, il concentrait les rayons épars des sciences contemporaines et les réfléchissait en gerbes éclatantes.

Tout entier à ses études sévères, il ne cherchait de repos pour son esprit que dans les lettres, de joie pour son cœur que dans les affections domestiques. Le jeune membre de l'Institut voulut conserver sa modeste indépendance en face du gouvernement impérial, non qu'il en méconnût l'éclat, mais parce que la grandeur de la science dépassait à ses yeux toutes les autres. Il était d'ailleurs de ceux qui n'avaient pu se déprendre encore des regrets que laissent aux nobles cœurs les espérances de la jeunesse, lors même qu'ils sont conduits à les appeler des rêves.

L'Empereur soupçonnait cet état d'esprit à peu près général chez les jeunes gens qui formèrent les premières promotions sorties de l'École polytechnique. Il s'en irritait, mais ne s'en inquiétait point. Les notes recueillies par la famille de M. Biot ont conservé un souvenir que je crois pouvoir leur emprunter. Napoléon exprimait son mécontentement à Monge avec un redoublement de vivacité, peu de jours après son avénement à l'empire. « Sire, répondit le spirituel directeur de l'École, ce n'est pas du jour au lendemain que je puis donner des habitudes monarchiques à tous ces jeunes républicains. Ils les prendront d'eux-mêmes et vous suivront certainement, mais il faut y mettre le temps, et Votre Majesté a tourné un peu court..... » L'Empereur ne parut pas s'étonner de l'observation : il attendit ; et je gagerais volontiers qu'au jour du malheur les moins empressés ne furent pas les moins fidèles.

M. Biot ressentit, durant sa longue carrière, un éloignement si persistant pour les fonctions publiques, l'immixtion des savants dans les affaires lui inspirait de si vives contrariétés, que cette répugnance doit être signalée comme l'un des traits caractéristiques de sa physionomie. Depuis Newton, qu'il gourmanda pour les fonctions officielles dans lesquelles s'endormit son génie, jusqu'à ses contemporains, qu'il poursuit au sein de leurs grandeurs par les traits d'une ironie sanglante, il n'épargne personne en présence de ce qu'il considère comme une double prévarication contre la science et contre la société. Une seule fois et bien des années après l'époque dont je parle, M. Biot dérogea à son principe. Un moment découragé de la vie scientifique par quelques amertumes que l'esprit de rivalité n'épargne à personne, devenu fermier par contre-coup et se croyant alors une vocation agricole décidée, il eut aussi l'ambition d'être maire de son village. Mal lui en prit. C'était aux derniers temps de la restauration. La révolution de Juillet survint, et ses conseillers municipaux, déjà fort mécontents de voir appliquer les lois de l'hydraulique au régime de la pompe et du lavoir communal, estimèrent le moment propice pour se défaire d'un aussi dangereux novateur. Ils le dénoncèrent donc pour les avoir fait délibérer devant un portrait du roi Charles X, lequel n'était autre que celui de M. de Laplace en costume de pair de France. L'administration supérieure ne s'y serait pas trompée; mais l'administration locale crut périlleux de décourager le zèle lorsqu'elle manquait peut-être de force pour le réprimer; elle donna donc raison aux conseillers municipaux, et M. Biot, justement puni pour cette courte infidélité à sa doctrine, déposa avec joie les insignes de son orageuse magistrature.

Dans la solitude animée qu'il s'était faite, M. Biot acceptait le travail aussi résolûment qu'il repoussait la faveur. Chargé déjà du cours de physique-mathématique au Collége de France, il fut nommé professeur d'astronomie à la Faculté des sciences, et bientôt après il se voyait appelé au Bureau des longitudes que présidait M. de Laplace. L'accomplissement ponctuel de tant de devoirs lui laissait toutefois, grâce à une puissance d'application qu'aucun homme n'a de nos jours portée plus loin, le loisir de concourir à la rédaction de la plupart des feuilles ouvertes alors aux discussions scientifiques et même à la critique littéraire. Depuis le *Journal des savants* jusqu'au *Mercure de France*, depuis les *Bulletins de la Société philomathique* et ceux de la *Société d'Arcueil*, jusqu'aux *Annales de chimie* et à celle du *Muséum*, il n'y a pas un recueil qui n'ait demandé et obtenu l'honneur d'être assisté par lui. Plus tard, lorsque le régime de la publicité eut passé, pour la

France, de sa vie constitutionnelle dans sa vie scientifique, les travaux de M. Biot figurèrent au premier rang dans les Comptes rendus hebdomadaires de l'Académie des sciences, à l'institution desquels il avait opposé des objections au moins spécieuses, quoiqu'une pareille innovation ne pût profiter à personne autant qu'à lui-même.

Selon la marche à peu près constante de l'esprit humain, qui descend des théories vers les faits, M. Biot avait passé de l'étude des mathématiques pures à l'étude des mathématiques appliquées. En quittant les régions de la géométrie algébrique, la plupart des mathématiciens commencent par étudier le monde sidéral, dont l'immensité nous écrase, et deviennent astronomes; ils observent ensuite de plus près, dans ses lois et dans ses principes constitutifs, celui dont les merveilles nous enlacent; ils deviennent alors physiciens ou chimistes; souvent ils suivent simultanément cette double voie, car il est chaque jour plus difficile de séparer la physique de la chimie. M. Biot ne dérogea point à la loi commune. Une heureuse circonstance concourut à imprimer des directions plus pratiques à ses travaux : membre de la Société d'Arcueil, il assistait fréquemment aux expériences qui avaient été le but spécial de cette institution, formée au milieu de nos orages révolutionnaires comme une première protestation contre le règne de la barbarie. Il avait appartenu jusqu'alors en physique à l'école des théoriciens, plus préoccupés de formuler les lois générales que d'observer minutieusement les phénomènes; mais, surexcité par les travaux de Berthollet, de Thenard, de Candolle, tous membres de ce cercle formé par la science et cimenté par l'amitié, il devint lui-même, à cette grande école, expérimentateur consommé, en conservant toutefois, dans le domaine de l'exploration, son génie particulier.

Il débuta par des recherches sur la propagation de la chaleur et sur celle du son. L'attention de M. Biot fut surtout attirée par les phénomènes que provoque le passage de la lumière polarisée à travers les cristaux : ses travaux sur cette matière furent aussi nombreux que féconds. S'il s'inspira des vues alors toutes nouvelles de Malus sur les effets de la double réfraction, il sut les étendre et les compléter par une coordination puissante de la théorie avec les faits. Ce fut ainsi qu'il dépassa, mais sans aspirer à le faire oublier, le cher condisciple, ravi trop tôt à la science comme à la gloire, et dont il a condensé la vie courte mais pleine dans quelques pages admirables. On sait que M. Biot poursuivit durant toute sa carrière l'application à l'étude des combinaisons chimiques de la polarisation rotatoire de la lumière, dont la science lui doit l'importante découverte. Dans sa méthode, aussi précise qu'élégante, on retrouvait la rigueur du géomètre et la finesse de l'analyste. La constante application des formules mathématiques aux données expérimentales marquait toutes ses recherches d'un cachet spécial.

Ce fut surtout dans son *Traité de physique mathématique*, publié en 1816, qu'on put apprécier la puissance de cet esprit arrivé à l'entière possession de lui-même. On était dans une de ces époques stationnaires qui suivent presque toujours les grandes découvertes : l'esprit humain se reposait sur ses conquêtes. Le moment était donc favorable pour donner au monde savant l'inventaire complet de tant de richesses, et M. Biot était bien l'écrivain désigné pour une pareille tâche. Plus généralisateur qu'inventeur, moins préoccupé des faits que des idées, il avait l'heureuse faculté de s'assimiler tous les résultats en les revêtant d'une forme qui les lui rendait propres. Mathématicien, astronome, physicien, chimiste, il se jouait dans le champ de la création, et semblait porter légèrement le poids de toutes ses merveilles.

La postérité commence plus tôt pour les hommes de science que pour les hommes d'État, car l'émotion est moins durable dans le conflit des idées que dans celui des intérêts. Une voix assez autorisée pour parler au nom des générations futures assignera bientôt à M. Biot, dans une autre enceinte, le rang qui lui appartient parmi les grands esprits de son siècle qui l'ont précédé dans la mort. Ne devançons pas cet arrêt, que nous pouvons d'ailleurs attendre avec confiance. Il y a sans doute certains noms à côté desquels on n'en saurait prononcer aucun autre : Képler écoute l'harmonie des sphères et découvre les lois de leur concert sublime ; Newton ramène ces lois diverses au principe unique où se révèle la main de Dieu simple dans ses œuvres comme dans son essence; Laplace réduit toute l'astronomie à un problème de mécanique ; et, domptant les planètes, jusqu'à lui réfractaires au calcul, « découvre dans les cieux soumis, comme le disait ici son « éloquent successeur, l'accomplissement mathématique « de lois invariables [1]. »

Ces grands hommes demeureront solitaires dans leur gloire, comme le sont, dans l'espace, les mondes si souvent visités par leur pensée. Mais nos neveux sauront, croyons-le bien, ménager sa place véritable à l'esprit puissant et facile qui remontait sans effort du domaine de

---

1. M. Royer-Collard, *Discours de réception à l'Académie française*, 13 novembre 1827.

l'industrie et des arts aux lois qui régissent les cieux. Leur justice ne manquera pas davantage au géomètre qui, s'élançant par d'admirables intuitions jusqu'au plus profond de la nuit des siècles, appliquait, avec une hardiesse qui n'a pas été dépassée, les études astronomiques à l'archéologie pour contrôler l'histoire de la terre par celle du ciel.

Cette laborieuse carrière s'écoula durant cinquante-trois ans dans l'enceinte du Collége de France, qui fut pour M. Biot une seconde patrie. Son temps se partageait entre les labeurs d'un enseignement toujours entouré de la faveur publique, et la fréquentation des diverses académies qui, si elles en avaient jugé par l'activité de son concours, auraient pu croire que chacune d'elles le possédait tout entier. Après les joies fortifiantes du travail, ses plaisirs les plus vifs lui venaient de son commerce assidu avec la jeunesse. Dans mes recherches pour retrouver et pour fixer ici quelques traits de cette grave et piquante physionomie, j'ai rencontré partout la trace profonde des souvenirs laissés par M. Biot aux deux générations successivement groupées autour de sa chaire. La paternelle bienveillance du vieux professeur dépassait le cercle de ses nombreux élèves et se portait au hasard sur quiconque entrait dans la vie.

Au plaisir d'obliger il aimait à joindre les surprises heureuses de l'*incognito*. Se promenant, par un long soir d'été, sous les ombrages du Luxembourg dont il était le visiteur quotidien, il aperçut un étudiant qui déroulait les planches d'un traité de physique. Apprenant qu'il préparait un examen, M. Biot offrit de lui donner quelques conseils, n'étant pas, lui dit-il, étranger à ces matières-là. La proposition fut acceptée et suivie d'une leçon de deux heures. Frappé des aptitudes heureuses de son disciple, et quittant le champ des mathématiques pour aborder des questions d'un ordre différent, il discourut avec abondance sur les difficultés que rencontre la jeunesse à l'entrée de la carrière, et sur les redoutables problèmes que la science pose trop souvent sans les résoudre. Heureux d'apprendre que son interlocuteur était au-dessus des périls de la pauvreté et des dangers beaucoup plus grands, suivant lui, de la richesse, il fit suivre les conseils dictés par son expérience des plus hautes considérations morales, terminant un entretien tout rempli d'interrogations socratiques par ces paroles dans lesquelles on retrouve comme un écho des leçons de Platon aux jardins d'Académus : « Travaillez, jeune « homme, et le succès vous viendra, surtout si vous ne le « cherchez point. Les sciences naturelles sont belles « quand on peut en pénétrer l'esprit, mais fort nuisibles « quand on ne va pas jusque-là; car, si elles n'élèvent pas « l'homme jusqu'au ciel, elles le ravalent jusqu'à la « terre... Il faut étudier beaucoup pour comprendre et « pour admirer la matière, mais bien plus étudier encore « pour arriver à découvrir qu'elle n'est rien! »

Quand deux voies sont aussi nettement indiquées, le choix semble moins difficile. Ce fut dans la route qui conduit aux célestes hauteurs que s'engagea l'étudiant, dont les notes, écrites le soir même, m'ont fourni le récit de cette bonne fortune de jeunesse [1].

La vie tranquille du professeur avait toutefois ses émotions, ses fatigues et ses dangers, car la science a comme la guerre ses champs de bataille, et M. Biot n'en désertait aucun. Personne n'ignore les péripéties de ce premier

---

1. M. l'abbé Henri Perreyve.

voyage aérien qu'il entreprit avec Gay-Lussac, périlleuse tentative qui concourut à redresser, au prix de hasards jusqu'alors sans exemple, les idées universellement admises au sujet de l'aiguille aimantée. Les gens du monde ne sont pas demeurés étrangers à l'histoire des pérégrinations scientifiques commencées en Espagne, poursuivies en Italie, et continuées jusqu'aux abords des mers polaires. Dans la première mission, confiée par le Bureau des longitudes à MM. Biot et Arago, les difficultés matérielles dépassaient encore celles de l'œuvre scientifique, si délicate que pût être celle-ci.

L'astronome Méchain, mort à la peine sur une plage inhospitalière, avait entrepris, avec Delambre, une nouvelle mesure de la terre d'après l'observation de l'arc compris entre Dunkerque et Barcelone. Il s'agissait de prolonger la méridienne jusqu'aux îles Baléares, opération qui contraignait de lier ces îles à la côte d'Espagne pour calculer, à l'aide de feux perdus dans la nuit et l'immensité, des triangles dont la base n'avait pas moins de trente-cinq lieues. Sur des rochers qu'osait à peine fouler le pied des pâtres, les missionnaires de la science luttèrent durant deux hivers contre d'innombrables obstacles, et le récit de ces difficultés, toujours surmontées à force de persévérance et de courage, s'élève par sa simplicité même jusqu'à l'intérêt le plus dramatique. M. Biot put exposer en 1811, devant l'Académie des sciences, le résultat de ses laborieuses investigations; mais M. Arago, pris au retour par des pirates, dut subir dans les prisons d'Alger une captivité dont la France tirait, vingt ans plus tard, une vengeance glorieuse.

Biot et Arago, deux noms que ne séparera pas l'histoire de la science et que l'amitié aurait unis pour toujours, si les tristes difficultés de la vie ne troublaient jusqu'aux plus nobles cœurs ! Plus jeune que M. Biot de dix ans, M. Arago était aussi sorti de l'École polytechnique. Il avait rencontré, dans celui qui fut son premier protecteur, une bienveillance devenue peut-être moins active lorsque le disciple put apparaître comme un rival. M. Biot n'aurait point à regretter que l'on recherchât la part respective des torts, dans ce commerce où la grandeur de l'intelligence ne parvint pas à triompher toujours des faiblesses de la vanité. Si rapprochés que fussent d'ailleurs ces deux hommes par la longue communauté de leurs travaux, il semblait que la nature eût tout fait pour les séparer. Ibérien par le génie comme par le sang, l'un avait besoin de répandre dans la foule les ardeurs de sa parole et de son âme; type accompli de l'esprit gaulois dans sa plus élégante simplicité, l'autre avait plus de sagacité que de verve, et préférait à la popularité du succès les approbations d'un cercle choisi. L'un avait le goût de la vie publique autant que l'autre en éprouvait l'antipathie; et, pendant que celui-là accueillait les innovations politiques même les plus chanceuses, celui-ci semblait repousser les transformations même les plus nécessaires, se rejetant dans le passé aussi résolûment que son rival s'élançait vers l'avenir. Cependant, malgré les causes qui éloignaient ces deux hommes l'un de l'autre, leur séparation restait pour eux un motif permanent de trouble et de souffrance. Ils s'aimaient en dépit d'eux-mêmes, à ce point qu'il leur était encore plus difficile de vivre séparés que réunis. M. Arago éprouva donc plus de bonheur que d'étonnement en retrouvant près de son lit de souffrance M. Biot, affectueux et dévoué comme au temps où ils gravissaient, appuyés l'un sur l'autre, les *sierras* de la Catalogne ; tous les griefs s'effacèrent dans une étreinte suprême, et l'on vit ces glorieux émules échanger à l'heure des derniers adieux les témoignages d'une affection dont la vivacité semblait vouloir triompher de la mort.

Si dégagée que fût sa vie des soucis qu'apportent les affaires publiques, M. Biot souffrit cependant des agitations inséparables de toutes les grandes luttes de la pensée. D'une humeur prompte, d'un caractère irascible, malgré la bonté de son cœur, ce savant homme se résignait malaisément à voir ses convictions laborieusement formées rencontrer des contradictions. C'est d'ailleurs une justice à lui rendre, que, s'il défendait ses idées avec chaleur, il mettait une obstination plus indomptable encore à défendre celles des hommes qu'il saluait comme ses maîtres. Admirateur passionné de Newton, dont il a écrit la meilleure biographie connue, il demeura longtemps fidèle à la théorie de l'émission de la lumière, à laquelle Newton lui-même aurait probablement renoncé devant les faits nouveaux accumulés par la science contemporaine. Jamais avocat ne mit une sagacité plus courageuse au service d'une cause perdue ; ajoutons que jamais dévouement ne provoqua pour un disciple de plus amères épreuves.

Parmi les nombreuses controverses qui ont troublé le repos de M. Biot, je ne puis omettre celle qui occupa la plus grande place dans sa carrière scientifique et qui concourut à le pousser vers les voies de l'astronomie historique, dans lesquelles il marcha plus tard avec tant d'éclat.

On sait quelle émotion produisit en France, durant la Restauration, le transport à Paris du zodiaque circulaire de Denderah. Les savants de l'expédition d'Égypte qui, à travers mille périls, avaient pu contempler au désert ce débris d'une grande civilisation écroulée, avaient cru lire sur ces pierres scellées aux parois de gigantesques ruines l'authentique témoignage d'une antiquité incompatible avec les traditions mosaïques. Le gouvernement eut l'heureuse pensée d'acquérir pour la France la relique, objet de controverses si ardentes, qui a vu le silence se faire autour d'elle sitôt qu'elle a passé des solitudes de la Thébaïde dans une salle, aujourd'hui peu visitée, de la Bibliothèque impériale. Nommé commissaire pour traiter de cette acquisition, M. Biot se trouvait investi, par cette circonstance même, de la mission qu'il allait accomplir. Une longue étude de ce monument, dans ses signes astronomiques et dans ses symboles religieux, le conduisit à penser qu'il correspondait, selon toutes les probabilités, à l'état sidéral existant lors de son érection; puis ses calculs l'amenèrent à établir que le point du ciel indiqué comme pôle de projection par le zodiaque exprimait la position qu'avait l'équateur terrestre 716 ans avant l'ère chrétienne. Telle fut, d'après l'opinion de M. Biot, la limite extrême au delà de laquelle toutes les données scientifiques interdisaient de remonter.

Ces affirmations inattendues soulevèrent des contradictions animées : M. Biot affronta l'orage et prit résolûment l'offensive. Il contesta au sacerdoce de l'ère pharaonique les connaissances que lui avait attribuées depuis Hérodote une longue suite de générations prosternées devant des œuvres colossales. Selon lui, l'astronomie mathématique n'existait point en Egypte avant les Grecs, et n'y commença qu'avec eux. Attaqué par de savants confrères moins désintéressés qu'il ne l'était alors lui-même dans les conséquences morales d'un pareil débat,

M. Biot se trouva conduit, par les nécessités de la défense, à élargir son champ de bataille. Il passa donc des rives du Nil à celles du Gange, s'efforçant de ramener la science des Brahmanes de Bénarès, comme celle des Hiérophantes de Memphis, aux résultats pratiques qu'une longue contemplation du ciel permet d'atteindre sans trigonométrie sphérique, sans calcul et presque sans instrument. Lorsqu'il publiait, en 1823, ses *Recherches sur l'astronomie égyptienne,* l'auteur avait sur ses adversaires un avantage évident ; il écrivait sans parti pris, pouvant fort bien se tromper sans nul doute, mais n'ayant du moins pour mobile que l'amour seul de la science, puisqu'il ne se préoccupait en rien de la portée religieuse de cette discussion. A cette époque, en effet, M. Biot était étranger aux croyances qu'il embrassa plus tard, lorsqu'après avoir épuisé tous les problèmes de la science, il se fut replié sur les mystères de son propre cœur.

Tandis que, par une série de calculs rétrospectifs, un astronome redressait les erreurs des peuples et soufflait sur les monuments de leur orgueil, un grand naturaliste, dégagé comme M. Biot de toute préoccupation dogmatique, étudiait les époques successives de la création, en pénétrant au plus profond de ses abîmes. Sur des roches et sur des couches superposées, M. Cuvier trouvait la preuve de l'apparition récente de l'espèce humaine sur ce globe et l'éclatante attestation des révolutions qui l'ont bouleversé. Les sciences semblaient donc concorder pour frayer à l'esprit humain des voies nouvelles. Le siècle précédent avait porté dans ses nombreux travaux des idées préconçues qu'expliquaient ses observations incomplètes et ses passions implacables ; le dix-neuvième sut profiter de la liberté d'esprit que lui laissait, à ses débuts, une incrédulité à peu près générale ; et, lorsqu'il eut substitué aux théories une loyale et rigoureuse analyse, il retrouva debout devant lui les traditions immortelles avec lesquelles la science n'a pas moins à compter que la foi. Aucun témoignage, Messieurs, ne profite aux grandes causes autant que ceux qu'elles n'ont point évoqués et que leur envoie la Providence. M. Biot fut un témoin assigné par elle.

Je dois à sa mémoire d'exposer, d'après des renseignements certains, les phases que parcourut sa pensée avant de se reposer dans les croyances qu'il servait alors sans les partager, et qui lui rendirent la mort lumineuse et douce. Sceptique en religion, comme la génération au sein de laquelle il était né, il s'était constamment défendu des grandes erreurs qui font parfois descendre au-dessous du bon sens le génie qui s'égare en s'enivrant de lui-même. Pour M. Biot, comme pour Newton son maître, Dieu avait toujours resplendi dans ses œuvres : ses écrits en fourniraient des preuves surabondantes. Il y déverse fréquemment sans doute, à l'exemple de Buffon, l'ironie et le dédain sur les demi-savants qui, voulant tout expliquer dans la nature par d'ingénieuses subtilités, invoquent la Providence à l'occasion d'harmonies puériles. Mais répudier les explications de la fatuité ignorante, défendre Dieu lui-même contre l'esprit qu'on se complaît à lui prêter, c'est garantir le système général des causes finales, et non pas le déserter ; c'est imprimer à l'univers son caractère véritable, celui d'une œuvre contingente, dont la compréhension absolue n'appartient qu'à la toute-puissance qui la conçut et l'enfanta. Les notes dont j'ai rappelé l'origine ont conservé le souvenir de débats fréquents engagés sur ces délicates matières au sein du Bureau des longitudes, débats dont M. Biot rapportait l'écho à son foyer domestique. Sur ces points-là seulement, il se permettait de contredire son illustre maître; et peut-être lui a-t-il respectueusement opposé plus d'une fois ces vers. de Voltaire qu'il aimait à citer :

> ... J'ai sur la nature encor quelque scrupule;
> L'univers m'embarrasse, et je ne puis songer
> Que cette horloge existe et n'ait point d'horloger [1].

Mais, il faut le répéter, pour laisser à l'opinion de M. Biot toute son autorité scientifique, lorsqu'il soulevait au sein de l'Institut les questions astronomiques que je viens de rappeler, il apportait dans cette étude la plus entière liberté d'esprit. Vingt années s'écoulèrent encore avant que la noble intelligence qui avait tout connu et tout épuisé se reposât dans le christianisme des orages et des obscurités de la science.

Ce fut là le couronnement d'une longue vie consacrée à la recherche de la vérité dans la rectitude de l'esprit et la simplicité du cœur. Parvenu à ce terme suprême où il n'y eut plus pour lui de problème dans la destinée humaine, il en épuisa coup sur coup toutes les rigueurs sans fléchir et sans se plaindre, car les forces lui furent alors mesurées aux épreuves et les consolations aux douleurs. Successivement atteint, comme tout homme qui vieillit sur cette terre, à toutes les fibres de son cœur, il fut aussi frappé jusque dans sa plus douce espérance. Il vit tomber dans la force de l'âge et la maturité du talent un fils auquel des travaux, rehaussés par l'éclat du nom paternel, avaient ouvert les portes de l'Institut, et reçut

1. Cités par M. Biot dans les *Recherches chimiques sur la respiration des animaux*. (*Mélanges scientifiques et littéraires*, t. II, p. 23.)

la charge, mêlée d'amertume et de douceur, d'achever l'œuvre où s'était épuisée une vie si chère. Ce fut ainsi que le vieillard, dont le malheur avait doublé les forces, se trouva conduit par un testament sacré à des recherches entièrement nouvelles pour lui sur la langue et la littérature chinoises. Par un prodige de sagacité et de labeur, il se mit en mesure d'éditer, avec le précieux concours de M. Stanislas Julien, le *Tcheouli* ou *Livre des rites*, traduit par Édouard Biot. Enfin l'homme infatigable, qui n'avait pu pénétrer dans ces études sans les épuiser, préparait une *Histoire de l'astronomie chinoise* aujourd'hui publiée, lorsqu'à l'âge de quatre-vingt-huit ans, il s'endormit dans l'espérance, entouré d'une famille qui fut sa joie et son orgueil, soutenu et béni par les mains sacerdotales de son petit-fils.

Tous ceux qui l'ont connu dans les temps qui précédèrent sa mort conserveront de cette exquise et forte nature un souvenir ineffaçable. Ils n'oublieront ni cette fermeté d'attitude d'un homme sûr de sa conscience comme de sa gloire, ni ce charmant sourire si beau sous des cheveux blancs. De la verte vieillesse dont il portait si légèrement le poids, Cicéron aurait dit comme de celle de Platon : *Est pure et eleganter actæ ætatis placida ac levis senectus, qualem accepimus Platonis qui uno et octogesimo anno scribens mortuus est* [1].

Ce fut à l'époque où M. Biot était entré en possession de toutes ses forces intellectuelles sans rien perdre, sous la glace de l'âge, de sa vivacité, que vous voulûtes, Messieurs, joindre cette renommée à tant d'autres dont vous êtes justement fiers. En appelant au sein de l'Académie

---

1. Cic., *de Senectute*, V.

française le doyen de l'Académie des sciences, vous ne vous conformiez pas seulement à des précédents nombreux, vous accomplissiez un acte de stricte justice. M. Biot fut, en effet, un écrivain du premier ordre, car il sut unir aux délicatesses du goût toute la rigueur de la démonstration didactique. N'aspirant qu'à donner à sa langue la transparence du cristal, et rencontrant l'originalité en cherchant la correction, il parvint à se créer un style à lui, à force d'exactitude. « Il avait fini par porter dans sa diction ac- « complie comme un instrument de précision, » a dit l'un d'entre vous qui, en matière de critique, ne laisse à ceux qui le suivent que la tâche de le répéter [1].

Voici plus d'un demi-siècle que M. Biot adressait à l'Académie française cet *Éloge de Montaigne* dont la mise au concours révéla simultanément à cette compagnie et le savant dont elle déplore aujourd'hui la perte, et l'écrivain qui en est resté l'honneur. D'heureuses qualités littéraires se font déjà remarquer dans cet Essai, sans laisser toutefois deviner ce que nous pouvons nommer aujourd'hui la vraie manière de l'écrivain. L'originalité se révèle davantage dans les comptes rendus écrits pour l'Académie des sciences, après les diverses missions accomplies en Espagne et en Italie; mais c'est surtout dans le récit de son voyage aux îles Shetland que l'auteur s'empare puissamment de l'attention en encadrant l'exposé de ses travaux géodésiques dans un récit mêlé d'épisodes, qui devient pittoresque à force d'être vrai. On veut des romans : que ne regarde-t-on à l'histoire? a dit un grand historien.

On veut de la poésie : que ne fait-on de la science?

---

[1]. M. Sainte-Beuve, *Constitutionnel* du 24 février 1862.

semble dire M. Biot dans l'écrit charmant consacré au pauvre archipel perdu aux extrémités du vaste empire britannique. A la description de roches colossales qu'il étiquette comme pour un cabinet de minéralogie, l'art de l'écrivain oppose le tableau des efforts heureux tentés par la volonté de l'homme, afin de triompher de l'aridité du sol et de l'inclémence du ciel. Ce duel engagé sous les glaces entre une nature sauvage et une civilisation personnifiée dans quelques intrépides représentants atteint parfois des proportions héroïques. De ce point ignoré au milieu des mers, où l'on n'entendit jamais, durant les longues guerres qui venaient d'ensanglanter le monde, ni le bruit du canon, ni le son du tambour, l'observation appartient à M. Biot, il passe avec une satisfaction mêlée de regrets dans la savante Écosse, pour décrire le mécanisme de ses écoles paroissiales avec l'exactitude administrative qu'y pourrait apporter un inspecteur général de l'Instruction primaire.

Cette heureuse aptitude pour tout discerner et pour tout faire comprendre le constituait rapporteur et juge naturel des grandes controverses scientifiques. Il a revisé le procès de Galilée avec la sagacité d'un magistrat instructeur, et rendu compte de la querelle fameuse engagée entre Newton et Leibnitz pour la priorité d'invention du calcul infinitésimal, avec une lucidité qui permet aux gens du monde d'aborder sans trop d'effort les plus ardus problèmes des mathématiques. Dans les études biographiques consacrées à ses plus illustres confrères, depuis Coulomb jusqu'à Cauchy, il écrit avec l'émotion de l'amitié et juge avec le calme de l'histoire. Dans ses *Mélanges*, que les lettres peuvent à bon droit disputer aux sciences, il élucide une question d'archéologie en même temps qu'il disserte sur un point d'économie sociale, et les cartulaires des monastères ne l'intéressent pas moins que les documents statistiques relatifs à l'alimentation de Paris. M. Biot relisait, en effet, tous les vieux livres, voulait bien lire la plupart des nouveaux, et suivait tous nos débats politiques, de ces hauteurs dont aucun orage ne troublait pour lui la sérénité. Sachant circonscrire la sphère de ses travaux, sans restreindre celle de ses jouissances, il passait de Newton à Homère, et de Huyghens à Virgile, comme on va de son cabinet à son jardin et de ses livres à ses fleurs.

Chasseur intrépide, promeneur infatigable, ce vieillard vigoureux prit un soin constant pour maintenir, entre l'activité de l'esprit et celle du corps, l'équilibre tant recommandé par la sagesse antique. Vous savez, Messieurs, ce qu'il fut pendant les dernières années écoulées dans un commerce journalier avec vous. L'Académie conserve, parmi ses meilleurs souvenirs, celui du discours consacré par cet octogénaire à la mémoire de l'un de ses plus vénérables contemporains, œuvre excellente, dans laquelle il juge les périlleux événements traversés par l'un et par l'autre avec une liberté exempte d'amertume, et glorifie en termes si élevés cette union des sciences et des lettres dont il avait été lui-même la plus heureuse personnification.

Depuis le jour où il vous appartint, il vous paya la dette de sa reconnaissance avec la régularité persévérante qui avait signalé sa longue carrière scientifique. Dans ces débats où l'intimité des relations n'enlève rien à la liberté de la pensée, ses vues concordaient toujours avec les vôtres ; il s'associait à toutes vos espérances comme à toutes vos craintes sur l'avenir des lettres françaises. Un demi-siècle s'était écoulé depuis que, dans l'enthousiasme de sa jeunesse pour la précision mathématique, il avait une fois tenté d'appliquer la méthode scientifique aux diverses manifestations de la pensée humaine. Dans un travail fort remarqué, publié en 1809 par le *Nouveau Mercure de France*, sur *l'influence des idées exactes dans les ouvrages littéraires*[1], l'auteur avait semblé vouloir promulguer une poétique dans laquelle perçait un peu trop le mathématicien, malgré la sûreté habituelle de sa critique et de son goût. Dans ce système, Homère et Virgile n'auraient été les premiers des peintres que parce qu'ils furent les plus exacts des observateurs, et probablement aussi, pour leur époque, les plus instruits des naturalistes[1] : doctrine fort piquante, sans doute, mais qui pouvait conduire à remplacer l'Hélicon par le Jardin des plantes et l'Hippocrène par un *aquarium*. Aussi, sans répudier jamais l'épigraphe de cet écrit : *Rien n'est beau que le vrai*, M. Biot saisissait-il toutes les occasions pour déclarer qu'en demeurant à ses yeux une loi essentielle du beau, la vérité matérielle n'en constituait ni la condition principale, ni surtout la condition unique.

Il ne faudrait donc pas qu'une certaine école, qui aspire à s'établir à la fois sur le terrain des beaux-arts et sur celui des lettres, se prévalût de ces ingénieuses affirmations pour enrôler dans ses rangs l'auteur des *Mélanges scientifiques et littéraires*. La forme extérieure ne fut pour lui, dans les arts d'imitation, à aucune époque de sa vie, que l'accessoire de la beauté morale, que le reflet de l'immuable vérité. Il préféra toujours les supplications de Priam ou les imprécations de Didon à la description des

---

1. Voy. *Mélanges scientifiques et littéraires*, t. II.

plus splendides paysages, si exacte qu'en pût être la peinture, car la puissance de souffrir l'emportait à ses yeux même sur celle de connaître. Remonter de l'instinct au devoir, des effets à leurs causes, et de l'homme à Dieu, tel fut l'effort continu de cette saine intelligence. Les grandes aberrations lui causaient autant d'étonnement que de tristesse, et la droiture de son jugement ne parvenait à les expliquer que par l'orgueil. Il poursuivait d'une haine vigoureuse ces esprits dévoyés qui prétendent imposer comme des progrès les déréglements de leur fantaisie et les tristes défaillances de leur raison. Il repoussait surtout, comme l'un des scandales de notre temps, ces théories superbes, d'après lesquelles l'art serait dans les œuvres littéraires le seul but à poursuivre et la seule règle de ses propres conceptions. Double blasphème contre le beau et contre le vrai! Déplorable tentative qui frappe l'esprit humain de stérilité en proclamant sa toute-puissance! L'art est soumis comme la nature aux lois qui en maintiennent l'inépuisable fécondité, parce que dans ces lois vient se réfléchir le principe même des choses. Le champ de la création est assez vaste pour que l'imagination n'ait pas besoin d'en reculer les limites, et d'enfanter des monstres afin d'atteindre à l'originalité.. De telles prétentions n'indiquent pas tant la virilité que la faiblesse, et l'on revendiquerait moins bruyamment le droit de se frayer des voies nouvelles, si l'on se tenait pour plus assuré de mesurer toujours la hauteur de ses œuvres à celle de ses ambitions.

La liberté est la vie de l'intelligence : il ne sera jamais nécessaire de le rappeler dans l'enceinte où elle trouverait au besoin son dernier asile et ses derniers confesseurs. Passer, en littérature, de Racine à Shakspeare, au risque de n'approcher ni de l'un ni de l'autre, c'est un droit plus périlleux que contestable ; il ne faut, en l'exerçant, compter qu'avec le public dont les arrêts définitifs sont infaillibles, parce que ses engouements sont passagers. Que l'art conserve donc la juste ambition de tout aborder, mais que sa confiance se fortifie par un respect profond pour le domaine inviolable dans lequel il n'y a pour lui ni problème à résoudre, ni nouveautés à découvrir, où toute borne que l'on déplace est un obstacle qu'on élève contre soi-même. Si, après avoir fait le vide dans les intelligences et dans les cœurs, on aspirait à le combler par de désespérantes négations ; si l'on prétendait peupler de rêves et de fantômes les ténèbres d'une nuit sans réveil, vos exemples et vos préceptes apprendraient à tous que le premier intérêt, plus encore que le premier devoir des lettres, est de s'incliner devant la foi du genre humain et les vérités primordiales qui la consacrent, puisque tous les succès durables sont à ce prix. Vous avez trop bien compris ce que la France attend de vous pour réduire votre mission à la défense de formes littéraires dont la vie ne tarderait pas à se retirer, si elle n'était renouvelée par la diffusion continue de l'esprit qui les anima. Gardiens des sources où l'intelligence se retrempe pour tous les labeurs féconds, depuis la poésie, qui est la vérité dans l'idéal, jusqu'à la grammaire, qui est le bon sens dans le langage, vous en maintenez la pureté en luttant, dans le domaine si troublé de la pensée et de l'art, contre les enivrements de l'orgueil et les abaissements de la sensualité ; fidèles aux fortes traditions dont le dépôt vous est remis, vous n'avez jamais séparé le beau de l'essence éternelle dont il est la splendeur.

On ne s'étonnera pas que je vous rende un pareil hommage le jour où je puis, en vous parlant d'un confrère vénéré, me prévaloir de son nom et rappeler ses exemples. Ces idées, consacrées par la sanction des siècles, ont imprimé à sa vie le sceau d'une unité magnifique, jeté sur sa vieillesse l'éclat d'une grandeur sereine, et je les place avec confiance sous la protection de sa mémoire.

FIN

TABLE DES MATIÈRES

Avertissement....................................	v
Chapitre I. — Un début à Paris en 1820.............	7
— II. — Les partis et les écoles sous la Restauration.	32
— III. — Esquisses de diplomatie et de voyages.....	68
— IV. — Paris sous le ministère de M. de Martignac.	114
— V. — La jeunesse rationaliste et la jeunesse catholique en 1829. — Fondation du *Correspondant*................................	138
— VI. — Le ministère de M. le prince de Polignac..	186
— VII. — La révolution de juillet et la monarchie de 1830	217
— VIII. — Les questions religieuses. — Le *Correspondant* et l'*Avenir*. — Fin de ces Souvenirs......	246

Annexes :

Les adieux du *Correspondant*........................	295
Introduction à la *Revue Européenne*	329
Discours de réception à l'Académie française...........	353

FIN DE LA TABLE.

Paris. — Imprimerie Viéville et Capiomont, rue de Poitevins, 6.

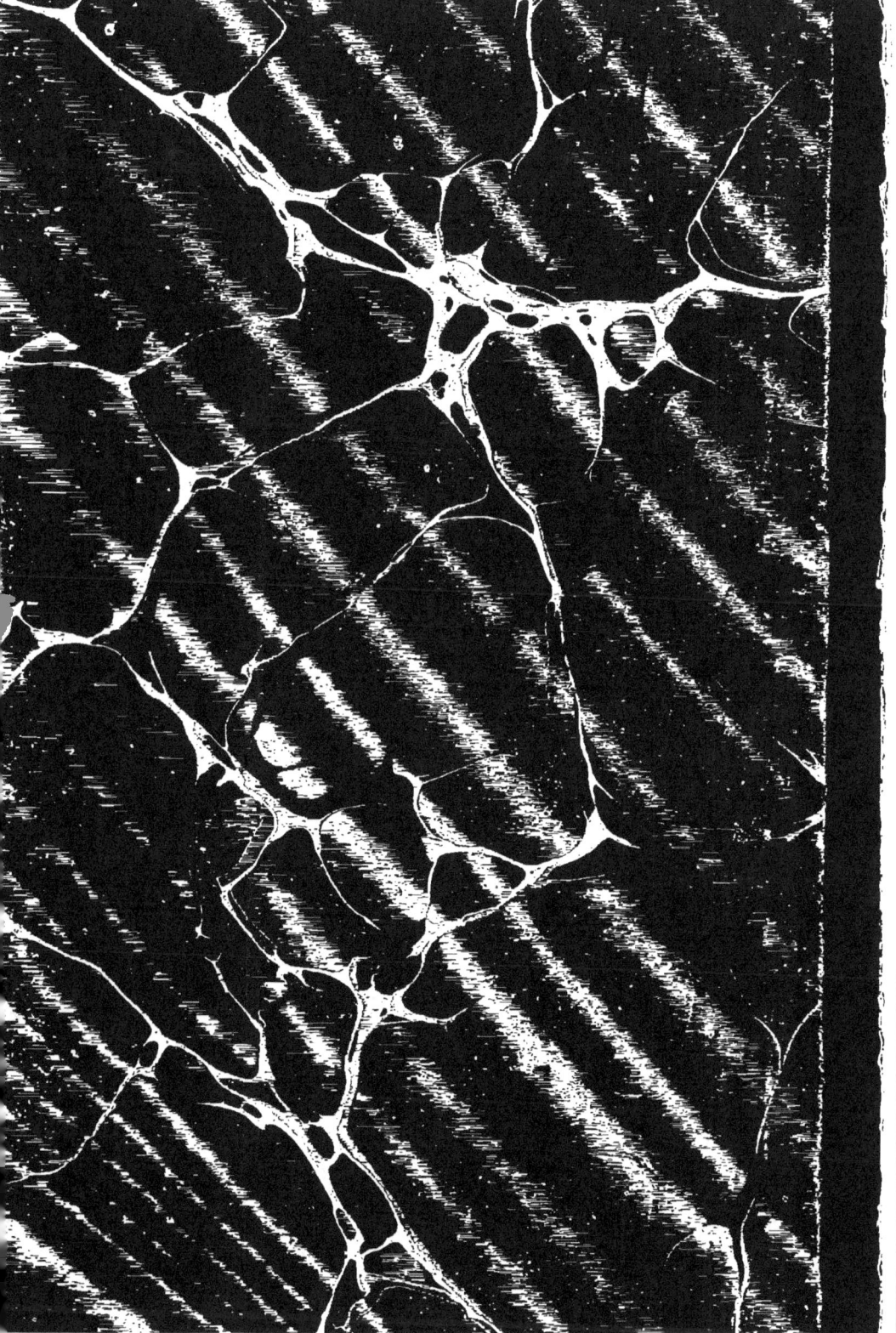

www.ingramcontent.com/pod-product-compliance
Lightning Source LLC
Chambersburg PA
CBHW052034230426
43671CB00011B/1647